———————— 社会福祉の新潮流④

高齢者福祉論

———————————— 基本と事例

高谷よね子 編著

学文社

執筆者

高谷よね子（西南学院大学）……………………編者　プロローグ・エピローグ
　　　　　　　　　　　　　　　　　　　　　　第1章・第2章・第6章⑤・
　　　　　　　　　　　　　　　　　　　　　　第7章①
長友　薫輝（津市立三重短期大学）………………第3章
横山　順一（愛知新城大谷大学）…………………第4章①・②・③・年表
鵜沼　憲晴（皇學館大学）…………………………第4章④・⑤
福富　昌城（花園大学）……………………………第5章
滕　　憲之（京都YMCA国際福祉専門学校）……第6章①・④
土居　正志（高齢者総合福祉施設虹ヶ丘）………第6章②・③・第7章③
森枝　敏郎（熊本県環境生活部）…………………第7章②

```
┌─────────────────────────────────────────┐
│　　　　　学びのオリエンテーション・年表　執筆者　　　　　│
│                                                         │
│　加藤　佳子（岡崎女子短期大学）                         │
│　亀田　　尚（西南学院大学）＊年表作成                   │
│　　　　　　　　　　　　（執筆担当部分は文中に氏名を付した）│
└─────────────────────────────────────────┘
```

プロローグ──少子高齢者社会における福祉先進国をめざして

　本格的な少子高齢社会の到来，経済のグローバル化，社会を構成する人びとの価値観や家族形態の多様化が加速度を増すかのように進行する今日，社会福祉をとりまく環境はまさに切迫した現実に直面しているといえよう．制度，政策，実践の日々の動きはめまぐるしく，目の前の課題にどう対応するか苦闘している感がある．

　たとえば，介護保険法を中心とする法改正が矢継ぎ早に俎上に上がってくる．介護保険は施行後5年を経て，制度が定着化した現状をふまえ，「介護予防」に重点を置いた制度改定が進められている．つまり，介護給付中心から介護予防給付に移行し，利用者のニーズの背景となる身体機能，精神機能，社会環境の側面をとらえた予防の視点をもった介護サービスに基づくケアマネジメントが実施されることになる．介護職は国家資格である介護福祉士が基礎資格とされ，介護職の専門性向上がはかられる．

　福祉改革の課題である「当事者」主体の視点を明確に示すことも重要となってきている．福祉教育のノーマライゼーションをはかるための新たな方向を模索したいとの意向のもとに，この本では以下に述べる基本的な考え方を重視する．

〈基本的考え方〉

① これからの福祉の目指すべき方向を視野に入れ，市民・当事者・実践者・政策立案者・研究者が福祉課題に協働体制で取り組む．

② 机上の研究・教育でおわらず，しかも科学的な実証をふまえた学として社会福祉の本質をおさえる．

③ 実践事例（援助事例，地方自治体・民間団体の事例など），ビジュアルな図表・年表（オリジナルに作成），最新の研究成果のエッセンスをもりこむ．

今日の福祉課題はわたしたち自身の生き方そのものを問うているのであり，今後の課題でもあると同時に，人類が誕生して以来わたしたちが抱え続けてきた課題でもある．

　本書は高齢者に視点をあてた事例を通して高齢者福祉を身近な課題として学習するとともに，そこから今日，今後の少子高齢社会の状況と課題を人類普遍の課題として考察を深めていくという考えをもとに編集されている．21世紀に突入し，これまでどの国も経験しなかった少子高齢社会の最先端を歩むであろうわが国に対して，世界，とくにアジアにおける福祉先進国として大きな関心が注がれている．これまで，福祉においても福祉先進国から学び，制度や仕組みをはじめ援助の仕方などを移入することの多かったわが国ではあるが，すべての生物が共存する環境の持続的な発展を視野に入れながら，赤ちゃんから高齢者まで，障害の有無に関係なく，地域社会に存在するひとりの人間としてその存在を確かなものにするわが国ならではの福祉社会を創造していかねばならない．社会連帯を基本におきながら，法制度や社会資源をどう整備していくのかなど，一市民として，よりすぐれた社会福祉専門職として，自発的に学習できる教材として本書をぜひ活用してもらいたい．

　なお，「痴呆」という用語については，「侮蔑的な表現である上に，「痴呆」の実態を正確に表していない」ということで，行政用語や法律では「認知症」という用語を用いることに変更された（厚生労働省）．ただし医学用語としては「痴呆」という用語が使用されているため，本書の資料等の中で，「痴呆」という用語が用いられていることもある．

　本書作成にあたっては，学文社の社長田中千津子氏をはじめ，多くの方のご協力をえたことを感謝する．

　　2005年3月

編　者

目　　次

プロローグ──少子高齢者社会における福祉先進国をめざして……i

第1章　高齢者福祉の視座……1

> 事　例　　古典に描かれた高齢者……2

❶ 高齢者観をめぐって……4

❷ 少子高齢社会の潮流……7
　1　高齢者の生活と環境……7
　2　少子化をめぐって……14
　3　高齢者福祉の沿革……16
　4　地方分権化と政策動向……21
　5　次世代への貢献……22
　6　伝統的な地域社会から地域福祉社会の創造……23

❸ 21世紀のライフサイクル……26
　1　プロダクティブ・エイジング社会へ……26
　2　ライフサイクルからみた高齢者の生活……28

　⇨学びを深めるために……32
　★学びのオリエンテーション
　　高齢者と自己覚知……33

第2章　高齢期のからだとこころ……35

> 事　例　　自己決定と社会的支援……36

❶ 高齢期のからだとこころの世界……38
　1　老いと「青春」……38
　2　高齢者の所作・外観……39
　3　感覚機能の低下……39
　4　生理機能の低下……39

❷ 高齢期のからだ……40

1　高齢者の健康増進……40
　　　2　高齢者と疾病……40
　　　3　高齢者と感染症……42

❸ **高齢期のこころ**……44
　　　1　老人力……44
　　　2　知能の発達と老化……45
　　　3　高齢者における精神疾患……45
　　　4　認知症……45

❹ **ターミナルケア**……48
　　　1　ターミナルという言葉……48
　　　2　生活の質と死……49

　⇨学びを深めるために……51
　★学びのオリエンテーション
　　タナトロジー……52

第3章　高齢者の生活課題……55

> 事例　介護が必要となったひとり暮らし高齢者のかかえる生活問題……56

❶ **高齢者をとりまく生活実態と課題**……58
　　　1　高齢者世帯の状況……58
　　　2　要介護者のいる世帯の状況……58
　　　3　介護者の状況……59
　　　4　要介護者となった高齢者の状況……60
　　　5　高齢者世帯の経済的状況……60
　　　6　高齢者の住宅環境……61
　　　7　高齢者の移動……62

❷ **在宅生活における現状と課題**……62
　　　1　在宅サービスの種類……62
　　　2　要介護者等の世帯構造別にみた居宅サービスの利用状況……63
　　　3　要介護度別にみた在宅サービスの利用状況……64
　　　4　同居している介護者の介護時間……65

5　介護者の孤立感，不安感……66
　　　6　介護者への重層的な負担と介護休業の取得……67
　　　7　ひとり暮らしの高齢者の問題……67
　　　8　高齢者を支えるホームヘルパーの環境……68
　　　9　介護保険制度改革と在宅サービス利用者への影響……69

❸ 施設利用における現状と課題……69
　　　1　介護保険施設の状況……69
　　　2　介護保険施設以外の施設サービスの状況……70
　　　3　要介護度別にみた施設サービスの利用状況……70
　　　4　施設入所者における痴呆のある者の割合……71
　　　5　施設入所前の状況……71
　　　6　高齢者虐待と施設入所……72
　　　7　施設職員の体制……72
　　　8　施設種別にみた居住環境……73
　　　9　介護保険制度改革と施設サービス利用者への影響……73

❹ 高齢者の生活課題への対応と社会化……74
　　　1　高齢者の生活課題の概括……74
　　　2　生活課題と在宅・施設サービスの対応……75
　　　3　高齢者の役割と居場所の確保……75
　　　4　働く環境の整備といった関係施策による生活課題への対応……76
　　　5　家庭機能の外部化と社会化……76
　　　6　介護移住と外国人労働者の導入……77

　⇨学びを深めるために……78

　★学びのオリエンテーション
　　めだかのたまりば……79

第4章　高齢者と法制度……81
　事例　高齢期に応じた施策……82

❶ 法制度の枠組みと法制度化の背景……84
　　　1　私的扶養を重視した近代の高齢者福祉制度……84
　　　2　戦後の高齢者福祉制度……85

3 老人福祉法制定以後の高齢者福祉施策……86
4 介護保険法前後の高齢者福祉制度……87

❷ 介護保険法……89
1 介護保険制度の目指すもの……89
2 介護保険制度の基本的な仕組み……90
3 これからの介護保険制度の流れ……96

❸ 老人福祉法……97
1 目的および基本理念……97
2 「老人」の法的定義……99
3 実施主体……99
4 福祉の措置……100
5 老人福祉計画……100
6 有料老人ホーム……101

❹ 老人保健法……102
1 高齢者医療・保健対策のあゆみ……102
2 老人保健法制度の概要……104

❺ その他の関連法制度……108
1 公的年金……108
2 雇　用……111
3 住宅・環境……113
4 福祉用具……115
5 シルバーサービス……116

⇨学びを深めるために……117

★学びのオリエンテーション
　介護保険制度改革の全体像……119

第5章　高齢者の援助とケアマネジメント……121

　事例　認知症高齢者を地域で支える……122

❶ ケアマネジメントとは……124
❷ ケアマネジメントの機能とケアマネジャーの役割……125

❸ 高齢者福祉とケアマネジメント……128
❹ ケアマネジメントの課題……130

　⇨学びを深めるために……132
　★学びのオリエンテーション
　　マイケアプラン運動……133

第6章　高齢者の自己実現と権利擁護……135

　事例　安心できる権利擁護……136

❶ 高齢者の自己実現とエンパワメント　サービスの質と自己実現《利用者の権利・生活の質を含む》……138
　　1　自己実現を支援する制度……138
　　2　自己実現のための援助……138

❷ 高齢者の家庭内虐待……140
　　1　「虐待」と 'abuse/maltreatment/mistreatment'……142
　　2　高齢者虐待の定義と分類……143
　　3　家庭内虐待の特性と発生頻度……145
　　4　家庭内虐待の背景や要因……147
　　5　最新のわが国の調査研究から……149
　　6　家庭内虐待への対応策……150

❸ 高齢者の施設内虐待……151
　　1　施設内虐待……151
　　2　施設ケアにおける虐待の危険要因……152
　　3　施設ケアにおける虐待の特徴……152
　　4　職員による虐待の分類……153
　　5　間違った取り扱いや虐待を助長する要因……154

❹ 高齢者の権利擁護システム……156
　　1　成年後見制度……156
　　2　地域福祉権利擁護事業……160
　　3　介護相談員派遣事業について……163
　　4　第三者評価事業について……165

❺ 高齢者福祉における専門職と期待される役割……167
 1 高齢者福祉を担うマンパワー……167
 2 専門職の倫理綱領……170

⇨学びを深めるために……172

★学びのオリエンテーション
リスクマネジメント……173

第7章　高齢者ケアと地域社会……175

> 事例　地域共生ケアの拠点としての小規模多機能ホーム
> 「いつでん　どこでん」……176

❶ 地域福祉の推進……178
 1 社会福祉協議会と市町村……178
 2 施設サービスから地域社会へ……179

❷ 地域共生ケアの拠点としての小規模多機能ホーム ～住民と行政のパートナーシップ～……181
 1 高齢者ケアへの素朴な疑問～常識の非常識ということも～……182
 2 施設ケアの限界～期待される『施設革命』～……183
 3 在宅介護の限界
  ～必要な地域福祉力，介護者の休息（レスパイト）～……186
 4 グループホーム（認知症対応型生活介護）の光と影
  ～誤算を教訓に～……188
 5 第3のケアの創造～宅老所そして小規模多機能ホームへ～……190
 6 これからの高齢者福祉～地域共生ケアへの展望～……201

❸ 施設サービスからの提言……208
 1 ユニットケアという方法……209
 2 ユニットケアの新たな段階と新たな課題……211
 3 ユニットケアの先にあるもの……212

⇨学びを深めるために……213

★学びのオリエンテーション
NPOと地域福祉……214

目　次　ix

エピローグ　これからの高齢者福祉……216

高齢者福祉年表……219

第1章
高齢者福祉の視座

古典に描かれた高齢者

　高齢者福祉の視座を考えるにあたり，日本古典随筆の双璧とされ，多くの人に親しまれてきた『枕草子』（11世紀藤原氏全盛時代）と『徒然草』（鎌倉時代後期）から，当時の高齢者観がどのようであったかをみていこう．

　『枕草子』は清少納言の身辺の経験，観察から綴られており，摂関政治における家と家との移り変わりやその背後にあるものを興味深くみることができる．当時紙は貴重であり，ものを書くという行為には，書くに価する動機なり目的なりを持っていなければならなかった．彼女が仕えた中宮定子からの意向や支援があったからこそ，執筆することができたといわれている．

　42段では，清少納言はにげなき物（似つかわしくないもの）として，「老いたる女の腹たかくてありく（妊娠している様）．わかき男をもちたるだに（若い男を愛人に持っているだけでも）見ぐるしきに，こと人のもとへいきたるとて（別の女性の所へ男が行ってしまったと）腹立つよ．老いたる男の寝まどひたる（寝とぼけている様）．また，さように髭がちなる物のしゐつみたる（ひげを生やしたような男が椎の実をかじっている〈老人が堅い木の実をかじるのは見るに忍びない〉）．歯もなき女の梅くひてすがりたる（酸っぱいと口をすぼめるが，歯がないから醜い顔になる．若い女性なら酸っぱがる口つきもかわいい）」としるし，とりたてていうことがないことでも，老いると男女にかかわらず，似つかわしくないと嘆いている．

　117段では侘びしげに見ゆるもの（貧乏くさいもの）として，「老ひたるかたゐ」をあげ，乞食も高齢になると貧乏くささが一段と増してくると高齢者を差別をしている．

　242段の「ことに知られぬ物（とかく忘れがちなもの）……人の女親の

老いたる」では，老いた女親がふだんの生活のなかで忘れ去られてしまいやすいと記している．

　兼好法師は『徒然草』の最初の読者を，自身が属していた教養を求める僧侶や武士などを想定して筆を走らせたらしい．第172段で「老いぬる人は，精神衰へ，淡く疎かにして，感じ動く所なし．心をのずから閑かなれば，無益のわざをなさず，身を助け，愁へなく，人の煩ひなからむことを思ふ（他人に面倒をかけないようにと考える）．老て智若きに勝さること，若くしてかたちの老いたるに勝れるがごとし（老いて知恵が若いときに勝っていることは，若いときに容貌が老いた時よりも勝っているようなものだ）」では，高齢期の精神的な成熟に人生の価値をおいている．続く第173段では兼好は「小野小町がこと，極めて定かならず．衰へたるさまは（その容姿が衰えた有様は）玉作といふ文に見えたり．此文，清行書けりといふ説あれど，……」平安初期の女房歌人である小野小町の伝記に関する疑問を述べている．零落して徘徊するに至るありさまをしるした玉造小町壮哀書から，美女で驕慢であった小町の老い衰へて貧窮に陥っていく哀れさを引用することで，老年期のひとつの様相として普遍化させようとしたのではないだろうか．

　歴史に見る高齢者像には多様性があり，老熟・老醜という2極内でゆらいでいる．人びとはそれぞれの立場から時には都合よく高齢者像を意識してきたのではないだろうか．

高齢者観をめぐって

(1) 古代から近世まで

　橘覚勝は「わが国ではなんらかの形で優老の伝承が，古い神話時代から日本人の頭の中に秘蔵されていたのではないか」として，『日本書紀』の神代紀「海宮遊行章」を取り上げ，「とくに，文書のない原始時代では，高齢者の過去の経験の豊かな記憶は重宝な遺産として大切にされていた」と述べている．日本書紀・古事記には，長老，老父，老臣，老人，老翁，老婆，老媼という言葉がしるされ，……老を「おきな」，……女を「おみな」「おうな」と訓読している．「おきな」「おうな」は常世の国（不死常楽の世界）から来る寿命の長い人という常世神，常世人という意味につながるとされている．常世神は純粋の神でもなければ人間でもなく，神の世界と人間の世界とを媒介する一種の精霊として畏敬されていたようである[1]．

　平安時代は天皇を頂点とする公家・貴族が支配する社会であり，かれらは庶民階級のまったくあずかり知るところではなかった当代の文化の象徴であった．しかし，この世の極楽浄土を求めて建立された宇治平等院は，文化の華やかさとその陰につきまとう老いや死という現世の不安から逃れたいとするアンビバレントな宗教美術のパノラマともみることもできよう．

　平安時代中期，三蹟で著名な藤原佐理の娘は，90余歳で，皇后宮歌合の清書を頼まれ，墨がれすることなく，見事な書を仕上げている．源俊賢の娘は，80余歳で，最愛の息子の入宋を諦めるために，自分の一生を振り返り，自分史ともいうべき『成尋阿闍梨母集』を著している．高齢になっても，引きこもることなく，冷静にそれぞれの役割を発揮しつづけた人も存在していた[2]．しかし，王朝貴族の世界ではなやかにふるまっていた女性たちが必ずしも安楽な老後を送ってはいない．清少納言は晩年はあばらやに住み，やせ衰えてすさまじい顔をして死んでいったといわれている[3]．

　中世の高齢者の顔として，①子どもや女性とともに「ひと」（大人）として

の世界から排除された存在として登場する弱者としての顔，②この世の存在に近い，鬼や神として意識される顔，③老いてもなお家父長としてイエを支配し，死の瞬間まで，その力を及ぼそうとするたくましい老人としての顔の3つをあげ，それらについて以下に説明しよう．[4)]

①わが国の棄老の伝説は「大和物語」「今昔物語」などに書かれた「をば捨山」の故事として有名である．しかし，これらの説話を頭から事実として信じるには疑問があるものの「ひと」としての能力を喪失しつつある老人の弱者としての位置（顔）を端的に示している．

②『石山寺縁起』では比良明神が赤い頭巾をかぶった老翁として現れる．絵巻物や説話では，高齢者は神の化身として登場する．高齢者は神や仏に近く，俗世と聖なる世界の境界に生きる鬼や神の顔を持つ人々として畏敬されていたからである．

③中世前期までは家父長の権利は親権の絶対性に裏打ちされていたため，財産・能力をもつ高齢者の顔はたくましかった．しかし，後期になると，中国に起源を発する隠居制度が盛んに行われるようになった．政権が武士に移行するなかで老衰や病気のために兵役につけなくなると，公私の職務を退き，次世代に相続させる必要性が高まった．

江戸時代の社会は，高齢者の行動に対してけっして寛大ではなかった．高齢になっても働けるだけ働き，老後の生計も，武士はまだしも，庶民は自力で維持していく算段をしなければならなかった．権力者は扶養の第1次義務者を子孫，第2次義務者を近親者，第3次義務者を近隣社会として，高齢者扶養の責任を負わせた．伝統的な地域社会であったにもかかわらず，高齢者は，社会から無用の存在とみなされ，孤独感と疎外感に悩まされた．

(2) 明治以降戦前の高齢者観

明治においても，私的扶養が公的扶養の肩代わりをなしていた状況に変わりはない．私的扶養の権利と義務に関して明治民法の親族編には，扶養義務は直

系卑属(子・孫など)・直系尊属(父母・祖父母など)の順に,扶養権利はその逆の順が優先される旨規定されている.妻子よりも父母高齢者の扶養権利を優先させたのは,老親扶養を家に肩代わりさせるものであり,妻子の扶養義務を優先させたのは,次代の労働力の維持・保護を計るためであった.「追いつけ,追い越せ」と資本主義国家の発展を目指す政府は,低賃金で働く豊富な労働者を確保しなければならなかった.孝行イデオロギーを背景とする親族扶養は国家への忠誠心教育にも結びつく重宝な手法であった.

一方,近代化の歩みは農村から都会への人口流出を始めとする,私的扶養環境に変化をもたらし,家を形成しえない層は極貧状況に追いやられた.まったく身寄りがなく,労働能力もない極貧者に最小限の保護を与えるものとして1874(明治7)年に制定された恤救(じっきゅう)規則は唯一の救済策であった.その後第一次大戦後の世界的な不況,関東大震災の発生,金融恐慌などを背景に1929(昭和4)年,救護法が制定され,65歳以上の高齢者に生活扶助・医療などが給付されたが,血縁・地縁に基づく相互扶助が依然として強調された.

(3) 戦後の高齢者観

1963(昭和38)年単独法として世界ではじめて制定された老人福祉法に基づいて,経済の発展による豊富な国家財政は高齢者施策にも向けられたが,高齢者の生存そのものを価値あるものとする発想に基づくものではなかった.いわゆる大盤振舞であった.財源が逼迫すると,施設サービスから在宅サービスに方向が転換され,家族による介護を支援するという政策がとられた.明治民法にみられる高齢者観は親族扶養を優先したうえで,社会全体も私的扶養の枠組みの中に組み込まれるようになった[5].

少子高齢化が予測しがたい速さで進行する中で,高齢者介護についてとくに介護者および財源面からの負担問題が取り上げられ,介護サービスの提供を軸とする保健福祉システムとして介護保険法が2000(平成12)年4月から施行された.同法により国民の共同連帯の理念に基づき介護の社会化が図られ,福祉

サービスが契約を媒体として提供されるようになった.

戦後のベビーブーム世代が全員65歳以上になる2015（平成27）年を念頭に置き,「高齢者の尊厳を支えるケアの確立」が国民的な課題とされている．出生率の低下と長寿化によって高齢化率はさらに高まり，社会保障費の負担の重圧感は今後ますます増していくであろう．それだけに，高齢者の生存そのものが価値あるものと認識されるには，行政主導ではなく，地域社会における相互支援や連帯精神を尊重した自発的かつ責任ある行動が重要となってこよう．

表1-1　歴史にみる平均寿命

	男　性	女　性
1771年〜1870年	28.7歳	28.6歳（寺院過去帳の分析などによる）
1870年〜1921年	42.1歳	43.2歳
1921年〜1925年	42.06歳	43.2歳

出典：新村拓『老いと看取りの社会史』法政大学出版局，1991年，p.12

2　少子高齢社会の潮流

1　高齢者の生活と環境

(1) 高齢者問題

わたしたちの社会で高齢者が被っている，高齢者に誘引される，高齢者が影響を与える問題は普通,「高齢者問題」と呼ばれている．21世紀はわが国を筆頭に地球規模で高齢者問題に取り組まねばならないだろう．しかしこれらの問題はエイジズムの結果によるとも考えられ,「高齢者問題」の多面的な理解が肝要である．

「ロソーは,『高齢者問題』という視点にたつと,『高齢者の機会』を無視することになる．高齢化の肯定的側面，たとえば高齢者の利点，技能，知恵，潜在的成長能力，高齢者にできる貢献等を無視することになるから」と述べている[6].

暦年齢と個々の高齢者の「生活実像」との間に顕著な差違があることは、よく知られているところである。これは、医学的にも実証されている。一般的に歴年齢65歳の生活実像は45〜85歳ぐらいの実像の範囲にあり、この年齢幅は「どう生きてきたか、今後どう生きるか」によりさらに拡大することが検証されつつある。

医療費のなかでも高齢者の医療費の伸びがいちじるしい。後期高齢者の疾病は、ストレスや飲酒・喫煙など若年時の生活習慣を起因とする生活習慣病につながることも多く、これらが重症化し、要介護状態を招くという考えから、生活習慣病の予防がとみに重要視されるようになった[7]。

1886（明治19）年に出版された『女子必読』は、主として育児・予防・治病・看病に関する本である。その「予防篇」では「予防の一分は療治の一寸にあたる」という諺を引き、病気予防の大切さを述べる。最後に「人は健全無病の時に在て既に死する覚悟をなし置くべ」きと、生活習慣病などの予防のほかに、健康に恵まれているときに、いつ死が訪れてもよいように覚悟して置くように、日頃の生活上の心得を喚起している[8]。今後は高齢者問題が年齢や問題の領域を超えて個人というミクロレベルから環境問題など地球規模というマクロレベルにいたるまで人間社会全体の課題として取り組んでゆくことも大切である。

(2) 高齢化の状況

古代の法制度では国家が要求するさまざまな義務の遂行能力の判断基準として、60歳を老人の始期、65歳以上を老年期としていた。尊老の精神から年齢により違いはあったものの、負担しなければならない調（律令制では男子に賦課される人頭税．絹・綿・布、また、鉄・鍬・塩などの産物を納入）・庸（同じく男子に賦課される労役の代わりに納入する物品、主に布）の半減、兵役や刑の免除など高齢者優遇の措置がとられていた。

何歳以上を高齢者とみなすのか、古代からほとんど変わることはなかったが、

第1章　高齢者福祉の視座　9

図1-1　平均寿命及び65歳時の平均余命の推移

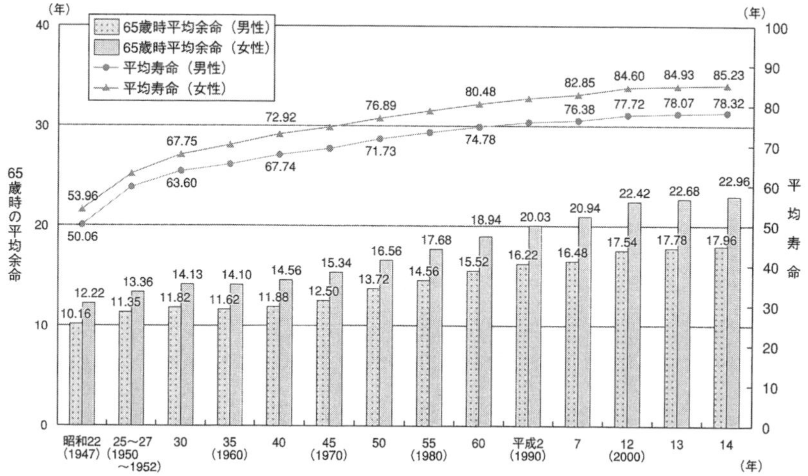

資料：厚生労働省「生命表」（完全生命表）．ただし、平成13、14年は「簡易生命表」

出典：内閣府『高齢社会白書』（平成16年版）p.7

　今日の高齢社会においては法制度によって適用される年齢にかなりの違いが生じている．退職年齢や個人の年齢に関する考え方には今後さらに違いが生じるように思われる．総務省が2004年の「敬老の日」にちなみ，発表した統計からみたわが国の高齢者つまり，65歳以上の人びとの状況は，以下の通りである[9]．

　65歳以上の高齢者数は2003年より55万人増加し，2,484万人（男性1,049万人，女性1,435万人）となった．総人口に占める高齢者の割合は19.5％とほぼ5人に1人が高齢者である．高齢化率がこのまま増加すると，10年後には総人口の25.3％，4人に1人が高齢者になると見込まれている．また75歳以上の後期高齢者人口も昨年より53万人増え，1,105万人となった．総人口に占める割合は8.7％である．高齢者のいる世帯は1,640万世帯で，世帯全体の35.0％と3分の1を超えている．

　わが国は世界一長寿国となったが，これは乳幼児死亡率の大幅な改善をはじ

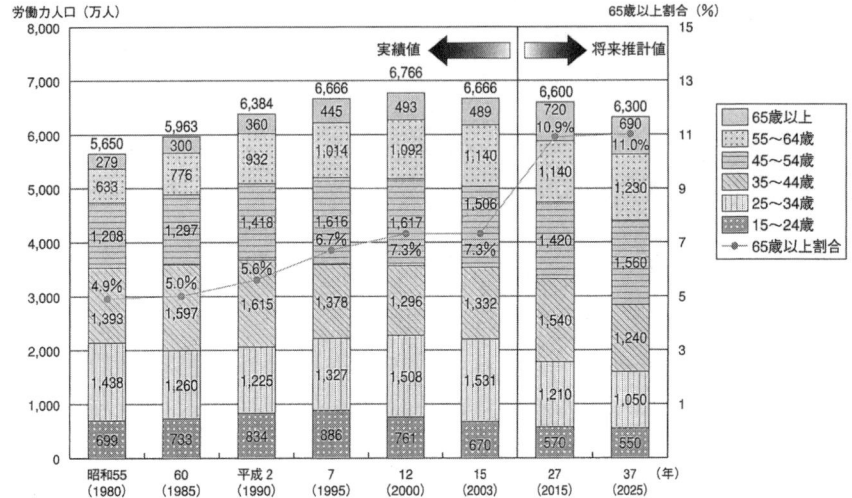

図1-2　労働力人口の推移と見通し

資料：2003年までは総務省「労働力調査」、2015年以降は厚生労働省推計

出典：内閣府『高齢社会白書』（平成16年版）p.11

め，高度な医療技術，生活資源や環境・教育・文化の向上などによるものと考えられている．長寿化の背景には，第一次産業に従事する人が多かった頃，役割からの全面的な引退をせず，なんらかの作業に従事し続けてきたこと，また地域社会においても長期にわたり構成メンバーとしての役割をつとめ，さまざまな活動に参加することができたことなどもあげることができる．被雇用者として働く人が大幅に増加するなど労働環境が大きく変化しているが，今後は平均寿命の長さだけでなく，健康寿命の長さ，つまり寿命の質や高齢期の生活設計とともに，社会の一員としての役割をどう担うかなどが高齢社会の重要な課題である．

(3) 就労状況

2003年の労働力人口総数は6,666万人であったが，そのうち65歳以上の者の比率は，1980年の4.9％から増加し続けている．総務省（2004年）によれば，

470万人で，65歳以上の人口に占める就業率は19.7％，アメリカの13.5％，カナダの7.1％，イギリスの5.8％に比べ高水準である．しかし，団塊の世代が60歳になり退職しはじめると，「構造的な労働力不足時代」に入る．国立社会保障・人口問題研究所の中位推計では15歳から64歳までの生産年齢人口は2004年から2015年の間に約880万人減る．この間の総人口の減少数（136万人）をはるかに超える．[10] 今後労働力人口総数が減少に転ずると予想される中での人口動態（図1-2）は重要な関心事であるが，将来の経済困難を加速するのは就労の動態である．[11] 不足する労働力をどう埋めるのか，これまでの状況とは異なるだけに，高齢者と女性の活用による質・量両面の不足の解消にあわせて，労働の形態，労働の質が新たな課題となろう．

　高齢者世帯と全世帯平均の所得に大きな差をみることはできない（図1-4）．しかし女性の所得は男性の3分の1強にすぎない（図1-3）．総務省の発表によれば，仕事をしていない高齢者の世帯の収入は月額平均で20万9,751円，一方支出は24万5,305円で3万5,554円の赤字だった．赤字分は貯蓄の取り崩しなどで賄われていた．なお，高齢者世帯の貯蓄は「400万以上600万円未満」がもっとも多く，現在の貯蓄額の中位数はほぼ1,600万であった．高齢者世帯間の所得格差がよく指摘されるところである．[12]

　参考までに内閣府が毎年行っている国民生活の満足度などを問う，全国の成人男女1万人を対象にした聞き取り調査（2004年）の結果を添える．現在の生活について「去年と比べて向上したと思うか」を尋ねたところ，「同じようなもの」と答えた人が67％を占め，昨年より3.5ポイント増えた．残りのほとんどは「低下した」であった．これを生活の各面でみていくと，満足できていなかったのは「所得・収入」「資産・貯蓄」で，いずれも60％弱の人が不満を述べている．今後の生活の見通しについて「同じようなもの」とした人が60％を占めた．生活の「不満」は「不安」につながっている．70％近くの人が日常生活の中でなんらかの悩みや不安を感じると答えているが，その中身として「老後の生活設計」を挙げた人が52％と最多であった．「政府に望むのは医

図1-3　高齢者の所得水準（2000年，所得の種類別）

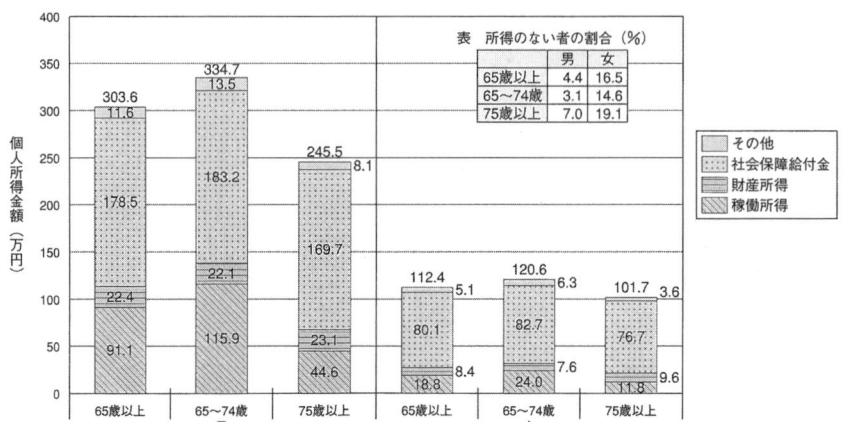

資料：平成14年度厚生労働科学研究（政策科学推進研究）「医療負担のあり方が医療需要と健康・福祉の水準に及ぼす影響に関する研究」における「国民生活基礎調査」個票の再集計結果
(注)　所得のない者を含んだ平均値。稼働所得とは、雇用者所得、事業所得、農耕・畜産所得、家内労働所得の合計、いわゆる就労による所得。財産所得は家賃・地代の所得、利子・配当金の合計、社会保障給付金は公的年金・恩給、その他の社会保障給付金の合計、その他は上記以外の所得の合計

出典：内閣府『高齢社会白書』（平成16年版）p.23

図1-4　高齢者世帯の所得

区分	平均所得金額（平成13年）			
	一世帯当たり			世帯人員一人当たり（平均世帯人員）
高齢者世帯	総所得	304.6万円		195.3万円（1.56人）
	稼働所得	58.2万円	(19.1%)	
	公的年金・恩給	212.6万円	(69.8%)	
	家賃・地代の所得	16.5万円	(5.4%)	
	利子・配当金	1.5万円	(0.5%)	
	年金以外の社会保障給付金	5.2万円	(1.7%)	
	仕送り・その他の所得	10.5万円	(3.5%)	
全世帯	総所得	602.0万円		213.5万円（2.82人）

資料：厚生労働省「国民生活基礎調査」（平成14年）
(注)　高齢者世帯とは、65歳以上の者のみで構成するか、又はこれに18歳未満の未婚の者が加わった世帯をいう。

出典：内閣府『高齢社会白書』（平成16年版）p.22

療・年金などの社会保障構造改革」が68％，続いて「景気対策」59％，「高齢社会対策」50％，「雇用・労働問題」41％の順であった[13]．高齢期の不安は国民全体の抱える不安でもあり，安定した生活の保障が心身の健やかな老後の生活に結びつくのではないだろうか．それには多様な労働環境の提供，個人のライフスタイルを尊重した選択肢の多い年金プログラム（年金支給金額や時期・期間）を検討していくべきであろう．

第1章 高齢者福祉の視座　13

(4) 社会参加活動の促進

　付き合いはほとんどしていない人（男女の平均）は7.1％，おおむね近所の人と交流があるが，親しい友人の有無では，同性・異性のいずれの友人のない男性は29％，孤独な暮らしぶりが浮かんでくる．学習活動への参加状況から[14]なんらかの学習活動に参加している人は12.3％，「まちづくりへの参加・貢献度」では，「現在すでに参加している」29.4％，「参加・貢献したい」14.7％，年齢が低くなるほど参加意識が高い[15]．

(5) 健康意識

　高齢者の健康についての意識であるが，2001年における65歳以上の高齢者の有訴者率（人口1,000人あたりの病気やけがなどで自覚症状のある者の数）は，502.7で，半数以上の高齢者が自覚症状を訴えている．一方，日常生活への影響は「外出」（104.1）や「日常生活動作」（102.4）に高く現れ，「仕事・家事・学業」では92.7，「運動・スポーツ」などが62.3となっており，高齢者は自覚症状があっても，必ずしも病気と意識しているわけではないと考えられる．

　しかし，高齢者は「休養や睡眠を十分にとる」60.4％，「規則正しい生活を送る」53.0％，「栄養やバランスの取れた食事をとる」49.5％などを中心に健康の維持増進をこころがけている[16]．

(6) 高齢者の生活環境

　現在生活している地域で高齢者の気がかりなことは，通院（12.0％），日常の買い物に不便（11.6％），交通機関が不便9.5％（2001年）などである．居宅生活者には，外出支援サービスをはじめ，通院・買物などに資する交通手段を整備し，利用できるようにするべきである．高齢者の犯罪・火災による被害件数は高齢者人口の増加もあって，年々増えている（2002年）．高齢者がねらわれないように，被害予防に力を注ぎ，きめこまやかな対策が急がれる．成年後

見制度や地域福祉権利擁護事業に加えて，身近に相談できる支援体制や見守り支援を日常的に利用できる社会づくりが重要である．

　高齢者の住宅の所有関係についてみると，65歳以上の高齢者のいる世帯では，持ち家が85.3％，公営・公団・公社の借家が5.3％，民営借家が9.0％となっており，主世帯総数に比べ持ち家率が高く，借家率が低い．高齢者夫婦主世帯（夫婦ともまたはいずれか一方が65歳以上の夫婦一組のみの主世帯）・高齢単身主世帯では，それぞれ持ち家が84.9％・65.3％，公営・公団・公社の借家が6.5％・11.3％，民営借家が8.2％・22.8％となっており，高齢者単身主世帯では比較的持ち家率が低く，借家率が高くなっている．

　現在住んでいる住宅について，高齢者は住まいが古くなりいたんでいる（21.2％），構造や造りが高齢者には使いにくい（13.2％），台所，便所，浴室などの設備が使いにくい（10.8％）などの問題点をあげている．そこでどう改造したいか，高齢者の希望は手すりを設置したい（20.9％），住宅内の床の段差をなくしたい（19.6％），浴槽を入りやすいものに取り替えたい（11.0％），浴室に暖房装置をつけたい（8.6％）などを希望している[17]．高齢者の希望を尊重することはいうまでもないが，従来の取り組みを省み，一層の機能改善・向上を目指して生活リハビリの視点をふまえた効果的な住宅改造を行なうべきである．

2　少子化をめぐって

　わたしたちは過去に例をみない少子高齢社会に直面するだけでなく，その中で生きていかねばならない運命を共有している．急激な世代別の人口構成の変化は，社会保障制度を予測しがたい状況に追い込んでいる．15～49歳までの女性の年齢別出生率を合計した合計特殊出生率が，「日本の将来推計人口」(2002年推計)の数値よりさらに下回り，2003年は1.29と過去最低となった．2003（平成15）年，少子化社会対策基本法が制定され，少子化に対処するための基本的施策などが講じられているが，少子化進展の歯止めとなる徴候はいま

のところみられない．

　近年の出生率の低下は主として晩婚化や非婚化，雇用の不安定，養育費の高騰や女性の育児負担によるものと考えられてきた．生涯未婚率は男女とも上昇しており，男性は1990年以降この傾向が顕著である．初婚年齢も男女ともに高くなっている．厚生労働省が2004年に実施した「少子化に関する意識調査研究」(『日本経済新聞』2004年9月6日朝刊) では，結婚後子どものいない32～49歳の女性は「子育ては辛いことより楽しいことの方が多いはずだ」という意見について「あまりそう思わない」「全くそう思わない」を合わせると30％となり，他のグループに比してその割合が高い．少子化について「ただちに解決すべき重要な問題」と認識する人の割合は，すでに子どものいる20～35歳の女性グループに比べて約10％低いという結果がでた．報告書はこうしたデータをもとに，「結婚後も継続して子どものいない家族にはより若い時代から，子どもを生み，育てることの意義や大切さを伝える取り組みが必要」とのコメントを行っている．

　出生率が最も高い沖縄県は1.72 (2002年：1.76)，最も低い東京都は0.9987 (2002年：1.02)，この差は大きいが，年々縮小している．沖縄県では4～5人の子どものいる家庭も多いが，地域社会が子育てには協力的なため，子育て負担は少ない．そこで高齢者が地域の子育て支援に参加し，世代間交流や世代を超えて人びととのコミュニティづくりに一役買うなどの取組みが各地に期待されている．

　1人の高齢者を何人で支えるのか，高齢者が増加し，少子化が進めば支える子どもの比率はますます低下するのではないかということがしばしば議論されてきた．もし，高齢者扶養の観点から少子化対策が進められるなら，その子どもたちもいずれ高齢者になるであろうから，そのとき一段ときびしい少子化対策が求められるであろう．

　社会は高齢者にどの程度の社会的資産を提供する義務があるのか．驚異的な技術革新と生産性向上の結果，わたしたちが享受する今日の生活水準を高齢者

に対しどのように配分するべきなのだろうか．高齢者は連帯の精神をどこまで主張することができるのか．子どもたちへの負の社会資産はどこまでなら容認されるのであろうか．高齢者は，高齢であるがゆえに特別な配慮をされるべきなのかどうかきびしい議論も必要であろう．これから生まれてくる人びとを含めて支え合う社会システムをどう構築していくのか，少子高齢社会の潮流に浮かぶ船の舵取りを高齢者から自己覚知と経験をふまえた思慮ある意見を傾聴することも大切であろう．

3 高齢者福祉の沿革

(1) 戦後から1970年代後半

　高齢者福祉の発展は，第2次世界大戦後以降である．戦後，多くの国民が飢餓状態にあったが，旧生活保護法が公的救済制度として誕生した．援護が必要な高齢者に生活保護の受給もしくは保護施設である「養老院」が提供された．日本国憲法第25条「すべて国民は，健康で文化的な最低限度の生活を営む権利を有する」を具体化させるために，現生活保護法が制定され，「養老院」は高齢者専用の施設「養老施設」にかわった．1951年「敬老の日」が国民の祝日と定められ，翌年友愛訪問活動，清掃奉仕等の社会奉仕活動，教養講座の開催，スポーツ振興活動などを活動内容とする「老人クラブ」が発足した．1956年，長野県や大阪市で行われていた老人家庭奉仕員派遣事業が国の事業として実施されるようになった．

　1963（昭和38）年に制定された老人福祉法は現在の高齢者福祉の基礎となっている．当時は1955（昭和30）年を起点に始まった経済成長期にあり，平均寿命は60歳台，高齢化率は5％台であった．老人福祉施設として，生活保護法から引き継いだ養護老人ホーム，介護を中心とする特別養護老人ホーム，軽費老人ホームが制度化された．

　1960年代後半から過密・過疎，公害，環境破壊などによる生活問題が国民に広がり，貧困・低所得だけでなく，介護をはじめいろいろな困窮した状況の

対応が求められるようになった．1970（昭和45）年には65歳以上の人口が7％を超え，高齢化時代に突入したこともあって，1971（昭和46）年を初年度とする「社会福祉施設緊急整備5カ年計画」を策定した．特別養護老人ホーム数は5カ年で3.5倍以上の539施設となった．

　老人医療費無料化制度が開始された翌年の1973年は「福祉元年」ともいわれたが，第1次オイルショックにより以後急速に低経済成長時代に入る．新経済社会7か年計画（1979〈昭和54〉年）は新しい日本型福祉社会の創造をめざして「効率の良い政府が適正な公的福祉を重点的に保障するとともに，個人の自立と家庭の安定が基礎となってその上に近隣社会等を中心に連帯の輪が形成され，国民一人ひとりが真に充実した社会生活を営むことができるような環境作りを進めること」を重要な要件とした．しかし，これら家族介護に依存した福祉制度は「日本型福祉社会論」として批判されてきたところである．

　1979（昭和54）年の中央社会福祉審議会による「養護老人ホーム及び特別養護老人ホームに係る費用徴収基準の当面の改善について」や「老人保護措置費の国庫負担の取り扱いについて」に基づいて，老人ホームの利用者から年金などの所得に応じて費用徴収がはじまった．

(2) 1980年以降

　老人医療費無料化制度は，高齢者医療費を過度に増大させ，医療保険財政を圧迫したとして，1982（昭和57）年，老人保健法が制定され，高齢者本人による一部負担制が導入されることになった．「地方公共団体の執行機関が国の機関として行なう事務の整理及び合理化に関する法律」によって，老人ホームなどの施設入所措置事務や在宅福祉サービスの実施事務がこれまでの機関委任事務から団体委任事務とされることになった．

　高齢化の急速な進行に伴う高齢者の課題に対応するために，1989（平成1）年，1999年度の到達目標を示す高齢者保健福祉10か年戦略（ゴールドプラン）が策定された．在宅福祉推進事業として，ホームヘルパー10万人，ショ

ートステイ5万床，デイサービス・デイケア1万か所，在宅介護支援センター1万カ所，施設の緊急整備として特別養護老人ホーム24万床，老人保健施設28万床，ケアハウス10万人，過疎高齢者生活福祉センター400か所，さらに「寝たきり老人ゼロ作戦」の展開や在宅福祉等充実のための「長寿社会福祉基金」の設置など活力のある長寿社会に向けての事業が示された．1990（平成2）年には，ゴールドプランを推進するために老人福祉法を中心に，①福祉各法への在宅サービスの位置づけ，②老人及び身体障害者の入所措置権の町村移譲，③市町村・都道府県への老人保健福祉計画策定の義務付け，④在宅福祉サービス（ホームヘルパー派遣事業，デイサービス事業，ショートステイ事業）を第2種社会福祉事業に組み込む，⑤市町村社会福祉協議会を在宅福祉サービスの推進機関として位置づけるなどを内容とする福祉関係八法の改正が行われた．

(3) 介護保険制定に向けて

1991（平成3）年，プラン推進に向けて老人保健法が改正され，①老人訪問看護制度の創設，②老人保健施設入所者の初老期認知症患者への拡大，③老人医療費に対する公費負担割合の引き上げ（30％から50％へ）などが盛り込まれた．少子・高齢化社会の進行に伴い，ゴールドプランによる高齢社会対策の見直しに迫られ，1994（平成6）年，新ゴールドプランが策定された．プランの基本理念（利用者本意・自立支援，普遍主義，総合的サービスの向上，地域主義）が提示され，目標値の変更（ホームヘルパー17万人，ショートステイ6万床，デイサービス・デイケア17万か所，特別養護老人ホーム29万床）に加えて，高齢者介護のマンパワーの養成確保が施策の目標に加えられた．

1994（平成6）年，高齢社会福祉ビジョン懇談会は，「21世紀福祉ビジョン―少子・高齢社会に向けて―」を発表し，「核家族化と少子化の急速な進行による家族の介護力や育児力の低下を強調し，公的保障と自助努力とを組み合わせた福祉の方向性」を提示した．

1995（平成7）年，社会保障制度審議会の勧告「社会保障体制の再構築―安心して暮らせる21世紀社会を目指して―」は，「新たな理念である個人の自立を基本に社会保障負担の中心を国民の連帯精神による義務的な負担」を主張した．長期化する財政状況の悪化は社会保障費の増大を国民負担に転嫁するという仕組みに直結させ，介護保険法は制度の検討をはじめ，国民の理解も不十分なままに1997（平成9）年12月に制定された．同年11月に社会福祉事業のあり方に関する検討会は「社会福祉の基礎構造改革」を，中央社会福祉審議会の審議を経て，1998（平成10）年6月，① 対等な関係の確立，② 地域での総合的な支援，③ 多様な主体の参入促進，④ サービスの質と効率性の向上，⑤ 透明性の確保，⑥ 公平かつ公正な負担，⑦ 福祉文化の創造（中間のまとめ）にとりまとめられた．その後これらは2000（平成12）年の社会福祉事業法の改正に集約された．しかしながら，社会福祉基礎構造改革は，行政処分であった福祉の措置制度を契約システムに転換させはしたが，社会福祉事業全般のあり方についての具体的な評価はむずかしく，今後の課題は大きい．

(4) ゴールドプラン21から2015年高齢者福祉サービスへ

　介護保険制度が実施され，高齢者の世紀ともいうべき21世紀を迎えるにあたり，明るく活力ある社会を築く鍵は，高齢者が社会において積極的な役割をはたしていくことである．1999（平成11）年，2000（平成12）年から2004（平成16）年度までの基盤（訪問介護35万人，訪問看護ステーション9,900か所，通所介護・通所リハビリテーション2.6万か所，短期入所生活介護・短期入所療養介護9.6万人分，介護老人福祉施設36万人分，介護老人保健施設29.7万人分，認知症対応型共同生活介護3,200か所，介護利用型軽費老人ホーム10.5万人分，高齢者生活福祉センター1,800か所）を定めた「ゴールドプラン21」が策定され，元気高齢者づくり対策である「ヤング・オールド作戦」の推進に力が注がれている．

　厚生労働省老健局長の私的研究会である高齢者介護研究会から2003年に報

図1-5　ゴールドプラン21の施策の概要図

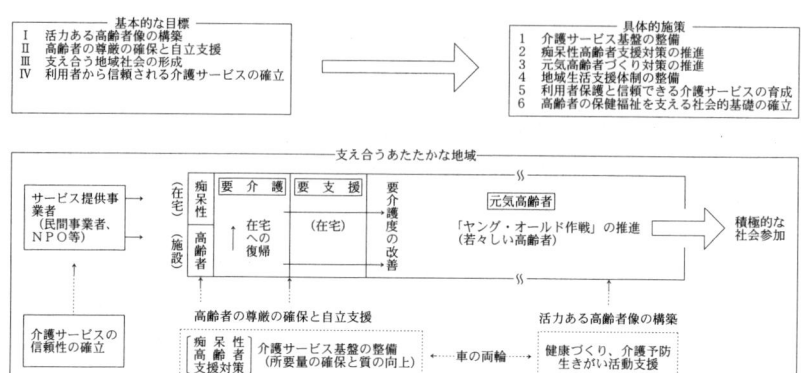

告書「2015年の高齢者介護〜高齢者の尊厳を支えるケアの確立について〜」がとりまとめられた．報告書は，戦後のベビーブームの世代が全員65歳以上になる2015年までに実現すべきことを念頭におき，高齢者の尊厳を支えるケアの実現を基本に据えている．公的な共助のシステムである介護保険制度と，フォーマル・インフォーマル，自助・共助・公助のあらゆるシステムをこれまで以上に適切に組み合わせながら，「高齢者が尊厳を持って暮らすこと」の実現を国民的課題としている．

　介護保険制度化の次のステージとして，「介護予防10か年戦略（2004年5月）」が決定され，具体的な施策として，①家庭や地域で気軽に介護予防，②効果的な介護予防プログラムの開発・普及，③骨折予防対策の推進，④脳卒中対策の推進，⑤地域で支える「地域ケア」の5項目が取り上げられた．介護予防は介護保険制度の開始前から取り組むべきであった．まず予防に総力を注ぎ，それでもなお介護が必要であれば介護保険制度を利用するというのが順当である．しかも，これらの介護予防策を，あえて10か年戦略とするにはその裏づけとなる内容と取組が問われよう．むしろ自己ケアを含め，自立にむけ

たひとりの人間への，生命誕生から死にいたるまでの生活史を視野に入れた総合的な介護予防に力を注ぐべきではないだろうか．

さほど時代をさかのぼるまでもなく，人びとは生活の糧をみずから生産し，それを支えに生きてきた．わたしたちは消費者であると同時に生産者であった．土を耕し，種を蒔き，農作物を収穫する，水を汲む，布を織るといった生活に久しくほぼ全面的に関わってきた．このような環境では生活を営むことがいきがいの基本であった．自然の偉大さに敬服しながら全力をつくして生きるということに主体的にかかわってきた．翌年の収穫まで存命しているかどうかおぼつかない老いた農夫も，「子孫のために植えている．先祖がわたしのために植えてくれたように」と農作業に汗を流し，子孫を思いやっていた．高齢者は与えられた命の重みを受け止め，明日の命を子孫に託すことで，そこに自己覚知を重ねあわせてきた．精神的・社会的・経済的自立をはかることが身体的自立につながる．介護予防10か年戦略の成功の鍵はこのあたりにあるのではないだろうか．

4 地方分権化と政策動向

1995（平成7）年，国と地方公共団体の関係を従来の上下関係から対等・協力の関係に移行するために定めた地方分権推進法が制定され，2000（平成12）年施行された．以来，地方自治体の事務は，国からの強い指揮監督を受ける機関委任事務が4～8割を占めていたが，これが廃止され，地方公共団体が自らの責任と判断で行う自治事務と国の利害に関係のある事務を法に基づき引き受ける法定受託事務に再編された．国による包括的な指揮監督権の廃止，都道府県や市町村への権限委譲など多くの制度改革が行われ，ついで補助金，地方交付税，税源配分を主題とした「三位一体改革」が進められている．2003（平成15）年，「地方自治法の一部を改正する法律」により，地方公共団体の長は，条例の定めるところにより，指定する法人その他広く民間事業者などを含む団体に公の施設の管理をおこなわせることが可能となった．いうところの指定管

理者制度の導入である．このような変革の時代にあっては，地方の財政危機の深刻化の可能性は高く，地方分権化が一段と進むなかで，公務員が直接サービスを提供することやたくさんの施設を作ることは改革の遅れを象徴する指標となるかもしれない[18]．

社会保障の推進理念は60年代の福祉国家（国家責任の曖昧化）から，70年代の福祉社会（日本社会の長所の強調）へ，80年代の日本型福祉社会（社会保障の守備範囲の限定）をへて，90年代には「新しい社会連帯」が強調され，個人の自立やセーフティーネット論[19]，2000年代の地域の復権と市民主導型福祉と推移している．

5 次世代への貢献

過去を見直し，現代さらに未来に何が活用できるかこれを考えることが今日の課題である．ひるがえって，現代の日々高度化するテクノロジーの社会では，生産の機械化・効率化が優先される．これまで継受されてきた高齢者の自己実現の手法や手段はその価値を失いつつある．同時に，心身を動かさなくても，便利な生活ができる．長く受け継がれてきた価値や文化，人から人へという歴史的継続性は顧みられなくなりつつある．社会の構造は高齢者を受け容れる場所の確保に苦慮している．

持続可能であり続けた社会から，子どもや孫に多大な負担を負わせる社会への移行をおそれながらも，すでに世代間戦争開戦への途に足を踏み入れていることに気づくべきであろう．高齢者は晩年に何を受け取りたいのか，受け取るべきなのか．社会はどのような資源を高齢者に用意すべきなのか．高齢者の要求に応じるために，社会的資源の配分をめぐる利害関係についてどのように考えればよいのか．高齢者もともに社会的負担を認識し，少子高齢化社会のあり方を考えることにより，高齢者の自立が高まるであろう．

高齢者を2つの類型にわけると第1類型は主役としての高齢者であり，第2類型は脇役としての高齢者である．高齢者は主役として自己の生活において自

己実現する．同時に脇役として家族や近親者との関係の中で，さらに社会との意欲的な連帯関係において自己実現する．

　人生は演劇に例えることができる．登場人物を主役のみで構成することはむずかしい．名脇役の存在が演劇成功の鍵を握っているということもできよう．個人の生きがいやアイデンティティの確立は自立した高齢者像と重なるが，同時に個人は家族の一員であり，また身近な地域社会，さらに地域的（市町村などの行政単位から国・地球レベルまで）・歴史的（過去・現在・未来を視野にいれて）に拡大された社会の一員である．価値観が多様化するなかで，高齢者は生涯学習や社会参加を通して心の豊かさや生きがいの充足の機会をえ，次世代に積極的に貢献する主役・脇役としての生き方が求められている．

　「高齢社会対策大綱」に基づく政府の取り組みで特に期待されているものは，「公平で安定的な公的年金制度を確立する」54.3％がもっとも高く，次いで「高齢者が働ける機会を確保する」38.8％，「子育てのしやすい環境をつくる」28.0％の順になっている．[20] 高齢者は年金の受領者，介護サービスの利用者にとどまらず，次世代との意欲的な連帯関係を主役・脇役としての立場から発展させていくべきであろう．公平で安定した公的年金制度や働ける機会の確立が期待されているということは，高齢を理由に社会に依存するのではなく，高齢者自身の自立とそれに向けての長期にわたる自助努力を社会全体が求めているということであろう．

6　伝統的な地域社会から地域福祉社会の創造

(1) 地域住民としての存在

　1982（昭和57）年6月，国連主催の高齢者問題について国際会議がウィーンで開催された．各国の代表者は「伝統的な家族様式や習慣が工業化・都市化によっていちじるしく薄れつつあり，その結果，伝統的な家族関係やコミュニティの構造が変貌し，世代間の人間関係の葛藤がはげしくなっている」ものの，「家族が高齢者ケアの最も重要な資源であり，施設入所は最後の手段」と結ん

でいる[21]．高齢者が虚弱化したときに望む居住形態について，現在の住宅にそのまま住み続けたい人は36.3％，現在の住宅を改造して住みやすくしたい人は21.4％，合計すると57.7％となり，介護専門の公的な施設の入所希望者は11.6％のみで，居宅での生活希望者の5分の1にすぎない[22]．生活の場が施設・居宅のいずれであっても，人はすべて地域社会を構成する一員であり，地域住民である．住民としての諸活動に参加する権利と義務があるはずである．これまで，施設サービスの利用者は地域社会の構成員とは見なされにくく，地域住民とは異なる立場に置かれることも少なくなかった．このような立場に異議を申し立てることもほとんどなかったところに問題の深さが感じられる．誰もが地域住民としての意識と存在を共有するところに地域福祉社会の原点がある．

(2) 地域福祉の登場

　伝統的な地域社会は徐々に変貌しながらも，その存在が全面的に否定されることはなく，むしろそのあり方や住民との関係性が問われてきた．そこに福祉が登場したのは1970（昭和45）年になってからである．2000（平成12）年の社会福祉法の施行により地域社会を基盤として，①地域住民，社会福祉を目的とする事業を経営する者，社会福祉に関する活動を行う者は，相互に協力し，②福祉サービスを必要とする地域住民が地域社会を構成する一員として日常生活を営み，社会，経済，文化その他のあらゆる分野の活動に参加する機会が与えられるように，地域福祉の推進に努めることになった．地域福祉という文言が法の中に明確に位置づけられ，地域福祉という考え方が主流になった．

　2002（平成14）年，国の社会保障審議会福祉部会においてまとめられた，「市町村地域福祉計画及び都道府県地域福祉支援計画策定指針の在り方について（一人ひとりの地域住民への訴え）」と題する報告書では，「今こそ，共に生きるまちづくりの精神を発揮し，人々が手を携えて，生活の拠点である地域に根ざして助け合い，生活者としてそれぞれの地域で誰もがその人らしい安心で充

実した生活が送れるような地域社会を基盤とした福祉(地域福祉)の推進に努める必要がある」と地域福祉推進の機会到来を告げる．住民は地域福祉の担い手であり，形式的な参加ですませてはてはならない．当然のことながら，社会福祉協議会が取り組む地域福祉活動計画と地域福祉計画との相互の連携が求められている．ある市では社会福祉法の趣旨を踏まえ，地域福祉計画，高齢者保健福祉計画，介護保険事業計画，子育て支援計画，障害者計画を含む総合的な計画の策定に向けて検討を進めている．計画の策定過程における住民参加を図るため，計画を審議する地域福祉審議会に公募委員を数名含めたり，公聴会を開催して住民の意見反映の機会を設けたりしている．広く住民の意見を求めるため行政の発行する広報誌やホームページを活用して積極的に情報を提供している．これらは，財源も年度予算で確保される行政が取り組む社会福祉全般にわたる計画である[23]．

社会福祉行政を担当する市町村を単位とする地域は，小学校・中学校の校区を単位とする地域，伝統行事など文化的環境を中心にまとまっている地域，河川や森林など自然地理的環境を背景とする地域などの複合体である．住民は居住・活動などを通して隣接する地域，仲間のいる地域など流動的に，広域的にかかわりをもつ．通りがかりの人もひとときにしてもその時・その場を共有するということから，地域社会とのかかわりが出現する．このような柔軟な発想を受容する地域が住民による地域福祉が展開される舞台といえよう．今日の地域社会には，そこになんらかのかかわりをもつ者であれば誰でも地域住民として仲間入りする機会が与えられるような，開放的で包容力のある福祉社会でなければならない．

(3) 住民の参加

これまでの伝統的な地域社会では伝統や習慣をはじめ，歴史的に形成されてきた価値観が長期にわたり継受されてきた．また，地域社会は住民相互の扶助・監視の仕組みとして為政者に都合良く利用されることもあったし，今もな

おそのあたりのところが見え隠れしないでもない．地域社会を構成するのは一人ひとりの住民であるにもかかわらず，地域社会は住民を個人としてよりも集団として組織する仕組みに利用されてきた．過去のものになったはずの上意下達的な手段が今もなお残存している．そこには身分をはじめ性・年齢・貧富・障害などによる差別があって，住民が地域社会の主体的な構成メンバーになることをむずかしくしている．住民１人ひとりが今日求められている地域福祉社会の一員であることをどこまで自覚しているだろうか．地域社会は，再生期にある．依然として変わらない，変えるのは容易ではないといわれつつも，地域社会そのものが多様化してきている（たとえば，高齢化率100％の部落，時間帯によって人口が大幅に変動する地域，高層の集合住宅が林立する地域など）．地域社会を構成する住民も多様化している．地域社会とその住民の個別性，多様性を尊重しながら，それぞれの地域を基盤にした地域福祉社会の創造に向けて，地域社会を形成していく必要がある．地域福祉社会の核となるのは住民と住民による主体的な参加である．

③ 21世紀のライフサイクル

1 プロダクティブ・エイジング社会へ

家族もなく，コミュニティにも世話してくれそうな人がいないからという理由で高齢者を老人ホームに強制的に入所させるならば，それはエイジズム（高齢者差別）に他ならない．[24]高齢者の存在を受容できない，意思を尊重した生活が実現できないならば，それはエイジズムであり，エイジズムが跋扈する社会をみつけるにはさほど苦労を要しない．虐待の定義にはないが，エイジズムがまかり通る社会では，エイジズムは社会的虐待といい換えることができるのではないだろうか．

高齢者は役に立たず，引っ込みがちで，不活発であるから，高齢者が社会から孤立し離脱することは自然で正常であり，望ましいとする離脱理論は，高齢

者を孤立させ，社会から疎外された状態に押しとどめることになる．高齢者は共通の心理的経済的問題や地位喪失などに基づく独自のサブカルチャーをもっているという主張はサブカルチャー（下位文化）理論である．「高齢者は若い人々との接触を避けようとしている」と主張したり，高齢者のサブカルチャーの独自性にこだわりつづけると，高齢者は引きこもりがちで古くさいという固定観念は修正されるどころか，ますます助長されるであろう[25]．

　こういった考えに対して，「老い」というものを積極的な観点から見直し，高齢者のもっている広い意味での潜在的な「生産性（productivity）」を社会に活用しようというプロダクティブ・エイジング（productive aging）という考え方に関心が高まりつつある[26]．物心両面にわたるさまざまな活動それ自体が生産的であり，未来に向けて意欲的に生きることが求められている．社会との関係性を喪失する，自分の殻に閉じこもると生産的で充実した生活から遠ざかっていく．高齢者が自立して，さまざまな課題の解決をめざしつつ，生活を充実させようというアクティブ・エイジング（active aging）にも関心が高まっている．

　生産性と健康には興味深い関連性がある．年金や医療，介護といった社会保障制度の整備およびその拡充は不可欠であるが，利用の仕方によって，今日の介護保険制度の検討課題として指摘されているように，これらは身体的・精神的依存，社会的依存を招く弊害を持ち合わせている．予防も念頭に置きながら自助努力を評価し，支援する仕組みを身近に備えるとともにさまざまな依存リスクにつながりかねないサービス提供のあり方を十分に検討しなければならない．そして，病気になると生産性，活動性を低化させ，さらに依存性を高めるという悪循環のサイクルに吸い込まれていきやすい．生産性・活動性の低下に対する社会の評価は依存性からの立ち直りを困難なものへと追いやり，社会から，そして家族から，さらに自分自身からも見放されるおそれがある．エイジズムを防ぎ，健康と生活の充足感を高める手だてとして，さまざまなタイプの持続的な活動への参加が効果的である[27]．

　介護保険では，厚生労働省令で定める期間，継続して常時介護が必要と見込

まれる状態でなければ，保険給付は行われない．しかし，介護サービスの必要性は介護を必要とする期間に比例するとはかぎらない．プロダクティブ・エイジング社会をめざして短期間集中タイプの介護プランを作成し，必要時に集中して，適切なサービスを提供することが肝要である．これこそ自立した日常生活を保持ができる介護である．ケアマネジャーは，高齢者の潜在的な生産性を評価し，プロダクティブ・エイジング社会に向けて，サービスの種類および時間，利用の頻度を視野に入れた適切かつ有効性の高いサービスを提供し，利用者の状態像の向上の評価，提供されたサービス効果の検証などにいっそうの力を注ぐべきであろう．

　自分のケアプランを自分で作成するというマイケアプランが注目されているが，このようなアクティブ・エイジングを目指した活動をケアマネジャーはケアマネージメントに導入し，高齢者自身によるケアプラン作成の支援に取り組むべきであろう．介護保険は要援護者が介護サービスを利用することで，要介護度の軽減をはかり，プロダクティブ・エイジング社会の一員となることを目指す制度である．介護サービスのタイムスケジュール作成，フォーマルサービスの確保程度の業務内容であるならば，ケアマネジャーの専門性を問う必要はない．インフォーマルサービスの開発を含め，プロダクティブ・エイジング社会を目指して利用者と，介護保険システムの改善に力を注ぐべきである．

2 ライフサイクルからみた高齢者の生活

　わたしたちの大きな課題は，どのようにしたら高齢者も含めすべての人が今日および将来の社会生活の協働者としての役割を共有できるかをはっきり洞察することである．[28] それには科学技術の進歩や社会の変化がもたらすであろう価値観と伝統的な価値観との間のギャップを縮めてゆくことも大切である．10年後には4人に1人が65歳以上の高齢者となる社会にあって，高齢者とともに地域福祉社会をどう創っていくのか考えていかねばならない．そこで，ライフスタイルについて個人・地域・社会レベルで理解し合い，すべての世代がど

う共存していくかに関心をはらうことが大切である．

　人生のそれぞれの段階は人が全面的に，あるいは部分的に経験する誕生・成育・教育・就職・結婚・養育・退職・死などの基本的な役割を提示しており，わたしたちは一つの代表的なライフサイクルとしてこれに寄り添いながら各役割を遂行すると期待されてきた．しかし，長寿化，教育の長期化，価値および行動の多様化は，退職後に再度大学などで勉強するなどその人ならではの生き方に力をそそぐ，結婚や出産をしないなどライフスタイルの個別化を招いている．結婚・出産・育児など従来のライフサイクルの揺らぎや多様化の波は退職・死といった高齢期のライフサイクルにもひたひたと伝播される．また，ライフサイクル上の基本となる役割の透明性が失われつつある．高齢期までの移行には，達成感や満足感をともなう通過儀礼がしばしば見られるが，高齢期以降の移行には所得の減少，配偶者の死，心身の衰えといった喪失が伴いやすく，大切にしてきた価値観の変更・生活の縮小といった状況に移行せざるをえないことも多い．

　そこでプロダクティブ・エイジング社会をめざして集団や個人に固有の嗜好・モラル・エートスに基づいて意識的に再編された慣習行動のパターンであるライフスタイルに関心が注がれるようになってきた．

　いつどのように教育・職業・結婚・家庭生活などに関わるライフイベントを経験していくのか，これまでの人びとの生活の平均的な標準モデルの設定は意味を失いつつある．少子高齢化をはじめ，社会のあり方が不透明であるだけでなく，年金制度など将来の生活への不安材料が多いとき，新たな価値観やライフチャンスの獲得にどう挑戦するのか，個人の生き方と社会全体の立場から高齢期の創造的な生き方をめぐって人びとのライフスタイルが模索されている．

　そこでパルモアの述べる老年学の将来の役割を参考にしながら，高齢者福祉の視座として以下にまとめよう．

　1　高齢者のイメージとして依存，無力さ，介護，医療，死などが強調されてきたが，これまで以上に科学・社会が加齢の肯定的側面に関心を向ける

べきである．
2　退職後も事業を起こしたり，社会活動などに関心をもつ活動的な高齢者が特別な存在でなくなりつつある．彼らが生涯にわたって果たす役割を探求し，支援する．
3　高齢者を社会的経済的生活の主流から排除しようする傾向を逆転させ，再統合をはかる．
4　高齢者の利益と他の年齢層の利益との調和をはかる．高齢者の特殊な要求のみを重視するのではなく，高齢者を人間として共通の要求を満たす新たな試みの先兵あるいは前衛とみなしていく．
5　年齢や立場に関係なく地域社会の構成員として少子高齢社会をどう生きるのか総合的な市民学習・生涯学習の機会を共有する．[29]

注・引用・参考文献

1）橘覚勝『老いの探求』誠信書房，1975 年，pp. 46 - 52
2）服藤早苗『平安朝に老いを学ぶ』朝日新聞社，2001 年，pp. 8 - 11
3）同上書，p. 180
4）飯沼賢司「日本中世の老人の実像」利谷信義ほか編『老いの比較家族史』三省堂，1990 年，p. 159，p. 168
5）橋本宏子「雑感『日本法（政策）』にみる老人観をめぐって」利谷信義他編『老いの比較家族頁史』三省堂，1990 年，p. 247
6）アードマン・B・パルモア著（鈴木研一訳）『エイジズム』明石書店，2002 年，pp. 94 - 95
7）『週刊社会保障』No. 2285 ［2004.5.1］，p. 21
8）新村拓，前掲書，p. 239
9）『福祉新聞』2004 年 9 月 27 日
10）『日本経済新聞』2004 年 8 月 29 日朝刊
11）ロバート・バトラーほか著（岡本祐三訳）『プロダクティブ・エイジング』日本評論社，1998 年，p. 7
12）『福祉新聞』2004 年 9 月 27 日
13）同上

14) 内閣府『平成16年版　高齢社会白書』ぎょうせい，2004年，p.43
15) 同上書，pp.43 - 44
16) 同上書，pp.32 - 33
17) 同上書，pp.46 - 48
18) 辻琢也「崩壊する地方自治の常識とこれからの社会福祉事業」『月刊福祉』2004年10月，p.27
19) 真田是ほか『図説日本の社会福祉』法律文化社，2004年，p.25
20) 内閣府，前掲書，p.67
21) ロバート・バトラーほか著，前掲書，p.205
22) 内閣府，前掲書，p.47
23) 同上書
24) アードマン・B・パルモア著，前掲書，p.283
25) 同上書，pp.95 - 96
26) ロバート・バトラーほか著，前掲書，p.4
27) アードマン・B・パルモア著，前掲書，p.278
28) E. H. エリクソンほか著（朝長正徳ほか訳）『老年期』みすず書房，1990年，p.320
29) アードマン・B・パルモア著，前掲書，p.311

〈参考文献〉
① 林家辰三郎編『紅と紺と』朝日新聞社，1966年
② 山中裕『新日本古典文学大系第5巻付録』岩波書店，1991年
③ 新日本古典文学大系第25巻『枕草紙』岩波書店，1991年
④ 新日本古典文学大系第39巻『方丈記　徒然草』岩波書店，1989年
⑤ 穂積陳重『隠居論』クレス出版，1989年
⑥ 大竹秀男「江戸時代の老人観と老後問題」利谷信義他編『老いの比較家族史』三省堂，1990年
⑦ I. ロソー著（嵯峨座晴夫監訳）『高齢者の社会学』早稲田大学出版部，1983年，p.21
⑧ 杉本貴代栄『福祉社会のジェンダー構造』勁草書房，2004年
⑨ 多田富雄ほか『生と死の様式』誠信書房，1991年
⑩ 新村拓『死と病と看護の社会史』法政大学出版局，1989年
⑪ 福田志津絵・古橋エツ子編『これからの高齢者福祉』ミネルヴァ書房，2002年
⑫ 武川正吾「分権化と新たな自治体像～地方分権改革と地域福祉の主流化～」『月刊福祉』2004年10月

⑬ http://www.mhlw.go.jp/toukei/saikin/hw/jinkou/kakutei03/hyo3-2.html

■|■　　　　　　　学びを深めるために　　　　　　　■|■

① 　三浦周行『国史上の社会問題』岩波文庫，1990年
　　社会問題の解決に向けての糸口をみつけるには，その国の歴史や国民性の考察を度外視していてはおぼつかないのではないだろうか．本書から時代を動かした社会のさまざまな人びとの動きを学ぶことができる社会史研究の名著である．
② 　小浜逸郎『「弱者」とはだれか』PHP研究所，1999年
　　たとえば，「弱者にやさしい街を」のスローガンの否定はむずかしい．しかし，弱者とは誰のことなのか．誰もが固有の弱者性を抱えていることを自覚していない．人と人との関係において，弱者性を問うことも必要であろう．
③ 　田沼靖一『ヒトはどうして老いるのか―老化・寿命の科学』ちくま新書，2002年
　　"生命にとって老いとは何か"，そんな疑問に対して，最新の老化・寿命に関する研究と「死の生物学」の研究成果をもとに，"死の視点"から，老いをとらえなおし，一つの答えを探ることを試みた本である．
☞　あなたの周囲の5人の高齢者とのコミュニケーションから，ライフサイクル・ライフスタイルについて学ぼう．今20歳前後の人びととの違いを考えてみよう．
☞　2050年の社会に向けて，あなたの最も重要と思われる施策を5つあげ，具体的に検討してみよう．

学びのオリエンテーション

高齢者と自己覚知

　高齢者は，自己の存在にどう向かい合ってきたのであろうか．またどう向かい合っているのだろうか．さらに，高齢者自身はその未来をどう切り開いていくのだろうか．

　平安時代後期の11世紀末から12世紀初頭に編纂されたとされる『今昔物語集』では，

- 老ニ臨ミ，身ニ聊カノ病ヲ受ケタリ（巻15第10話）
- 既ニ老ニ臨テ，身ニ病ヲ受テ，遂ニ命終ラムト（巻20第24話）

とあるように，40歳以上の老人になると，病を受けて亡くなるのがごく普通の人生階段であった[1]．

　過去の平均寿命（表1-1本文p.7参照）が示すように，おそらく高齢期に該当する期間を過ごすことができた人はそう多くはなかったであろう．今日からみれば，日々生活の糧を得ることに追われ，病や死をおそれ，生に執着する時間はほとんどなかったであろう．それでも鎌倉期の僧無住が仏教説話集に「死を恐れ生に執着する心が，老いを拒否する言動となってあらわれる．人の愛執は尽き難く，それゆえに老病も死苦も恐ろしく疎ましく思うようになる．それらから遁れるには執心を捨てなければならない」と説いているところから[2]，人は寿命の長さに関わりなく，生きることにこだわってきたことが読みとれる．寿命が短いということは，高齢者が少数派であったことを示しており，これはマイノリティへの差別にもつながる．見方を変えれば，老いを拒む気持は今日以上であったかもしれない．

　「老醜（年老いて醜いこと）」ということばがある．容姿・行動・人格・価値などに「老醜」はひそやかにかつ大胆にちかづいてくる．しかし，

わたしたちは気づこうとしないだけでなく，そのような現実をさけようとするので，自己覚知に結びつきにくい．幼子の仕草はたとえば，口の周りにご飯粒をつけていたとしてもほほえましいが，高齢者の場合は哀しさを誘う．「美しく老いたい」「若々しくありたい」という言葉には，老いへの否定が込められている．

　100歳をこえる高齢者が2003年には2万人をこえ，この10年間で4倍以上に増加した．長寿化の傾向はさらに進むであろうが，高齢者の自己覚知には老いという避けて通れない現実に向かい合っている自己をどう認知するがかが問われている．これまでの長い人生の道程を総括するとともに，その後の生き方に眼をそらさず，人生の成熟をめざしていくべきであろう．

高谷よね子

引用・参考文献
1）服藤早苗『平安朝に老いを学ぶ』朝日新聞社，2001年，p. 16
2）新村拓『老いと看取りの社会史』法政大学出版局，1991年，p. 154

第2章
高齢期のからだとこころ

自己決定と社会的支援

　百江さんは99歳．夜間を中心として日常生活に支障を来たすような症状・行動や意思疎通の困難さがときどきみられ，認知症老人日常生活自立度判定基準ⅢBに該当する．夫は10年前に死亡．「結構なところにまいらせてもらうんやから，安心していたらいい」と夫の枕辺で説得していた．夫の死後数カ月して，体調を崩した．日に日に容態が悪くなっていき，孫たちが「おばあちゃんが死んでしまう」と悲しんで泣き出すまでになったとき，「死ぬのはこわい，死ぬのはいや」とどこにそんな元気があったのかと思われるほどの力強い声でわめきだした．その後，彼女が名医と定めている東京の医師の診断と治療のもとに見事に回復した．百江さんは「あのような病気になったのは卵を食べたから」と思い込んでおり，卵を口にしない．しかし，カステラなど卵をふんだんに使った食べ物でも平気で食べるところから，卵は病気の原因ではないらしい．体は元気になったが，子どもや孫たちがきめこまやかに百江さんの世話をするうちに，百江さんは食事が生活の中心になり，認知症になってしまった．

　長男と同居する．長男は母親の面倒をみるためなら，職を退いてもよいと語っていたように，ひとりでは生活できなくなった2年前に退職した．月曜から金曜日まで毎日デイサービスに通うことになっているが，百江さんが「今日は行きたくない」というと，デイサービスを断っている．百江さんには次男と長女がおり，長女は折々に介護と掃除に帰ってくる．次男は遠方に住んでいるが，長男同様母親のことを心に留めており，昨年大腿骨骨折で入院した百江さんに長期間付き添っていた．近隣では，百江さんは「しあわせ者」といわれている．

　このような状況に，施設入所やショートステイの利用が考えられるが，百江さんには家を離れるということはありえず，長男もそれに同意している．むしろ，「施設なんか造るのはけしからん．家で面倒をみるべきや」

と話しているらしい．家をかなり改造し，百江さんはトイレや食堂にも近い，庭を見渡せるだけでなく，スロープを伝って外出もできる広々した部屋に生活している．歩行器をおしながら移動する，ベッド・トイレ・食堂の小さなトライアングルが彼女の居宅での生活圏である．入浴はデイサービスですませ，入れ歯は長男が食事ごとに洗浄したものを彼女にわたしているので，洗面所にいくこともない．食べることが中心の生活で，食卓にあるものは次々に食べる．なくなると戸棚・冷蔵庫などから取り出してくる．夜中も起き出しては昼間と類似した行動をする．缶入りの飲料水もペットボトルも器用にあけて飲んでいる．

　百江さんは「わたしは幸せ．わたしより先に死んではいかん．それだけが気がかり．わたしが死んだら，あとはどうでもいい．次ぎの日に死んでもいい」と話したらしく，さすがに親孝行の子どもたちもショックを受けたようだ．「長生きはいかん」と洩らしつつ母親の世話に専念する長男であるが，母親の「死ぬのはこわい．まだまだ自分の家で生き続けたい」との自己決定を尊重し，自宅で最期の瞬間まで世話をする覚悟のようである．しかし，人はどこまで生き続けるのか，介護の社会化はわたしたちが厳しく問い掛けていかねばならない課題を社会に投げ出したに過ぎない面のあることに長男は気づいている．

　切実な問題として介護が必要になると，これを社会に要請する．これを社会的に解決しようとするシステムが介護保険制度であるが，社会の構成員の負担にも限界が生じないという保証はない．長男はそのあたりの事にも考えが及ぶ介護者であるようだ．

　本章では，高齢期のからだとこころを個々の高齢者の生き方や社会的な視点をも背景に踏まえつつ，学習してゆきたい．

① 高齢期のからだとこころの世界

1 老いと「青春」

　先進国が直面している高齢者問題は，人が生物学的に老いていくということよりも，むしろ老いや老化にまつわる不適切な判断や偏見にあって，このため時には理不尽な制限や差別を受けることにある．そこで，高齢者を心身の両面から受容・理解するとともに，協働生活を営むパートナーとして接することが大切になってくる．

　ダグラス・マッカーサーが南太平洋における連合軍司令官時代に座右の銘としていたサムエル・ウルマンの「青春」の詩を紹介しよう．

　　あなたの若さはあなたの信仰の深さに比例し，
　　あなたの老いはあなたの疑いの深さに比例する．
　　あなたの若さはあなたの自信の強さに比例し，
　　あなたの老いはあなたの恐怖心に比例する．
　　あなたの若さはあなたの希望に比例し，
　　あなたの老いはあなたの絶望に比例する．
　　年齢はあなたの皮膚にしわを加えるかもしれない．
　　だが，熱意を放棄することはあなたの魂にしわを作る．

　詩「青春」から，老いと若さは必ずしも年齢によるものではないことが理解できる．どのように生活してきたか，今後どのように生きようとしているかが，心身面にかなりの個人差を出現させている．性別では女性，所得階層別では低所得層に要介護者の出現率が高いという統計結果（所得が100万円減ると，要介護になる危険率は1.7倍に上昇）[1]も報告されており，加齢とかかわりのあるさまざまな要因を視野に入れることが重要である．

2 高齢者の所作・外観

　人は歩行する姿やさまざまな所作，外観から，おおよその年齢を推測することができる．たとえば，歩行スピードは20歳くらいまで上昇するが，60歳代からは著しく低下していく．歩行時の足あとをみると，高齢化するにつれて幼児に類似した歩行パターンに戻り，後ろ姿に老化が目立ってくる．

　身長の短縮や体重の増減，皮膚・毛髪・歯などに生じる変化のために，高齢者はそれまでの諸活動に消極的になり，家に閉じこもる，社会生活から孤立するといった状況に陥りやすい．歯が欠落し，十分なかみ合わせが困難になると，咀嚼・嚥下能力の低下を招きやすく，誤嚥やこれによる肺炎の引き金となることも少なくない．栄養摂取の観点からも，高齢者の口腔衛生への配慮は大切である[2]．

3 感覚機能の低下

　眼の焦点の調整機能が低下するため，眼鏡が必要になったり，白内障や緑内障のために視力がいちじるしく制限されたりする．聴力の低下や耳鳴りなどが生じるため，高齢者には落ち着いた声でゆっくり話すことが大切である．情報が入りにくくなるため，疎外感や孤立感に陥らないように配慮する．味覚の基本である甘味・苦味・塩味・酸味の判別が困難になり，濃い味付けを望む人もある．皮膚感覚が鈍くなり，痛みや温度に対する感じ方も鈍くなるため，病気の診断に支障が生じやすい[3]．

4 生理機能の低下

　肺機能の低下により，少し体を動かしただけで，息切れの症状が生じやすくなる．胃の収縮力，胃液の分泌力が低下し，消化力が弱まる．大腸機能が衰えると便通異常が起こりやすい．骨粗鬆症は骨を弱くてもろく，かつ弾力性を乏しいものとするために，高齢者はささいなことで骨折しやすい．

血液は酸素や栄養や水分を細胞に運び、代わりに代謝によって生じた老廃物を処理場まで運ぶ。血管の弾力性が乏しくなったり、その内腔が狭くなると、全身的にさまざまな変化を起こすことになる。心臓の動脈硬化は心臓肥大を招き、心臓に戻ってくるべき血液が戻りにくくなって、下肢がむくんだりする[4]。

② 高齢期のからだ

1 高齢者の健康増進

　高齢者は自分の健康について、男女ともに85歳以上でも半数以上が「支障がない」と意識している[5]。日頃、休養や睡眠を充分にとる、規則正しい生活をする、栄養のバランスのとれた食事をとる、健康診査などを定期的に受ける、散歩やスポーツをする、気持ちをなるべく明るく保つといったことに心がけ、健康増進をはかっているが、地域の活動に参加する人は少ない（図2-1）。積極的に社会活動に参加することはその人の健康だけでなく、周囲の人への健康増進という波及効果も期待される。これはさらに、からだの健康とあわせて、こころの健康の両者を獲得することにつながる。高齢者の地域社会への参加を促進するには、活動の機会と場所を身近に設ける必要がある。高齢者自身が協力して、地域社会に活動の機会と場所を確保するところから参加するならば、なおいっそう意義ある参加となっていくであろう。

2 高齢者と疾病

　高齢者の受療率が高い主な傷病をみると、入院では脳血管疾患、悪性新生物、心疾患、高血圧性疾患となっており、外来では高血圧性疾患、脊柱障害、心疾患、脳血管疾患、悪性新生物となっている（表2-1）。
　65歳以上の高齢者の死因別死亡率は平成14年ではがんがもっとも高く、次いで心疾患、脳血管疾患の順になっており、これらが高齢者の死因の6割を占めている。

図2-1 健康増進のために心がけていることの内容

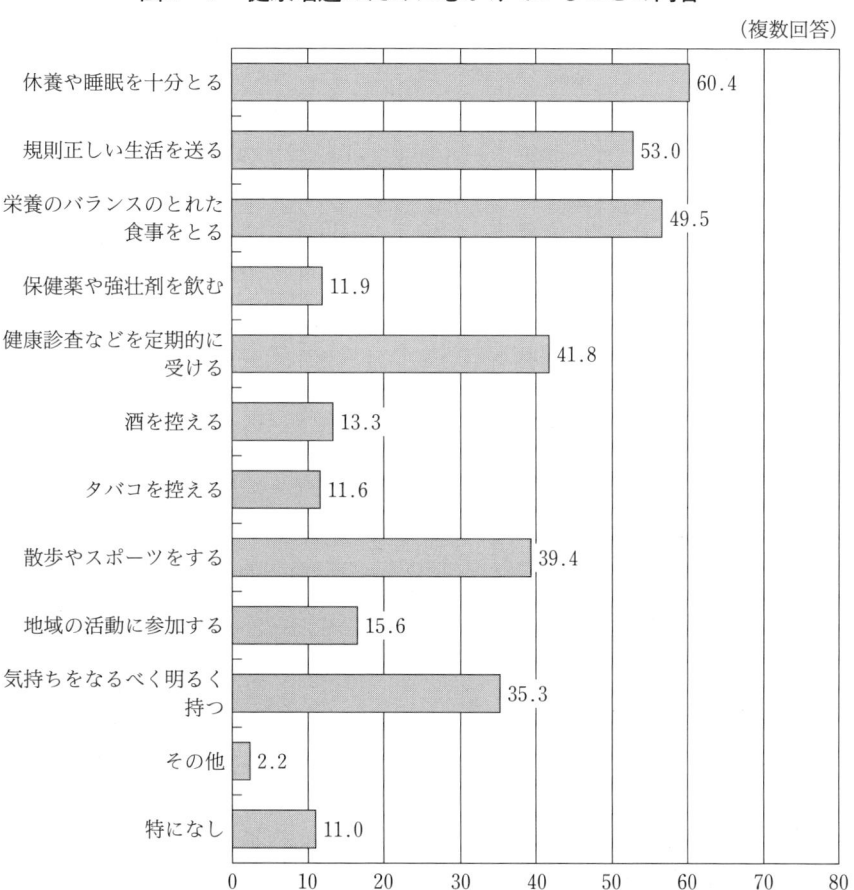

(複数回答)

項目	%
休養や睡眠を十分とる	60.4
規則正しい生活を送る	53.0
栄養のバランスのとれた食事をとる	49.5
保健薬や強壮剤を飲む	11.9
健康診査などを定期的に受ける	41.8
酒を控える	13.3
タバコを控える	11.6
散歩やスポーツをする	39.4
地域の活動に参加する	15.6
気持ちをなるべく明るく持つ	35.3
その他	2.2
特になし	11.0

資料)内閣府「高齢者の健康に関する意識調査」(平成14年)
注)全国65歳以上の男女を対象とした調査結果
出典:内閣府編『高齢者白書』(平成16年版)ぎょうせい,2004年,p.33

　がんの死亡率は依然として高く,予防が肝心である.主な発生因子を避けるために,禁煙,バランスの取れた食生活などに留意し,二次予防として早期発見・早期治療の機会を見逃さないことである.

　高齢者が罹患する疾病には,生活習慣病が原因になっていることが多い.若

表2-1　主な傷病別にみた受療率（人口10万対）

		男			女		
		65歳以上	65〜74歳	75歳以上	65歳以上	65〜74歳	75歳以上
入院	総　数	3,518	2,593	5,127	3,843	1,940	6,000
	悪性新生物	520	455	635	263	218	314
	高血圧性疾患	28	15	52	68	16	127
	心疾患（高血圧性のものを除く）	188	115	316	222	70	393
	脳血管疾患	718	434	1,210	900	277	1,606
外来	総　数	10,858	9,879	12,561	11,935	11,414	12,525
	悪性新生物	419	371	504	208	216	199
	高血圧性疾患	1,368	1,229	1,609	1,953	1,636	2,311
	心疾患（高血圧性のものを除く）	466	357	655	419	270	589
	脳血管疾患	454	346	644	382	240	543
	脊柱障害	1,174	1,007	1,465	1,269	1,190	1,359

資料）厚生労働省「患者調査」（平成14年）より作成
　注）受療率とは推計患者数を人口で除して人口10万対であらわした数
出典：内閣府編『高齢者白書』（平成16年版）ぎょうせい，2004年，p. 34

いときから，高齢期の健康をも意識した生活スタイルを確保するのが望ましい．

3　高齢者と感染症

　地球上いたるところに存在する無数の細菌類は多細胞生物（たとえば人間）にとってはほとんどが非自己の存在であり，排除の対象である．生物は生きている限り非自己を排除しようとする生体の防御機構が働く．しかし，免疫力や抵抗力が低下すると，病原力のある細菌やウィルス，原虫などの寄生体は体内に入って病気をもたらす．このような状態を「感染」ととらえることができる．高齢者は一般成人に比べ，免疫力の低下，抵抗力の低下により，感染症が起きやすい状態にあり，感染に対する抵抗力の弱い臓器から感染症を発症する．主な感染症として，呼吸器感染症，尿路感染症，皮膚化膿症などがあるが，高齢者では咳嗽，発熱，腹痛などの症状が強くあらわれず，食欲不振，無動，失禁，意識障害などが出現することが多い．

図 2-2　65 歳以上の高齢者の主な死因別死亡の推移

(65 歳以上人口 10 万対)

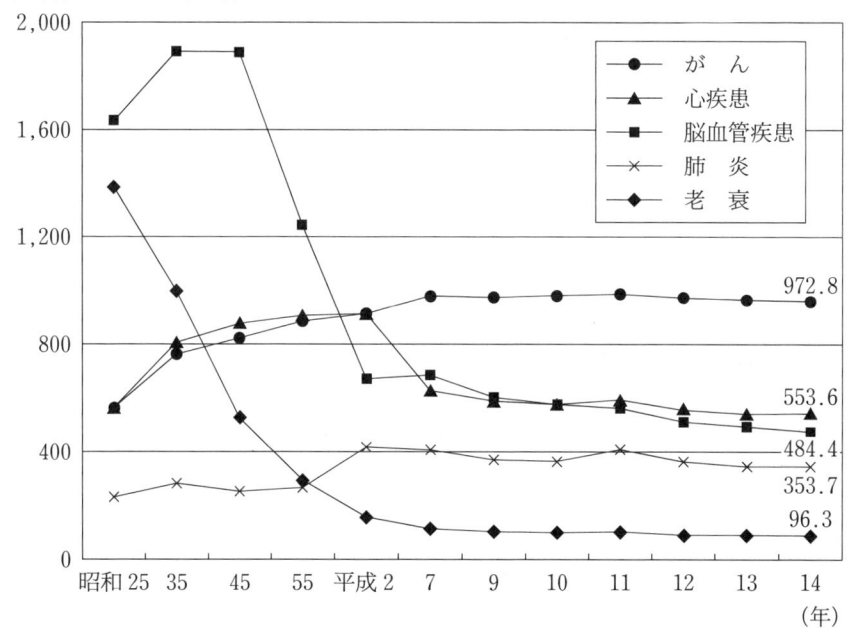

資料）厚生労働省「人口動態統計」
出典：内閣府編『高齢者白書』(平成 16 年版) ぎょうせい，2004 年，p.35

　高齢者に多い感染症をいくつかあげよう．1990 年以降，毎年流行する集団食中毒の主な菌は O 157 である．施設内感染に留まらず，家族への二次感染の多い点も普通の食中毒と異なる．ある特定の食材に由来するものでなく常在菌となって感染を繰り返している．消化器に感染するウィルスの一つであるノロウィルスは口から入って，腸管粘膜で増え，胃腸炎や嘔吐，下痢症の原因となる．ペニシリン耐性の菌に効くように開発されたメチシリンという抗生物質にも耐性になってしまった黄色ブドウ球菌 MRSA は院内感染菌として大問題になっている．一般社会で流行する恐れはないが，高齢者など感染に対して抵抗力の減弱している弱者が集まっているところでは感染が起こりやすいので，設備の改善や手洗いなどを励行するなどの感染マニュアルを遵守することが何よ

り大切である．

　平素は無害と考えられているような細菌が感染してひき起こす感染症は日和見感染症と呼ばれている．原因となる微生物は多種多様で，ヒトのまわりに常在するような，健常者にとっては雑菌とされているような菌が病原体となる．多くは重症になりやすく，菌の毒素のために血圧が急激に低下するなど，死に至ることがある激しい感染症である．

　「ヒゼンダニ」によって起きる疥癬は皮膚感染症である．皮膚の柔らかい部分に発疹が散発し，痒みが強い．治療が困難であり，予防が重要である．

③ 高齢期のこころ

1 老人力

　赤瀬川氏はおおらかで，実直な（筆者加筆）老人力とは転んでもただでは起きない力のことだという．というか，そもそも老人とは，人が間断なくゆっくりと転んでいく状態のことである．すこしずつ，現役を離れて，目が霞んだり，物を忘れたり，腰が痛んだり，歯が抜けたりしながら，ゆっくりと徐々に徐々に転んでいく．転ばないに越したことはないけれど，気がつけば少しずつ転んでいるのは人生の常で，例外はない．時期のずれや度合いの違いはあるにしても，人類の全員がゆるゆると，やんわりと，気がつけば転んでいく．

　そこで，転んでもただでは起きない．そのただでは起きない力が老人力というものではないだろうか．物忘れは確かであるが，それをたとえばゆとりとして活用する．超スローモーションのようにゆっくりと転んでいきながら，その裏側でゆっくりと，ただではなく起き上がっていく．両手いっぱいに拾っているのは，人それぞれ，何かはわからない．

　赤瀬川氏はいう．「ぼくは貧乏性で，優柔不断である．世間ではよくないといわれる性質で，だからその点でも転んでいるのであった．はじめは恥ずかしいからそういう性格を隠していたけど，転んだままではしょうがないのでさら

けて，世間に提出して，カミングアウトして，むしろ自分の研究対象としてみると，それが俄かに知的収入，つまり生き甲斐というものをもたらすのであった」[6]．

2 知能の発達と老化

長い間，知能は老年期になると低下するという考えが一般的通念のようにいわれてきたが，さほど知能は低下しないことが判明している．すなわち，言語性知能（結晶性知能　一般的常識や判断力，理解力等のような過去に学んだ知識や経験をもとにして日常生活状況に対処する能力）は20代から60歳まで徐々に上昇し，その後緩やかに低下している．動作性知能（流動性知能　新しいものを学習したりして新しい行動様式を身につける，生まれつきもった能力）は30代でピークに達した後，60歳まで維持され，その後急激に低下している．低下に関して個人差があり，これは生活環境・生活経験等により年齢とともに増すことがわかっている．

3 高齢者における精神疾患

加齢とともに，脳になんらかの病変が生理的に生じ，すでに先行して精神疾患の病像に影響することがある．よく知られている機能性疾患として，うつ病，幻覚妄想状態，神経症・人格変化・依存がある．これらは身体的老化や身体的疾患の影響を受けるといわれている．さらに，それまでの長い人生におけるライフスタイルや性格傾向，個々人の人生観，家族・社会状況・経済の影響をも受ける．老年期における正常の精神現象は，その個人差が大きく，人さまざまであり，その多様性が拡がり，正常範囲の拡大と異常領域との境界があいまいであることが指摘されている．

4 認知症

痴呆に替わる用語として認知症が用いられることになった．これに伴い「認

知症」への誤解や偏見をなくすための広報活動の促進が期待される．認知症は老年期固有の疾患であり，その原因には，脳血管障害（脳出血，脳梗塞），脳変性疾患（アルツハイマー型痴呆，ピック病，びまん性レビー小体病），外傷性疾患，感染性疾患，内分泌代謝性疾患（甲状腺機能低下など），中毒性疾患（アルコール，鉛，水銀などの中毒など），腫瘍性疾患（脳腫瘍），その他がある．脳血管性認知症とアルツハイマー型痴呆症の鑑別ついて表2-2を参照してほしいが，症状には個人差も大きく，症状や原因による厳密な区別はむつかしい（図2-3参照）．

　1995年，46歳でアルツハイマー病の診断を受け，オーストラリア政府の首相・内閣省，第一次官補を退職したクリスティーン・ブライデンさんの著書の一端を紹介する．認知症とはどんなことなのか理解し，敬意のこもった援助により認知症の人がより深く充実した人生を生きることができることを学んでほしい．

- 檻の中のライオンのようにうろうろ歩き回ると，なぜか緊張がほぐれる．その動作によって，……自分が何をするつもりだったのか，自分がわからない，という現実の問題から，気をそらすことができる．
- ナーシングホームなどでも，ラジオやテレビ，電話，人の話し声などがよく聞こえているが，……騒音や動きは，頭の中をかきまわす泡立て器のようだ．
- 言葉を失った人が，やりたくないことをやらされるときに暴れるのは，私にはよくわかる．「いやだ」と言葉でいえないのだ．
- 不安が壊滅的な反応に変わらないように，励まして自身をつけてもらうことが必要だ．私たちはみなそれぞれに違う個人であり，何かをするのに，これが正しいというやり方はない．……たとえ話すことができなくても，私は尊厳と敬意に値する存在だ．[7]

第2章 高齢期のからだとこころ　47

表2-2　アルツハイマー型痴呆症と脳血管性痴呆症の鑑別

	アルツハイマー型痴呆症	脳血管性痴呆症
発病年齢	70歳以上に好発する	50歳以後，加齢とともに増加
性　別	女性に多い	男性に多い
人　格	早期より崩れる	比較的良く保たれる
感　情	平板化，上機嫌	易変性，情動失禁
痴　呆	全般的痴呆症	まだら痴呆症
神経症状	少ない	あり（錐体路，錐体外路，巣症状）
経　過	動揺少なく緩徐に憎悪	段階的に憎悪
CTスキャン	脳萎縮（脳室拡大，脳溝の拡大）	病巣に一致した低吸収域

出典：長寿社会開発センター『介護支援専門員基本テキスト』2003年，p.154

図2-3　脳血管性痴呆症群とアルツハイマー病群の精神・日常生活能力の比較

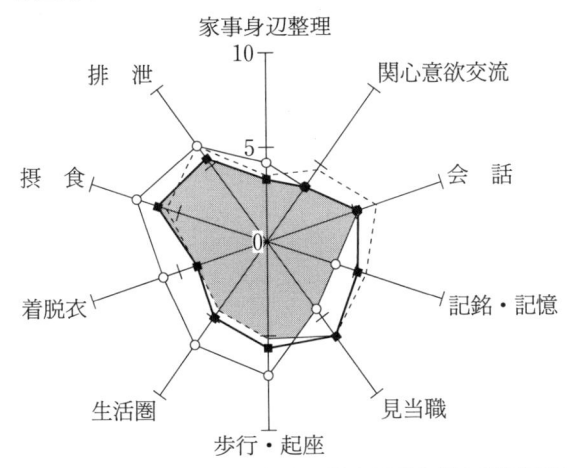

N式高齢者用精神状態尺度およびN式老年者日常生活動作能力評価尺度の平均得点
　―○―　アルツハイマー病群　N＝37
　―■―　脳血管性痴呆症群　N＝25
　------　その他　N＝39

出典：長寿社会開発センター『介護支援専門員基本テキスト』2003年，p.157

4 ターミナルケア

1 ターミナルという言葉

　ターミナルという言葉には，2つの意味がある．一つは死期の近い，必ず死ぬ，終末のといった意味で，もう一つは，終わりという意味を排除して，定期の，毎期のという，また訪れるといった意味をもちあわせている．人生の最後には死は必ず訪れるが，それは必ずしも終わりではなく，そこから何かが始まるといった意味が重ね合わさっている．日野原重明の『生き方哲学』という書名の副題は『よく生き，よく老い，よく病み，よく死ぬ』である．4つの動詞がひとりの人の人生として同時に進行していることを悟るべきだということであろう．ターミナルはそれら（4つの動詞）の総仕上げの機会であり，荘厳とも言い表すことのできる人生のフィナーレである．

　生命について，三重野卓は，一応，生物的生命と人格的生命に分けることができるとして，以下のように説明する．生物的生命とは，人間の生物としての側面に焦点をあわせた考え方であり，高齢化とともに衰えることを意味する．それに対して，後者，すなわち，人格的生命としては価値観をはじめ理性，自己意識，記憶，自律性，責任性，主体性などをあげることができる[8]．両者は明確に分離されているのではなく，相互に影響を及ぼす関係にある．しかも人生の終末において，両者は同時に死を迎える．神秘ともいえる生命の尊厳に基づくケアはターミナルケアのめざすところでもある．

(1) ターミナルケアと自己決定権

　自己決定権は人生の最後においても，いや，人生の最後だからこそ，尊重されねばならない．しかし，本人の意思確認がむつかしくなると，往々にして医療者や家族の意向が優先されてしまう．医師は臨死患者がどのようなことで苦しんでいるかということを考えるといわれているが，それは主に熱や不整脈で

あったり，臓器機能の低下であったりで，病む患者全体よりも，病む臓器，疾病それ自体であるといわれている[9]。これまで医師にすべて任せるという人が多かったが，少しずつ自分のことは自分で決めたいという人が増えてきている．医師は医療の専門職ではあるが，患者の立場にどこまで真摯に立つことができるかと問われたなら，100％と応えることができる人はおそらくいないであろう．むしろ，医療サイドの一員としての立場に左右されることが多いと推察される．いかに人間らしい死を迎えるかということをめざす緩和医療も選択肢の一つになるであろう．枕辺で家族や親しい人と最期のときを過ごすことができたとしても，死そのものは孤独な行為である．

　福祉サービスの利用は，選択に基づく自己決定・契約というプロセスで進行するようになったのであるから，人生の最期を迎えるにあたり，このような時こそ個人の選択と自己決定がなによりも優先されるべきであろう．

　そこで，わたしたちは人生の最期にはどのような生き方を選択し，どのような医療等のサービスを求めるのか事前に意思決定（リビング・ウィル）を行い，そのとおりにことが運ぶよう，遺言のように文書化し，必要時に提示できる仕組を法制度化しておくべきではないだろうか．

2　生活の質と死

　いずれ必ず訪れる死について考えることは，誕生から死を迎えるまで，人生の総合的な把握と，そのプロセス上での「生活の質」の目標といえる．生活の質の概念は，時代や環境などにあまり影響されることなく，人びとの生活の「望ましさ」，個々人の満足感，目標の達成感，くらしの充実感，生きがいの熟成感などと関連している．「衣食足りて礼節を知る」ともいわれてきたが，衣食に不自由をしていても，いや衣食が不足すると，衣食にこだわらない生き方を模索し，そこに生活の質を求めることも可能である．むしろ，豊かすぎる物質が生活の質の向上を阻害する場合もあろう．

　死は恐れられ，忌み嫌われてきたし，死を避けたい，死について考えるのは

縁起でもないと死は生の正反対の方向にあるもののように処せられてきた．

孤独死がしばしば報道され，人びとから「さびしい死」と悼まれる．しかし，死はどんなに多くの人が見守っていようと，そのプロセスを歩むのはひとりの人間である．死は生存する自己の喪失であり，なんらかの形で人生の決算が必要であろう．これを視野に入れて生きることは，「死を意識して生きることはよき生につながる」と指摘されているように，生活の質の向上に結びつく．死は誕生以後の生活の延長線上にあり，死まで範囲に入れながら，日々の生活を内省することは生活の質を一段と高め，それが死の質を深めることつながるのではないだろうか．

注・引用・参考文献

1) 高谷よね子「高齢者の身体的・精神的側面」福田志津枝・古橋エツ子編著『これからの高齢者福祉』ミネルヴァ書房，2002年，p.49
2) 同上書，p.49
3) 同上書，pp.49-50
4) 同上書，p.50
5) 内閣府編『高齢者白書（平成16年版）』ぎょうせい，2004年，p.32
6) 赤瀬川原平『老人力』筑摩書房，2001年，pp.221-222
7) クリスティーン・ブライデン著（馬籠久美子・桧垣陽子訳）『私は私になっていく』クリエイツかもがわ，2004年，pp.145-148
8) 三重野卓『「生活の質」と共生』白桃書房，2000年，p.145
9) 日野原重明『生き方哲学』中央法規，2002年，p.62

〈参考文献〉
① 清水文七『感染症とどう闘うか』東京化学同人，2004年
② 三重野卓『「生活の質」と共生』白桃書房，2000年
③ 折茂肇編集代表『新老年学』東京大学出版会，1999年
④ フレデリック・G・リーマー著（秋山智久監訳）『ソーシャルワークの価値と倫理』中央法規，2001年

学びを深めるために

① 大川弥生『新しいリハビリテーション』講談社現代新書，2004 年
　医療や介護は大きく変わりつつある．リハビリテーションの分野でも，主人公は体に不自由のある人自身であり，その家族とともに主体的に新しい人生を切り開く，つまり，正しい知識をもって専門職と話し合いながら，人間としての権利回復をめざすようになった．本書の副題は「人間『復権』への挑戦」である．

② 中沢孝夫『〈地域人〉とまちづくり』講談社現代新書，2003 年
　本書に登場する〈地域人〉はどうも高齢者ではないようである．新しいタイプの「地域共同体」づくりの動きを先導し，まちに活力をもたらし，グローバルに拡大させる行動に率先して参加する〈地域人〉として高齢者が生きる手立てを考えよう．

③ クレア・アンガーソン著（平岡公一・平岡佐智子訳）『ジェンダーと家族介護』光生館，1999 年
　介護福祉士やヘルパー職に就く男性は増えてきてはいるが，まだまだ女性の占める率は高い．家族介護ではこの傾向はより高い．本書は，介護は女性としてのアイデンティティと特に合致するのか，男性は去勢されたように感じているのか，性別とジェンダーの与える影響を，事例調査をもとに考察する．介護者・要介護者の両者の立場から介護について学習することができる．

☞ 健康増進のためにあなたが心がけていることはなんですか？
☞ あなたの身近な存在を喪失した経験について語ってください．

学びのオリエンテーション

タナトロジー

　わたしたちはなぜ死を恐れたり，忌避したりするのだろうか．「誕生」は祝われるが，「死去」は悲しまれる．生者と死者の間には，もはや理解のための共通項は存在せず，残るものは絶対の沈黙のみである．死という現象を科学的に究明したり，死の時点を医学的に可能な限り操作したり，死の意味を哲学的に説明したり，死の性質を宗教的に転換することはできても，それは他者の死であり，自分の死を内的に知ることはできない．死においては絶対の無知に見舞われざるをえない．

　タナトロジーはギリシャ神話の死を擬人化した神「タナトス」にちなんだ言葉であるから，「死学」と訳されるべきであるが，一般に「死生学」として通用している．死生学は死を考察するが，死を点としてではなく，過程として総合的に，つまり生と死を伴わせて考察する．なぜなら死は生に引き続き生じる現象であって，死のみが生じることはありえない．時間的な差異はあるにしても，死の前段階には生があるはずである．

　死を語ることは生を語ることである．死を避けず，普段から死についてよく考える人は，よき生を生きる人であるとも言われている．死について考えることは，つまり生きることの意味を総合的に理解しようと努めることである．

　人生はドラマであるとよく言われる．人間の生命の誕生から消滅に至る出来事がドラマを構成し，人間的な「生と死」のように幕が上がり，降ろされる．延々とドラマが続き，幕が降りることがなければ，どうなるであろうか．死はわたしたちに自由にできない現実があることを教える．死という終わりのある生にむきあうことにより緊張感がかき立てられる．

医療技術がどのように進歩したとしても，医療による延命措置を永遠に続けることはできない．調査によれば，自分が植物状態になった場合，延命措置は希望しないにもかかわらず，配偶者や両親が植物状態になると延命措置を希望し始めるということである．それが，わが国は欧米諸国よりも病院で死を迎える人が多いという状況の一因であろう．また，最期まで責任をもって「生」を見守り続けるというプロセスから逃避しようとして，死に行く人を他者に委ねてしまっているのかもしれない．

　死の自律には延命措置を希望するのかしないのかなどに関する意思を「事前の意思決定（リビング・ウィル）」として明確にしておくことが大切である．家族などの判断に委ねると，人生の最終段階で生き方の修正を余儀なくされることになりかねないだけでなく，代わりに判断した人の精神的・社会的負担が大きいことも事前に理解しておくべきであろう．

高谷よね子

引用・参考文献
1) 竹田澄郎・森秀樹編『死生学入門』ナカニシヤ出版，1997年
2) 斎藤義彦『死は誰のものか―高齢者の安楽死とターミナルケア』ミネルヴァ書房，2002年
3) 遠藤周作『死について考える』光文社，1996年

第3章
高齢者の生活課題

介護が必要となったひとり暮らし高齢者のかかえる生活問題

　Aさん(男性)は71歳．5年前に妻が他界し，それ以来ひとり暮らしである．長男夫婦が車で1時間のところに暮らしており，関係は良好だが，日常的な付き合いはなく，近くに身寄りのないAさんにとって，趣味である囲碁の仲間たちと週1回，碁盤を囲むことが唯一の楽しみであった．

　しかし昨年，持病の関節リウマチが悪化．日課であった散歩や楽しみにしていた碁会所にも足を運ぶのが億劫になり，外出の機会は月1回あるかどうかと極端に減っていた．

　以前よりリウマチの症状はあったが，生活に支障をきたすものではなかった．ところが，このところ脚力が低下し，家の中で過ごすことが多くなったAさんは，次第に入浴時やトイレなどで，つまずいたり足を滑らせることが増えはじめた．また食事や洗濯も十分に行うことができず，家でひとりで過ごすことに不安を覚え，その旨を電話で度々，長男夫婦に訴えるようになった．

　これを受けて，長男夫婦は週末になるとAさん宅を訪れ，食料品の買い物や家事などをするようになった．しかし，長男夫婦は共働きで幼い子どもがおり，週末に訪問することでAさんの生活を支えることには限界があった．さらにこのままでは家に閉じこもるばかりと案じた長男夫婦は市の福祉課を訪れ，何か利用できる福祉サービスはないかと相談した．するとAさんの年齢や現在の状況から，介護保険のサービスの利用をすすめられ，介護支援事業所の一覧表を渡された．

　後日，長男夫婦はある介護支援事業所を訪れ，Aさんの病気のこと，家事や入浴などが難しくなっていること，家に閉じこもりがちであること，Aさん自身，家でひとりで過ごすことに不安を感じており，自分たちも十分介護ができないことなどを相談した．これを受け，ケアマネジャーから介護保険サービスの利用方法，手続きについて説明を受けた後，訪問介

護(ホームヘルプサービス)を利用することで，Aさんの通院や，家事，入浴などの援助が受けられることを知った．さらに，歩行が不安定なAさんが使いやすいように，住宅の改修を行なうことができることや，外出の機会を増やすためにデイサービス，その他にも地域の高齢者サロンなどを利用できるとの情報をえた．

　その後，Aさんとの相談の結果，介護保険の要介護認定の申請を行ない，現在，Aさんは訪問介護を利用しながら在宅生活を続けている．

　Aさんのようなケースは何も珍しいものではない．Aさんは病気が原因となって，介護を必要とするようになった．ところが，Aさんはひとり暮らしであり，家族による介護は週末に限られた．そこで，介護保険の保険給付による在宅サービスなどを利用するようになった．そして，在宅での生活を送っているわけだが，こうしたAさんのような要介護者のいる世帯の状況，高齢者世帯の状況，介護者の状況などをはじめとして，高齢者のかかえる生活課題について在宅生活での現状と課題，施設利用における現状と課題，生活課題にどのような対応が必要か，といった点について考察したい．

① 高齢者をとりまく生活実態と課題

1 高齢者世帯の状況

　65歳以上の高齢者のいる世帯（65歳以上の者のみで構成するか，またはこれに18歳未満の未婚の者が加わった世帯のこと）は，約1,727万世帯で全世帯（4,580万世帯）の37.7％を占める．65歳以上の高齢者のいる世帯のうち，「夫婦のみの世帯」は28.1％，「三世代世帯」は24.1％である．「高齢者ひとり暮らしの世帯」は19.7％であり，内訳はAさんのような「男性のひとり暮らし世帯」が4.5％，「女性のひとり暮らし世帯」が15.3％となっている（以上，「2003年国民生活基礎調査」）．これは，男性の平均寿命（0歳平均余命）が女性より短いことなどが考えられる．ちなみに，男性の平均寿命は78.36年，女性は85.33年である．65歳時平均余命は男性で18.02年，女性で23.04年（以上，「2003年簡易生命表」）となっている．

2 要介護者のいる世帯の状況

　介護を必要とする要介護者のいる世帯の世帯構造をみると（図3-1参照），「三世代世帯」が32.5％と最も多く，「夫婦のみの世帯」が18.3％，「単独世帯」が15.7％となっている．まずは「単独世帯」の内訳をみると，「要支援者のいる世帯」が34.8％と最も高く，要介護4までは順にその割合が低下している．近年，遠距離介護や週末介護（Aさんの事例）のような言葉も登場しており，比較的，要介護度が軽度であれば何とかひとりで生活しているが，日常生活においてさまざまな介護が必要になると，家族と同居し始めるといった事例もみられる．肉親である高齢者を居住地へ呼び寄せる，あるいは高齢者の住んでいるところへ家族が移住する，という形で高齢者の介護を支える家族の姿が映し出されているといえる．

　次に「三世代世帯」では要介護1が28.9％で，要介護度が高くなるととも

図3-1 要介護者等のいる世帯の世帯構造

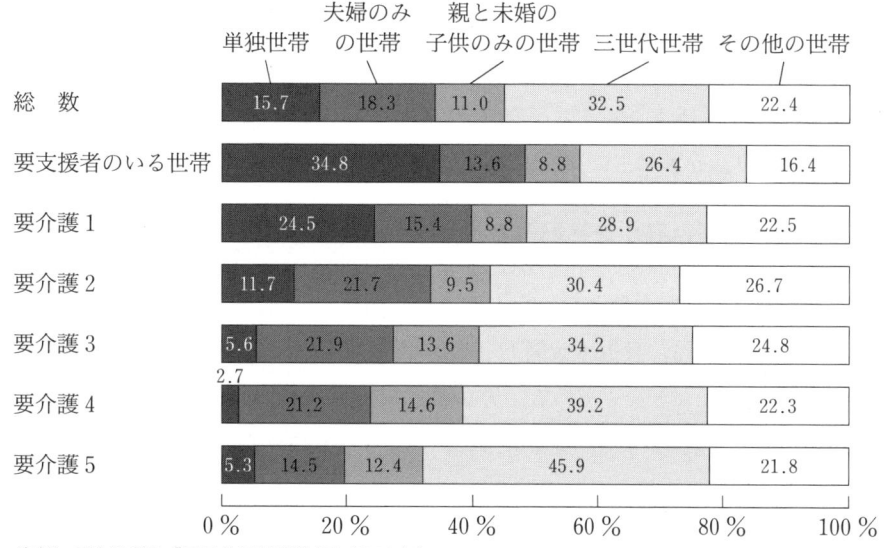

	単独世帯	夫婦のみの世帯	親と未婚の子供のみの世帯	三世代世帯	その他の世帯
総　数	15.7	18.3	11.0	32.5	22.4
要支援者のいる世帯	34.8	13.6	8.8	26.4	16.4
要介護1	24.5	15.4	8.8	28.9	22.5
要介護2	11.7	21.7	9.5	30.4	26.7
要介護3	5.6	21.9	13.6	34.2	24.8
要介護4	2.7	21.2	14.6	39.2	22.3
要介護5	5.3	14.5	12.4	45.9	21.8

資料）厚生労働省「国民生活基礎調査」(2001年)
注1）「総数」には要介護度不詳を含む．
2）世帯に複数の介護を要する者がいる場合は，要介護の程度が高い者のいる世帯に計上した．

にその割合も上昇し，要介護5では45.9％と要介護者のいる世帯の半数近くにのぼっている．先に述べたように，要介護が高くなるとともに家族と同居するといったことも考えられ，家族による介護力が重要な位置を占めていることの表れであろう．

「夫婦のみの世帯」についてみれば，要介護3が21.9％，要介護5でも14.5％となっており，介護者である配偶者にかなりの負担がかかっていることが予想される．配偶者も高齢であり，要介護者とともに介護者の健康状態が憂慮されるところである．

3 介護者の状況

介護が必要な高齢者の生活を支える主な介護者は，「同居している家族等」が71.1％である．そのうち，配偶者が25.9％，子が19.9％，子の配偶者が

22.5％などである．さらに詳細にみれば，配偶者のうち，男性8.2％・女性17.6％，子のうち，男（息子）7.6％・女（娘）12.3％，子の配偶者のうち，男（娘の夫）0.5％・女（息子の妻）22.1％となっている．家族介護者の男女比では，男性16.8％に対して女性54.3％（以上，「2001年国民生活基礎調査」）となっており，介護は主に女性によるところが大きいということがわかる．

4 要介護者となった高齢者の状況

高齢者で介護が必要となった人の主な原因は，脳血管疾患27.7％，高齢による衰弱16.1％，骨折・転倒11.8％，認知症10.7％，リウマチなどの関節疾患10.4％などとなっている．男女別にみると，男性では脳血管疾患42.9％，高齢による衰弱11.5％，痴呆6.2％，骨折・転倒5.7％，リウマチなどの関節疾患5.5％（事例のAさんはこれに該当）などとなっている．女性では，脳血管疾患20.2％と男性の約半数と少ない一方で，高齢による衰弱18.3％，骨折・転倒14.8％，痴呆13.0％，リウマチなどの関節疾患12.8％（以上，2001年国民生活基礎調査）などはいずれも男性より高い数値を示している．これは，女性が男性よりも長生きであるということも関係していると思われる．

5 高齢者世帯の経済的状況

高齢者世帯の経済的状況は，どうなっているだろうか．高齢者世帯の年間所得で最も多く分布しているのが年間所得100～200万円の階層であり，高齢者世帯の27.3％と，4分の1以上を占めている．さらに年間所得100万円未満の高齢者世帯は14.0％となっており，合わせると年間所得200万円未満の高齢者世帯は4割を超えている．これは，年金の平均受給額が低位であることと無関係ではない．国民年金の老齢基礎年金の平均月額は2003年3月末現在，5.2万円で，満額（40年間保険料を支払った場合）でも約6.6万円と，低い数値を示している．

一方，被用者年金である厚生年金保険の老齢厚生年金の平均月額は17.4万

円（老齢基礎年金を含む），国家公務員共済の退職年金の平均月額は22.8万円，地方公務員共済の退職年金の平均受給額は23.6万円となっており，国民年金の老齢基礎年金のみの場合と比べて，老齢基礎年金の低位性が問題となっている．また，男女比でみれば，女性の老齢基礎年金の平均受給額は月額4.3万円であり，男性の5.3万円と比べてより低位を示している[1]．

　ほとんどが国民年金にのみ加入している自営業者にとって，あるいは女性にとって，年金平均受給額がおしなべて低いことは，家計を苦しめることになる．また，医療や社会福祉のサービスを利用するには，利用者負担が求められており，後述する介護保険のサービスを利用するにも利用したサービスの1割を負担しなければならない．年金がより低位であれば，そうしたサービスの利用も制限され（低所得者に対しては減免などの対応あり），サービスの利用に際して所得格差が如実に表れるという結果を招いている．

　高齢者世帯の収入にはもちろん年金だけではなく，就労による所得なども考えられるが，2003年10月の有効求人倍率は60～64歳で0.19倍，65歳以上では0.75倍となっており，いずれも厳しい雇用情勢を示したものといえる．このような雇用情勢で，なおかつ高齢者ゆえに労働の中身もおのずと限定される部分があるため，就労し所得を得ることは容易なことではない．また，年金による収入もない，いわゆる「無年金」の状態の高齢者の存在にも目を向けなければならない．

6　高齢者の住宅環境

　年金などによる収入が少なくても高齢者が何とか生活しているのは，その住宅の状況と関係している．「2003年住宅・土地統計調査速報」（総務省）によれば，高齢者のいる主世帯（65歳以上の世帯員がいる主世帯）の住宅の所有の関係別割合をみると，「持ち家」が83.9％，「借家」が16.0％となっており，主世帯全体の「持ち家」61.2％，「借家」36.6％と比べて，「持ち家」率が高いことがわかる．「持ち家」率が高いということは，家計から家賃などの住居

費にかかる支出が抑えられるということになる．

ただ，高齢者単身主世帯では，「持ち家」の割合は64.8％と低くなり，借家に住む人が多いという傾向にあることがわかる．

7 高齢者の移動

内閣府の調査（「高齢者の地域社会への参加に関する意識調査」2003年）によれば，「ほとんど毎日外出する」が48.2％と最も多く，「週に4〜5日」15.7％，「週に2〜3日」22.3％，「週に1日以下」13.8％となっている．年齢階層別にみると，「ほとんど毎日外出する」が65〜69歳53.2％，70〜74歳49.7％，75〜79歳46.1％，80歳以上38.2％と，年齢が高くなるにつれ，運動能力の衰え，近隣の人々との交流などの機会が減るといったことが関係している．一方で，外出するのは「週に1日以下」と答えた人が65〜69歳8.7％，70〜74歳11.5％，75〜79歳16.3％，80歳以上25.0％と年齢が高くなるにつれ増加している．

事例にあるAさんのように，加齢とともに病気などで外出する機会が減ってしまうという事態が，高齢者の生活に起きていることがわかる．外出の機会が少なくなるとともに，高齢者の日常生活圏も狭くなり，他人との交流も乏しくなる傾向にある．

② 在宅生活における現状と課題

1 在宅サービスの種類

Aさんのような高齢者の生活を在宅で支えるために，さまざまな在宅サービスがある．要介護者が介護保険の保険給付で利用できる在宅サービスには，主に居宅サービスとして，訪問介護（ホームヘルプサービス），訪問入浴介護，訪問看護，訪問リハビリテーション，通所介護，通所リハビリテーション，短期入所生活介護，短期入所療養介護，福祉用具貸与がある．その他には居宅療

図3-2　世帯構造別にみた居宅サービスの利用状況（重複計上）

（単位：％，2001年）

利用の有無 居宅サービス の種類	総　数	単独世帯	核家族世帯	（再掲） 夫婦のみ の世帯	三世代 世帯	その他の 世帯	（再掲） 高齢者 世帯
総　数	100.0	100.0	100.0	100.0	100.0	100.0	100.0
利用した	75.6	86.8	69.2	70.6	75.2	77.4	78.2
訪問サービス	41.8	71.0	45.0	45.5	30.3	34.5	54.7
通所サービス	44.0	30.4	34.2	32.6	55.4	50.1	33.0
短期サービス	12.1	4.3	7.5	8.3	15.5	18.7	8.9
配食サービス	5.2	16.4	6.4	7.5	0.9	2.3	10.8
外出支援サービス	3.1	5.9	4.4	4.9	1.9	1.2	4.6
利用しなかった	24.4	13.2	30.8	29.4	24.8	22.6	21.8

資料）厚生労働省「国民生活基礎調査」（2001年）
注1）「訪問サービス」には訪問介護，訪問入浴介護，訪問看護，訪問リハビリテーション「通所サービス」には通所介護，通所リハビリテーション，「短期入所サービス」には短期入所生活介護，短期入所療養を含む．
　2）居宅サービスの種類の「利用した」の総数には，上記サービスの他，痴呆対応型共同生活介護，寝具類等洗濯乾燥消毒サービス，情報提供・相談サービス，保健事業による機能訓練，保健事業による訪問指導を含む．

養管理指導，痴呆対応型共同生活介護，特定施設入所者生活介護，福祉用具購入費の支給，住宅改修費の支給などがある．要支援者は上記の痴呆対応型共同生活介護を除くサービスが利用可能である．ただし，介護保険の保険給付による在宅サービスを受けるには，要介護状態にあると認定される必要がある．また，要介護度別の支給限度額が設定されており，たとえば要介護度1であれば，居宅サービスが月6,150単位となっている．また，利用したサービスの1割の負担が求められる．

2　要介護者等の世帯構造別にみた居宅サービスの利用状況

訪問介護を利用するに至った高齢者ひとり暮らしのAさんのように，在宅

での生活にとって居宅サービスの利用は欠かせないものになっている．図3‐2によれば，要介護者でひとり暮らし世帯のうち，86.8％が居宅サービスを利用したとしている．なかでも訪問サービスを利用した人が71.0％と最も多く，通所サービスも30.4％と多い．ひとり暮らしの高齢者にとって，家事や入浴などの面における介護の必要度を示すものである．また，配食サービス16.4％，外出支援サービス5.9％となっており，介護保険の保険給付以外のサービスも高齢者のひとり暮らしを支える重要な役割を果たしているといえる．

　三世代世帯では通所サービスの利用が55.4％と最も多くなっており，入浴などの支援や家族の一時的な休息といった要求に根ざしている面もあり，高齢者ひとり暮らしの世帯とは異なった生活課題があるといえる．世帯の特徴によって，必要とするサービスの種類，中身も変わるため，高齢者とその家族の生活に応じたサービスが求められている．

　全体としては，居宅サービスの中では，通所サービスの利用者が44.0％と最も多く，ついで訪問サービス41.8％，短期入所サービス12.1％となっている．高齢者の在宅での生活を支えるために，いずれも欠くことのできないサービスとなっている．

3　要介護度別にみた在宅サービスの利用状況

　要介護1の判定を受けている高齢者の93.2％が介護保険の保険給付の在宅サービスを利用しており，要介護3で66.1％，要介護5でも41.3％の高齢者が在宅サービスを利用している[2]．

　「2003年介護サービス施設・事業所調査」によれば，要介護度別の利用者の構成割合は，たとえば訪問介護を利用している高齢者の39.4％が要介護1であり，要支援17.2％と合わせて考えると，要介護度が軽度の利用者が多いことがわかる．ところが同じ在宅生活をささえるサービスでも，訪問入浴介護では要支援0.1％，要介護1は2.8％，要介護4が25.2％，要介護5が51.4％と，要介護度が重くなるにつれて，利用者が多くなっている．訪問看護ステー

第3章 高齢者の生活課題　65

図3-3　要介護者等の要介護度別にみた同居している主な介護者の介護時間

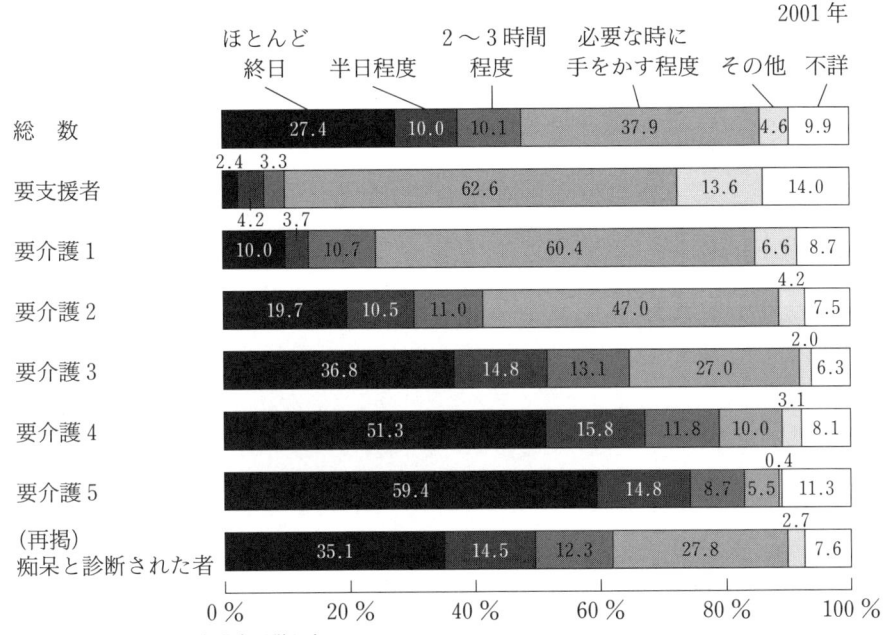

2001年

凡例：ほとんど終日／半日程度／2～3時間程度／必要な時に手をかす程度／その他／不詳

	ほとんど終日	半日程度	2～3時間程度	必要な時に手をかす程度	その他	不詳
総数	27.4	10.0	10.1	37.9	4.6	9.9
要支援者	2.4	3.3	62.6		13.6	14.0
要介護1	10.0	4.2 / 3.7 / 10.7		60.4	6.6	8.7
要介護2	19.7	10.5	11.0	47.0	4.2	7.5
要介護3	36.8	14.8	13.1	27.0	2.0	6.3
要介護4	51.3	15.8	11.8	10.0	3.1	8.1
要介護5	59.4	14.8	8.7	5.5	0.4	11.3
（再掲）痴呆と診断された者	35.1	14.5	12.3	27.8	2.7	7.6

注1)「総数」には要介護度不詳を含む．
　2) 痴呆と診断された者の要介護者等に占める割合は22.4％である．
資料) 厚生労働省「国民生活基礎調査」(2001年)

ションの利用者の割合は要介護1で16.4％，要介護3で12.9％，要介護5で21.5％と，いずれの要介護度でも医療需要が高いことが明らかとなっている．このように高齢者の在宅生活を支える在宅サービスは，高齢者の要介護度によって，必要とする在宅サービスの種類をはじめ利用状況に特徴があるということがわかる．

4　同居している介護者の介護時間

　介護を必要とする高齢者を，在宅で支えている家族の負担はどのようなものであろうか．図3-3は，同居している主な介護者の介護時間についてである．要支援者に対しては，「必要な時に手をかす程度」が62.6％と高くなっている

が，介護が高くなるにつれて，「ほとんど終日」介護に要しているという回答が多くなっている．とくに要介護5の介護者においては，「ほとんど終日」が59.4％と最も多く，約6割となっている．在宅で要介護度の重い高齢者の生活を支えるということは，介護者に身体的，精神的に重い負担がかかっていることになる．要介護4の介護者でも約半数が「ほとんど終日」介護に要していると答えており，高齢者の在宅生活を支える家族にかかる負担の軽減などを図る必要がある．

5 介護者の孤立感，不安感

日常生活のほとんどを介護に要するということになれば，近隣をはじめとして，いろんな人びとと関わる機会を，要介護者の高齢者だけでなく，介護者自身も持ちにくくなる．地域との接点，社会との接点を失っていくと，介護者は孤立感，不安感を強めることになる．もちろん，要介護者の高齢者も孤立感，喪失感などを強く感じざるを得なくなっていく．

そうした事態を背景として，高齢者虐待という結果を招くこともある．高齢者虐待にとどまらず，介護に疲れ，介護者が要介護者を殺害するということも珍しくなくなりつつある．2004年11月にも愛知県豊橋市で母を介護していた息子が母を殺害するという事件があった．なぜそのような事態に陥ったか，要介護者である高齢者の生活だけでなく，介護者への支援という視点を持ち，事態が起きたことの社会的背景を探っていくことが求められる．

高齢者が高齢者を介護するという「老老介護」も，もはや驚くべきことではなく，たとえば70歳台の要介護者を介護するのは，同じ70歳台の男性が14.5％，70歳台の女性が25.3％となっている（以上，「2001年国民生活基礎調査」）．介護者が高齢となれば，健康状態の悪化なども留意されなければならない．近年では老老介護の現状を悲観し，介護自殺という事態も起きており，共倒れという事態を回避すべく，社会的に対応しなければならない．

6 介護者への重層的な負担と介護休業の取得

　介護を必要とする高齢者が家族にひとりだけとは限らず，要介護者を2人かかえるというケースは珍しくない．要介護者をひとりだけかかえていても，要介護度が重くなると，日常生活のほとんどの時間を介護に費やすことになる．要介護者が2人となれば，介護に要する身体的，精神的負担は相当なものである．また，介護と育児との両立という生活をせざるをえないケースもある．たとえば，寝たきりの父親を介護しながら，自らの子育てをしなければならないようなケースである．もちろん心身面での負担に加えて，そのうえ在宅サービスを利用すれば，経済的負担が重くなってくる．子どもが保育所にでも通っていれば，保育費と介護に要する費用が重層的にかかってくることになる．このようなケースも視野に入れ，高齢者だけでなく，高齢者の家族も含めた生活課題をとらえることが重要である．

　そこで主たる介護者に介護を依存するだけでなく，たとえば家族が介護休業（2005年4月より改正され，労働者は対象となる家族1人につき，要介護状態ごとにそれぞれ1回取得でき，期間は通算して93日まで）を取得し介護の負担を軽減することも考えられる．事例のAさんの長男夫妻にも介護休業を取得できる可能性がある（介護休業制度の規定がある事業所の割合は55.3％，2002年度）．ところが，介護休業の取得率は，常用労働者のわずか0.05％（2002年）にすぎず，1999年の0.06％から伸び悩んでいる状況である（いずれも「女性雇用管理基本調査」1999年度，2002年度）．出産した女性労働者に占める育児休業取得者の割合の64.0％に比べると，極端に低い数値を示しており，積極的に介護休業が取得できるような働く環境づくりが必要である．

7 ひとり暮らしの高齢者の問題

　Aさんのようなひとり暮らしの高齢者は，年々増加する傾向にある．高齢者世帯のうち，ひとり暮らしの女性が17.9％にのぼり，男性は8.0％となっ

ている（2000年国勢調査）．1990年には女性が14.7％，男性が5.2％であり（1990年国勢調査），年々ひとり暮らしの高齢者が男女ともに増加していることがわかる．女性の平均余命が長いこともあり，女性の高齢者ひとり暮らしが多い．

また，ひとり暮らし世帯の生活課題は潜在化しやすいことが特徴である．介護者などの同居する家族がいれば，困っていることなどが明らかになりやすいが，ひとりで暮らしている高齢者の困りごとなどは明らかになりにくい傾向がある．最期も誰にも看取られず死んでいく「孤独死」が依然として問題となっているように，近隣との接点もなく，家族や親戚などとの付き合いもほとんどないというような高齢者ひとり暮らし世帯は増加している．

今後も高齢者ひとり暮らし世帯は増加することが予想されており，潜在化しやすい高齢者の生活課題をどのように明らかにしていくのか，あるいは家族や地域をはじめとする近隣との交流なども視野に入れた高齢者の生活課題への対応を考えなければならない．

8 高齢者を支えるホームヘルパーの環境

ひとり暮らしの高齢者をはじめ，在宅での高齢者の生活を支える，訪問介護に携わるホームヘルパーがいる．2003年の中央社会保障推進協議会の調査では，非正規職員のホームヘルパーが83％を占め，月収5万円以下が26％となっている．また，自宅から利用者宅へ直行直帰の形式で訪問介護を行なう，いわゆる登録ヘルパーが介護保険施行を背景に増加している．ホームヘルパーとしての経験年数も3年未満が42％となっていることに表れている．

さらに，利用者宅へ移動する時間の賃金は約半数の49％で支払われていないという結果が出ている．雇われている事業所の健康保険や厚生年金への加入は22％にすぎないという側面も明らかになっており，介護労働者の雇用保障という課題も提起されるところである．在宅で暮らす高齢者を支えるホームヘルパーをはじめとする介護労働者の労働条件の改善により，高齢者への介護がよりよいものとなることが期待される．

9 介護保険制度改革と在宅サービス利用者への影響

　2005（平成17）年の介護保険制度改革をめぐる議論で，「要支援」「要介護1」の要介護軽度の者は原則として介護サービスの給付対象から除外し，新設する介護予防サービスの給付に限定するという方針が提示されている．介護予防サービスを導入し，筋力トレーニングなどのリハビリテーションや栄養指導等を行うとされている．

　介護サービスの利用者数の変化をみると，2000年4月時と2003年12月時の比較では，施設サービス利用者が52万人から74万人へ増加し，在宅サービス利用者が97万人から223万人へ増加している（厚生労働省「介護保険事業状況報告」）．とくに在宅サービスの利用者の増加が顕著であり，在宅サービスの利用者において，軽度の利用者が増えたことで介護保険財政が圧迫されていることを介護予防サービスの導入の理由としてあげており，とくに家事援助のサービスを制限するとしている．

③ 施設利用における現状と課題

1 介護保険施設の状況

　高齢者の生活を支えるいくつかの施設サービスがある．介護保険の保険給付による施設サービスとしては，介護老人福祉施設（特別養護老人ホーム），介護老人保健施設，介護療養型医療施設がある．それぞれ介護老人福祉施設には約34.4万人，介護老人保健施設には約24.6万人，介護療養型医療施設には約13.2万人が施設を利用し，生活を営んでいる．なかでも介護老人福祉施設の入所待ちが多くなっているところもあり，要介護度が重くても在宅での生活を余儀なくされている面もある．

　介護老人福祉施設は65歳以上の者で，身体上または精神上いちじるしい障害があるために常時の介護を必要とし，かつ居宅においてこれを受けることが

困難な者を対象としている．介護老人保健施設は65歳以上の者で，入院治療を必要とせず病状安定期にあって，リハビリテーション，看護，介護を必要とする者が対象である．介護療養型医療施設は，病状安定期の長期療養者で常時医学的管理下での介護が必要な者を対象としている．

2 介護保険施設以外の施設サービスの状況

介護保険の保険給付による施設サービス以外には養護老人ホーム（65歳以上の者で身体上精神上または環境上の理由および経済的理由などにより居宅での生活が困難な者を対象）や，軽費老人ホーム（無料または低額で老人を入所させ，食事の提供やその他日常生活上必要な便宜を行なう施設），有料老人ホーム（シルバービジネスとしての老人ホームであり，株式会社などの多様な事業者によって運営され，利用者は全額自己負担で施設を利用する）などがある．

「社会福祉施設等調査」（2002年10月現在）によれば，養護老人ホームは全国で約950施設あり，入所者は約6.4万人である．経済的理由を主に入所する高齢者も多く，入所者の約23％が費用徴収0円（対象収入年額が27万円以下）である．軽費老人ホームは全国で約1,700施設あり，入所者は約6.7万円となっている．軽費老人ホームは3つの類型に分かれており，A型（収入が一定程度以下で身寄りがない者または家庭の事情等によって家族との同居が困難な者を対象とする），B型（家庭環境，住宅事情等の理由により居宅において生活することが困難な者を対象），ケアハウス（自炊ができない程度の身体機能の低下等が認められ，または高齢等のため独立して生活するには不安が認められる者で家族による援助を受けることが困難な者を対象）となっている．

3 要介護度別にみた施設サービスの利用状況

施設サービスを利用する要介護者は比較的重度の要介護度である場合が多く，要介護5では58.7％，要介護4で51.2％とそれぞれ半数以上が施設サービスを利用していることになる．要介護2でも19.3％と比較的要介護度が軽度で

ある高齢者も，施設サービスを利用していることがわかる（厚生労働省「介護給付費実態調査月報」2004年1月審査分）．

「2003年介護サービス施設・事業所調査」によれば，要介護度別の利用者の構成割合が明らかとなっている．たとえば介護老人福祉施設を利用している高齢者のうち，要介護5が31.2％，要介護4が29.3％，要介護3が18.3％，要介護2が13.2％，要介護1が7.8％となっており，要介護度が比較的重度の利用者が多いといえる．一方，介護老人保健施設の利用者の割合は，要介護5が17.3％，要介護4が26.6％，要介護3が23.6％，要介護2が19.6％，要介護1が12.3％となっており，利用者の偏りが少ない．

介護療養型医療施設では，要介護5が48.4％，要介護4が28.2％，要介護3が11.2％，要介護2が5.8％，要介護1が3.4％となっており，要介護5の利用者で約半数を占めている状況である．

4 施設入所者における痴呆のある者の割合

施設サービスを利用している要介護者のうち，痴呆のある（ここでは日常生活に支障を来すような症状・行動や意思疎通の困難さがときどきみられ，介護を必要とする状況のこととする）高齢者の割合は，介護老人福祉施設で63.8％，介護老人保健施設で53.4％，介護療養型医療施設で70.6％となっており，どの施設でも利用者の半数以上は痴呆の症状をもっているということになる．在宅で生活する要介護者のうち，痴呆をかかえているのは男9.6％，女13.6％となっており，施設で暮らす要介護者の痴呆の割合は高いことがわかる．痴呆をかかえると徘徊をはじめとする症状がみられるようになり，在宅での生活は困難となって施設を利用する，という傾向を示しているともいえる．[3]

5 施設入所前の状況

新たに介護保険施設を利用することになった方の，入所する以前の場所についてであるが，介護老人福祉施設に利用することになった37.5％が「他の介

護保険施設」であり,「家庭」31.5％,「病院・診療所」24.7％と続いている．介護老人保健施設では,「家庭」54.3％が最も多く大半を占め,次いで「病院・診療所」36.5％,「他の介護保険施設」8.1％となっている．介護療養型医療施設は「病院・診療所」66.7％が最も多く,「家庭」25.2％,「他の介護保険施設」6.5％である．

　介護老人福祉施設では「他の介護保険施設」の中でも,とくに介護老人保健施設などからの入所が増加しているとされ,近年,利用者の重度化,重症化,高齢化が進展しているといわれている．もちろん,施設で利用者の介護にあたる職員への影響は少なくない．

6 高齢者虐待と施設入所

　老人福祉法では,要支援・要介護状態にある高齢者にやむをえない理由があるときは,行政の責任において家族から引き離し,特別養護老人ホームなどへの入所,あるいは在宅サービスを利用させるといった措置ができる(老人福祉法第10・11条)とされている．このやむをえない理由の例としては,家族による高齢者への虐待,あるいは介護放棄などが想定されている．ところが,虐待を理由に行なわれた措置は介護保険制度が施行した2000年度からの3年間で75件に過ぎず[4],十分に制度が活用されているとはいいがたい状況である．

7 施設職員の体制

　施設では,介護などの日常生活の支援,機能訓練,健康管理,療養上の管理などを行っている．施設種別によって施設職員の配置基準は異なっており,介護老人福祉施設では,利用者3人に対して1人の介護・看護職員の配置(その多くは介護職員)とされている．介護老人保健施設では,利用者3人に対してひとりの介護・看護職員の配置で看護職員数が総数の7分の2程度,とくに医療の必要度が高い介護療養型医療施設では利用者6人に対してひとりの看護職員とされている．

ただ十分な職員体制で介護に臨んでいるとはいいがたく，介護老人福祉施設などでは看護職員体制の不備・不足から，介護職員が医療行為をせざるを得ないような状況も日常的に発生している．上記のように，痴呆をかかえた利用者も多く，利用者の重度化，重症化も進んでいる．介護職員体制はもちろんのこと，看護職員や医師，リハビリなどの専門職員の配置基準の見直しが必要である．施設における介護放棄や拘束などの高齢者虐待といった事態を招かないためにも，余裕をもって介護できるような職員体制が望まれる．

8 施設種別にみた居住環境

各施設で利用者の多くは4人室を居住の場とすることになるが，近年では，利用者のプライバシーを重視する観点などから個室化を図る施設が増加している．施設の種類別にみた居室数のうち，個室の割合は介護老人福祉施設で32.2％，介護老人保健施設で28.6％，介護療養型医療施設で19.4％となっている．一方，4人室の割合は介護老人福祉施設で46.1％，介護老人保健施設で52.8％，介護療養型医療施設で46.9％と，依然として各施設で大半を占めている（「2002年介護サービス施設・事業所調査」）．プライバシーの観点から個室化が進む一方で，4人室のような相部屋と個室とを分けて，個室利用については個室料金を徴収するという根拠を与えている側面もある．

9 介護保険制度改革と施設サービス利用者への影響

介護保険の給付抑制策である介護保険制度改革によって，介護保険施設利用者の食費や居住費が介護保険の給付の対象から外され，原則として全額自己負担（低所得者には軽減措置）へ切り替わることになる（2005年10月より実施予定）．

たとえば，介護老人福祉施設の利用者（要介護5の場合）のうち，個室利用者の居住費は月額約6万円（現在は約4〜5万円），相部屋利用者は月額約1万円（現在は0円）となり，負担が重くなる．介護老人保健施設，介護療養型

医療施設はいずれも居住費は月額約1万円（現在は0円）となり，同様に負担が強いられることになる．

食費は介護老人福祉施設，介護老人保健施設，介護療養型医療施設のいずれも月額4万8,000円（現在は2万6,000円）の自己負担が求められる．居住費と食費などをあわせると，大幅な負担増が予定されている．

④ 高齢者の生活課題への対応と社会化

1 高齢者の生活課題の概括

　これまでに明らかとなった高齢者の生活課題について，概括しておきたい．在宅生活においては，高齢者とその家族の形態，あるいは要介護度によって必要とされるサービスに特徴があり，それらをふまえた対応が必要であること．在宅で高齢者を支えている介護者の負担の軽減を図る必要があり，介護者の孤立感，不安感への対応が望まれること．介護休業の取得率はかなり低く，十分に活用されているとはいいがたい状況であり，取得できるような働く環境づくりが必要であること．ひとり暮らしの高齢者の生活課題は潜在化しやすい特徴があることを前提とした対応が求められること．高齢者の在宅生活を支える介護労働者の働く環境の改善が期待されていること．以上のようなことが明らかとなった．

　一方，施設利用においては，利用者の半数以上は認知症の症状をかかえていること．利用者の要介護重度化，長期化という特徴が介護老人福祉施設でみられること．そうした利用者に対応する施設職員の体制の改善が必要であること．高齢者虐待などの危険から高齢者を守る措置は十分に機能しておらず，改善が求められること．介護保険制度改革に伴い，施設利用者の自己負担額が大幅に増加することが明らかとなった．

2 生活課題と在宅・施設サービスの対応

在宅サービスや施設サービスは，とくに要介護・要支援状態にある高齢者にとって，欠かせないものになっており，高齢者の生活課題に対応しているといえる．

ところが，在宅サービスや施設サービスの現状と課題をみれば，それらのサービスだけでは，高齢者の生活課題に全面的に対応することはできないことがわかる．もちろんサービスの中身などの改善は必要とされているが，それでも在宅サービスや施設サービスは高齢者の生活の一部分に対応するものでしかない．高齢者の生活の全体像をとらえたうえでの対応が必要になる．

これまでにみたように，サービスを必要とする高齢者の生活状況，高齢者のいる世帯の生活状況と課題，なぜサービスを必要としているのかという背景などに視点を置き，サービスを通して高齢者一人ひとりの生活を支えることが必要とされているといえる．また，介護保険の保険給付によるサービスのみならず，フォーマル・インフォーマルいずれも含めた総合的な対応が必要である．

3 高齢者の役割と居場所の確保

高齢者の生活課題への対応においては，高齢者を支援の対象としてのみ，いわば客体としてのみとらえるのではなく，高齢者の居場所を確保し，主体性を発揮できるような基盤を意識することも必要である．高齢者への対応という考え方，つまり高齢者を支援の対象としてのみ考える援助ではなく，介護ということを通して人間関係づくりを双方向に行っていくことが必要であろう．

単なる在宅・施設サービスの提供にとどまらず，高齢者一人ひとりの居場所を確保することを最大限に行うという必要である．施設であれば，施設内の居住空間はもちろんのこと，人間関係を含めた居場所を確保する．在宅であれば，可能な限り地域社会へ参加し，地域住民としてひとときを過ごすことで居場所を確認する．また，家族の中での役割を確認し，高齢者の居場所を確保するこ

とは重要である．

4 働く環境の整備といった関係施策による生活課題への対応

　高齢者の生活課題への対応として，介護休業取得率にみられるように働く環境の整備面での対応や，高齢者を支える施設職員やホームヘルパーをはじめとする介護労働者の雇用・労働条件の改善といった対応も急務である．このことは，高齢者の生活課題への対応が，高齢者自身に関わることだけでなく，関係する諸施策，諸分野においても必要とされていることを表している．

　介護する側，される側という直接の援助関係に焦点が当たりがちだが，その援助関係の基盤となるもの，背景にあるものを注視し，高齢者の生活課題への対応を直接援助関係以外でも考慮するように努めなければならない．

5 家庭機能の外部化と社会化

　家族の基本的役割は生命の再生産にあり，家族は介護力や保育力，教育力などを持ち合わせている．ところが，現代社会では工業化，都市化とともに核家族化が進行し，家族がもっていた介護力，保育力，教育力などが失われつつある．

　そのために，生命の再生産を行い，生命を維持するためには介護や保育，教育といった機能を代行するサービスが必要となる．ここに，介護に関連する在宅・施設サービスの社会的必然性をみることができる．介護や保育，教育といった家庭機能を外部化せざるを得ない社会的背景が，介護に関連する在宅・施設サービスの社会化の必要性を明らかにしたといえる．

　そうした視点からすれば，高齢者の生活課題への対応を考えるために，それぞれの高齢者の生活実態とその背景を探ることの重要性，在宅・施設サービスの改善だけでは生活課題に対応できないこと，あるいは在宅・施設サービス以外の関係する諸施策の整備等が必要であること，などが理解できるであろう．

　近年では，社会保障構造改革により医療や社会福祉分野の市場化が進展し，

代行サービスを購入せざるをえなくなっている．購入能力をもたない人は，さらに生活困難が深刻化する事態を招いている．所得階層によって，利用するサービスの水準もおのずと決定されてくるような状況であり，たとえば施設サービスにおける居住費で個室か相部屋かという格差が生じていることに表れている．

6 介護移住と外国人労働者の導入

「今の日本では満足な介護が受けられない」とフィリピンへ介護移住する高齢者がいる（『中日新聞』2005年1月1日付）．施設サービスの職員体制などに不満を感じた結果であるが，近年，高齢者が海外移住するケースが相次いでいる．これは，高齢者の生活課題に対応できていないことの表れとみることができるのではないか．

施設・在宅サービスといった介護サービスを利用するにもかなりの経済的負担が必要であり，今後，介護保険制度改革によりさらなる負担が求められる．そのような状況から，たとえば一定の年金収入があれば，海外では日本よりいい暮らし向きが可能なところもあると考え，海外へ移住する高齢者がいる．ただし，海外でいい暮らし向きができるのは，その国の労働者の賃金が安いという環境があってはじめて成り立っていることは理解しておかねばならないだろう．

その一方で，介護老人福祉施設などの施設サービスの介護職員に，フィリピンなどから外国人労働者を本格的に導入することが検討されている．費用抑制という観点からのみ考えられていないかどうか，高齢者の生活課題に対応するものかどうか，サービスの質を確保できるかどうか，などについて十分に議論されなければならない．

注

1）唐鎌直義『日本の高齢者は本当に豊かか』萌文社，2002年，第3章参照

2）厚生労働省「介護給付費実態調査月報」2004年1月審査分
3）厚生労働省「2001年国民生活基礎調査」「2001年介護サービス施設・事業所調査」
4）小林篤子『高齢者虐待』岩波新書，2004年，第1章参照

学びを深めるために

① 野村拓・垣田さち子・吉中丈志編著『聞きとってケア―コミュニケーション術としての庶民史―』かもがわ出版，2002年

　本書の「まえがき」にこう記されている．「介護の仕事は，要介護者をよく把握することから始まります．抱えておられる問題点を知るために，過去の生活歴を聞きますが，語られるいろいろな思いを理解するためには，生きてこられた歴史，その時々の社会の有り様のおおよそを知らなければ，共感をともなう本当の理解は得られません」．高齢者の生活課題をいかにとらえ，実践していくか．京都市西陣の介護職員による活動の記録である．

② 唐鎌直義『日本の高齢者は本当に豊かか―転換期の社会保障を考えるために―』萌文社，2002年

　日本の高齢者の生活実態を階層的視点から検証している．高齢者の年金水準をはじめとする所得階層の状況など，これからの社会保障を考える材料を提供している．

☞ 高齢者世帯の生活課題について，とくに経済的側面から考察してください．
☞ 在宅・施設サービスの課題を整理し，改善策を考察してください．
☞ 介護サービスが登場した背景について，考察してください．

学びのオリエンテーション

めだかのたまりば

　地域のみなさんこんにちは

　ふと気がつけば，地域の中でひとりぼっちになっていることはありませんか？

　ひとりでコーヒーを飲むのもわるくはないけれど，だれかと心のぬくもりを分かち合いたいそんな気分になることはありませんか？

　めだかは一匹ずつ集まって，それでいて群がって泳いでいますね．だれが先生？　だれが生徒？　そのようなことはわたしたちには関わりないことなのです．

　めだかの一匹となって，ふれあい，ひとときを共有するのはいかがでしょうか．

　年齢や性別，障害などに関係なく，めだかの一匹となってみませんか．

　少しむつかしく表現すると，「誰でも参加者に！　誰でも主体者に！」をモットーに自分の居場所を作りませんか．

　この居場所の名前は「めだかのたまりば」です．

　「めだかのたまりば」での活動から，普段のくらしの延長線上にぽこっとあるような，そんな雰囲気を創りだしていきたいと考えています．多くを主張するわけではありませんが，確かに「生きている」ということを感じられる場を共有できればと考えています．

関西福祉大学『めだかのたまりば』へのおさそい

対象者：赤ちゃんからお年寄りまで，どなたでも！
日　時：原則毎週日曜日　午前10時から午後3時ごろまで
場　所：赤穂市塩屋公民館
参加費：1回につき1人500円（昼食・おやつ・アクティビティ費・保険
　　　　料含む）
主　催：関西福祉大学高谷研究室
　詳しくは，下記へお問い合わせください
　ホームページ：http://homepage3.nifty.com/medakanotamariba/
　高 谷 研 究 室：0791-46-2804

高谷よね子

第4章
高齢者と法制度

高齢期に応じた施策

　Aさんは，40歳になった時点で居住地O市が実施している健康診査を受けた．その結果，生活習慣病を要因とする高血圧・肥満と診断され，食生活や運動に心がけるよう健康相談による指導を受けた．しかし，多忙な仕事に育児が加わり，あまり自らの健康を顧みない生活が続いた．

　会社を定年退職し老齢年金を受給するようになったが，なお生きがいを求めシルバー人材センターで紹介された仕事に従事していた．71歳の時，職場で急に激しい頭痛に襲われ，その場に倒れてしまった．高血圧から発症した脳卒中と診断され，緊急入院し医療の提供を受けた．

　半年後，症状が安定したため退院し，要介護認定を受けた後に介護老人保健施設へ入所し，自宅生活を目指したリハビリ訓練を行った．その後，自宅に戻ってきたが，後遺症として半身麻痺が残っていたため，様々な問題が生じてきた．そこで，風呂やトイレなどの住宅改造，車いすや介護用品の貸与・購入，訪問介護や訪問看護などのサービスを利用した．

　しかし，加齢とともに身体機能がさらに低下し，82歳で寝たきり状態となった．介護する家族の疲労も限界に達し，介護支援専門員と相談した結果，指定介護老人福祉施設へ入所することを決めた．

鵜沼憲晴

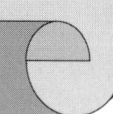

　以上の事例には，Aさんの身体状況に応じて，健康保持や生活支援を目的とするさまざまな施策がうかがえる．疾患の予防・早期発見を目的とする老人保健事業，退職後の生活維持を目的とする年金保険制度，高齢期の就業を保障する高齢者就業制度，疾病治療のための療養費を支給する老人医療制度，要介護状態での生活継続を支援する介護保険サービスなどである．このように，高

齢期をサポートするさまざまな事業やサービスは，もちろん法制度によって規定されている．

本章では，とりわけ高齢期に関連の深い法律─介護保険法，老人福祉法，老人保健法，年金や福祉用具等その他の関連法について，目的，理念，内容などについて学ぶことを目的とする．

① 法制度の枠組みと法制度化の背景

1 私的扶養を重視した近代の高齢者福祉制度

　制度とは，社会的・歴史的背景あるいは問題等に対応して整備される．国民の生活に直接影響を与える社会制度は，その時代の国内外の社会情勢であるとか社会問題に対処するために立案され，国会での審議，可決を経て公布，実施という流れをもって制度化されていく．したがって，制度にとって一定の理解をもつためには，制度の立案が検討された時代背景や社会情勢について熟知しておく必要がある．

　現代における日本の高齢者福祉制度の起点は，1874（明治7）年の恤救（じっきゅう）規則にみることができる．恤救規則は貧困者の一部として高齢者をも範疇にいれ，きわめて貧困で独居の70歳以上の高齢者であり，かつ廃疾者や老衰者，重病者のみを保護，救済するという限定的な救済制度であった．なお，この恤救規則は，明治三大改革と呼ばれる学制公布，徴兵令，地租改正条例に続く革新的なものであった．しかしながら，先に述べたように限定的な救済制度であり，「済貧恤救ハ人民相互ノ情誼ニ因テ」という一文にみられるように伝統的家制度，親族相扶，地域共同体による隣保相扶が奨励されており，制度としての実効性は欠落していた．

　また，1872（同5）年に設立された東京府養育院（現東京都養育院）は貧窮民救済施設であるが，高齢によって就労が不可能になる等により貧民となった高齢者の収容救済がなされていた．

　1890年代前半は，日清戦争後の第二次恐慌が起き，災害や凶作等を原因とする米価高騰とが重なり，農民の離村と都市流入が激増した時代であった．都市には失業者と流入者があふれた．その間，1890（同23）年の窮民救済法案，1897（同30）年の恤救法案，および救貧税法案，1902（同35）年の救貧法案，1912（大正元）年の養老法案と，議会には恤救規制に代わる法案が提出された

ものの，「貧困は個人責任によるもの」という当時の貧困観，根強い惰眠養成論等から立法化されることはなかった．また，政府は1917（同6）年，内務省に救護課，1919（同8）年に社会課をそれぞれ設置したほか，翌1920（同9）年には社会局に昇格させ，高齢者問題等への本格的な対応を行うことにした．また岡山県や大阪府では，今日の民生・児童委員制度の前身である救世顧問・方面委員制度が発足していたことも注目すべきである．

しかし，増大し続ける都市部の貧困層には恤救規則のみでは対応しきれなくなり，1929（昭和4）に救護法が制定された．恤救規制と同様，生活困窮者に対する一般的救貧施策としての性格を色濃くもつものの，高齢者の対象を65歳以上であり老衰者で貧困のため生活を営むことが不可能な者とした．扶助の種類が生活扶助，医療扶助，生業扶助，埋葬扶助，助産扶助と分類されており，これらは現在の生活保護制度の源流となっている．

2 戦後の高齢者福祉制度

このように高齢者を貧困の対象としてとらえ，救済する潮流は第2次世界大戦後もしばらく続くことになる．1950（昭和25）年の新生活保護法では，養老施設が「老衰のため独立して日常生活を営むことを目的とする施設」と位置づけられた．高齢者のうち，貧困層のみを救済の対象としてきた社会背景には，わが国では高齢者扶養は家父長制度に基づき，家族が責任をもつべきであるという風土があったことも大きな要因であるといえよう．その意味において，GHQが日本政府に発した覚書SCAPIN 775号「社会救済」を経て福祉制度の大転換が図られたものの，高齢者福祉制度については，旧態依然とした私的扶養の思想から脱却し，抜本的な転換を与えることはできなかった．

その一方で，1952（同27）年に東京都で老人クラブの結成，1956（同31）年に長野県で家庭養護婦派遣制度（現ホームヘルプサービス）が実施される等，地方自治体による独自の社会事業の展開がみられる．さらにこれと前後して，各地の社会福祉協議会で老人福祉法の制定を求める決議が相次いで採択された．こ

のような地方レベルでの高齢者福祉の取り組みは，当時の政府に対する高齢者福祉の立ち遅れに対して起きたものであり，国レベルでの高齢者福祉の制度化に拍車をかけたのである．

　高齢者福祉の立法化については，このような地方レベルの事業展開と現場の声からの提起によるところが大きい．全国養老事業協会は1949（同24）年の大会決議で「老齢年金制度創設」とともに「老人の福祉に関する法律を急速に制定すること」を衆議院および参議院に請願しており，以後，繰り返し老人福祉法制定を大会決議として提起し続けてきた．1953（同28）年には，熊本県・慈愛園園長の潮谷総一郎，九州社会福祉協議会老人福祉部長の杉村春三両氏が老人福祉法案を発表した．この法案は1961（同36）年に一部改正されたものの，60歳以上のすべての高齢者が健康で文化的な生活を営むことができるよう，国および地方公共団体に責務を課したこと，老人ホームへの入所措置義務の明記したことから高い注目を集めた．その後も大阪議会，四国四県議会議長会，宮崎県市議会市長会，全国知事会などでも老人福祉法案の早期制定の決議が採択された．

　これは，新憲法下において国民の生存権の保障および社会保障，公衆衛生の増進義務が規定される一方で，戦前まで強調されてきた家制度が1947（同22）年の旧民法を契機として崩壊し，工業の発達，経済開発による国民経済が上向き，高齢者福祉に対する要望の機運が高まってきたためである．

3 老人福祉法制定以後の高齢者福祉施策

　わが国の戦後の混乱期を過ぎ，1960年代の高度経済成長を迎えた時期に高齢者福祉制度は立案され，1963（昭和38）年に老人福祉法が実施された．制定当初の老人福祉法は41条からなり，具体的な福祉の措置として，①健康審査，②老人ホームへの収容等，③老人福祉の増進のための事業の規定等がもりこまれていた．しかし，当時の高齢化率は6％にすぎず，高齢者福祉の充実よりも年金制度の整備や医療保険制度の改善が優先された．そのため核家族化によ

る家庭内介護問題，認知症高齢者の問題等の多くの問題を抱えながらも，大幅な制度改正は進展しなかった．

1973（同48）年に老人福祉法の一部が改正され，老人医療費無料化制度が開始された．1971（同46）年に発足した田中角栄内閣による「福祉元年宣言」を受け創設されたものであり，後の老人保健法制定の契機となるものである．老人医療費無料化制度は1960（同35）年に岩手県沢内村が行なった高齢者の無料外来を契機に，1969（同44）年には東京都，1970（同45）年には京都府がそれぞれ償還制による無料化を実施し，国がその後を追って全国一律に展開した．これによって高齢者の一層のサービス充実が期待されたが，1973（同48）年のオイルショックにより，わが国は経済的不安定，経済低成長期へと転換し，高齢者福祉制度の見直しを余儀なくされることとなった．同時に，老人医療無料化制度は，①乱診乱療等の医療機関の問題，②社会的入院の助長，③バラまき福祉に対する批判を生み，1975（同50）年の社会保障長期計画懇談会では「今後の社会保障のあり方について」をテーマに，施設福祉から地域福祉への移行という観点から施策全体のバランスの確保と体系化について問題提起を行った．

このような背景を受けて，老人医療費無料化制度は，1982（同57）年に廃止され，新たに老人保健法が制定された．老人保健法は，①予防からリハビリテーションまでの包括的な医療の提供，②国，地方自治体，医療保険制度の保険者による高齢者医療の支出負担，③高齢者の負担の公平化と適切な受診の促進を目的として1983（同58）年から試行された．これまで老人福祉法で実施されてきた高齢者の医療保障が老人保健法によって整備されることになり高齢者の生活保障は福祉制度と保健制度によって体系化されたのである．

4 介護保険法前後の高齢者福祉制度

1970（昭和45）年に高齢化率が7％となり，わが国は高齢化社会へと突入した．それに伴い，老後の生活不安，介護問題は誰にも起こりうる普遍的な問題

となり，制度化の機運が高まった．1989（平成元）年には，福祉関係三審議会合同企画分科会が市町村の役割重視，在宅福祉の充実，民間活力の導入を盛り込んだ「今後の社会福祉のあり方について」（意見具申）を発表し，これを具体化したものとして，「高齢者保健福祉推進十か年戦略（ゴールドプラン）」が発表され，具体的なサービス量確保が示された．

　1990（同2）年には社会福祉事業法，児童福祉法，身体障害者福祉法，知的障害者福祉法，母子及び寡婦福祉法，老人保健法，社会福祉・医療事業団体法とともに老人福祉法の大幅改正が行われた．この改正で最も注目すべきは，サービス量確保のために市町村，都道府県に老人福祉計画策定を義務付けたことである．これは老人保健法改正による老人保健計画と一体のものとして策定されるものとなっている．この策定結果を踏まえ，21世紀の本格的な高齢社会に対応すべく，「ゴールドプラン」の見直しが図られ，1994（同6）年に「新ゴールドプラン」として新たに作成された．在宅福祉サービス量のさらなる拡充にとどまらず，特別養護老人ホームの基準面積の拡大，施設機能の近代化，老人病院等の整備推進といった施設福祉サービスの拡充も含まれている．

　また1994（同6）年に旧厚生大臣の諮問機関である，高齢社会福祉ビジョン懇談会が「21世紀福祉ビジョン」をまとめ，年金・医療重視型であった社会保障の福祉・介護重視型への移行，社会保障社会福祉の枠組みの見直しを提起し，1995（同7）年の社会保障制度審議会による勧告，1996（同8）年の老人保健福祉審議会が報告した「高齢者介護保険制度の創設について」を踏まえ，その年の国会に介護保険法案が提出され，1997（同9）年に可決・成立し，2000（同12）年度から施行となった．特に在宅福祉サービス量の不足が懸念されたことから，「今後5ヵ年間の高齢者保健福祉施策の方向（ゴールドプラン21）」が発表され，①活力ある高齢者像の構築，②高齢者の尊厳の確保と自立支援，③支えあう地域社会の形成，④利用者から信頼される介護サービスの確立を基本路線として平成16年度における具体的目標値を掲げている．

② 介護保険法

わが国の社会福祉は憲法第25条で規定された生存権保障を基盤としている．福祉六法体制の一つとして1963（昭和38）年に制定された老人福祉法もそのなかの一つである．しかし，当時は救貧対策としての制度化であった．

これまでの福祉サービスの提供は行政処分としての措置によって行われていたことから，サービス利用にあたってはミーンズテスト（資産調査）等によりスティグマの意識からサービスを受け入れにくくし，応能負担を原則としていたため，同一サービスであっても高所得になるほど負担が増大し，公平性を欠いてしまうなどの指摘もある．高齢者数，高齢化率が年々増加する中，サービス提供のシステムのあり方を見直すことは，避けては通れないものとして浮上してきたのである．

1 介護保険制度の目指すもの

介護保険法はその目的として，第1条において「加齢に伴って生ずる心身の変化に起因する疾病等により要介護状態となり，入浴，排せつ，食事等の介護，機能訓練並びに看護及び療養上の管理その他の医療を要する者等について，これらの者がその有する能力に応じ自立した日常生活を営むことができるよう，必要な事項を定め，もって保健医療サービス及び福祉サービスにかかる給付を行うため，国民の共同連帯の理念に基づき介護保険制度を定め，もって国民の保健医療の向上及び福祉の増進を図る」旨を規定している．このように，介護保険制度とは，介護を必要とする高齢者を対象に，自立した日常生活の実現を目標として必要な保健医療サービス，福祉サービスを一体化して提供する新しい福祉制度体系なのである．

そして第2条第3項で「被保険者の心身の状況，その置かれている環境等に応じて，被保険者の選択に基づき，適切な保健医療サービス及び福祉サービスが，多様な事業者又は施設から，総合的かつ効率的に提供されるよう配慮して

図4-1　介護保険制度概要

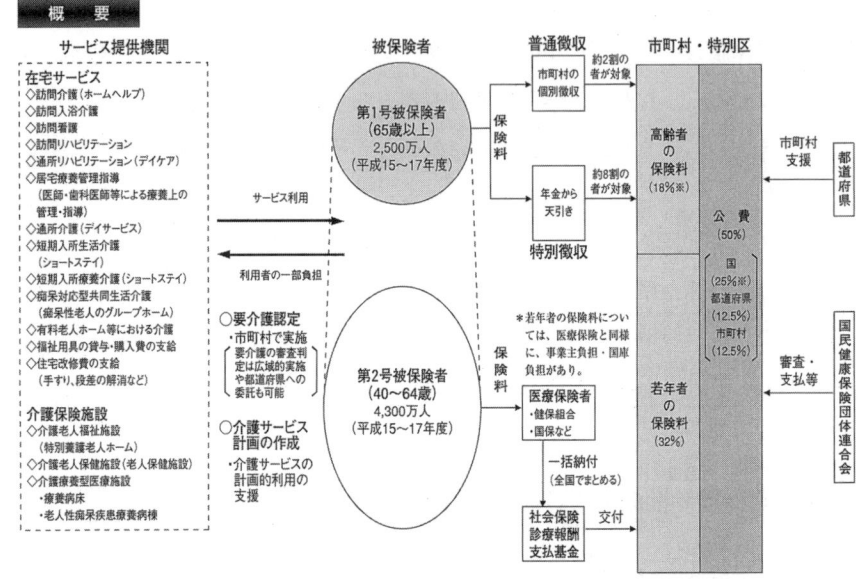

出典：厚生労働省『厚生労働白書』（平成16年度）ぎょうせい，2004年，p.102

行われなければならない」と規定されている．つまり，利用者のニーズと同意に基づいて介護サービスの提供，実施がなされることが明記されている．介護サービス提供の間口を拡大させることによって，利用者を中心とした支援を容易にしているのである．

2　介護保険制度の基本的な仕組み

(1) 保険者

第3条第1項に「市町村及び特別区は，この法律の定めるところにより，介護保険を行うものとする」と規定されている．これは，介護サービスのように生活と密接な関わりのある社会サービスについては，国民に最も身近な行政単

位である市町村が行うことが適切だと考えられるためである．

(2) 被保険者

　被保険者は2つに大別され，第9条各号で「65歳以上を第1号被保険者」，「40歳以上65歳未満の医療保険加入者を第2号被保険者」と区分している．これらの違いは，介護保険サービス給付の際の条件に現れる．すなわち，第1号被保険者は要介護状態，要支援状態と認定された場合に給付対象となり，第2号被保険者は要介護状態，要支援状態であり，かつその原因が政令で定める特定疾病である場合に適用される．

(3) 要介護認定

　介護保険制度に基づくサービス給付は，被保険者の要介護状況を審査した上で給付の上限が決められる．この一連の流れを要介護認定という．要介護認定は第27条で定められており，①被保険者本人，家族あるいは被保険者・家族から委託を受けた居宅介護支援事業者が市町村に認定の申請を行う．②申請を受けた市町村（あるいは市町村から委託を受けた居宅介護支援事業者）は訪問調査を実施し，この訪問調査結果をコンピュータに入力して要介護認定基準時間を算出する（第1次判定）．③介護認定審査会（市町村に設置された介護認定審査機関．委員は保健医療福祉の専門職者および学識経験者）において，一時判定の結果，主治医の意見書等から最終的な判定（第2次判定）を行う．

(4) サービス給付

　要介護認定によって要支援と判定された被保険者は在宅サービスを，要介護1～5と判定された被保険者は，在宅サービス，施設サービスの給付を受けることができる．在宅サービスの給付については要介護度に応じて給付限度額が定められており，地域やサービスによって異なるものの概ね表4-1の通りである．施設サービスの給付は施設類型ごとに要介護度に応じた給付額が設けら

表4-1　各施設サービスの支給額

施設の種類	単位数[3] （　）内は，円（月額）への換算[4]	
介護老人福祉施設 〈小規模生活単位型〉	要介護1 要介護2 要介護3 要介護4 要介護5	784（23.8万円） 831（25.3万円） 879（26.7万円） 927（28.2万円） 974（29.6万円）
介護老人福祉施設 〈従来型〉 （人員配置3：1の場合)[2]	要介護1 要介護2 要介護3 要介護4 要介護5	677（20.6万円） 748（22.7万円） 818（24.9万円） 889（27.0万円） 959（29.2万円）
介護老人保健施設 （人員配置3：1の場合）	要介護1 要介護2 要介護3 要介護4 要介護5	819（24.9万円） 868（26.4万円） 921（28.0万円） 975（29.6万円） 1,028（31.3万円）
介護療養型医療施設 （療養型病床群を有する病院 で，人員配置が看護6：1， 介護4：1の場合）	要介護1 要介護2 要介護3 要介護4 要介護5	820（24.9万円） 930（28.3万円） 1,168（35.5万円） 1,269（38.6万円） 1,360（41.3万円）

注　1）　食事の提供に係る部分を除く。
　　2）　人員配置3：1とは，介護職員・看護職員の人員配置が，入所者3人に対し1人であることをいう。以下，同じ。
　　3）　1単位の円への換算は，地域区分（5区分）により異なり，「その他」地域においては，1単位＝10円である。
　　4）　「その他」地域についての計算例として，単位数×10×30.4日の算式により計算した。

出典：厚生統計協会『国民の福祉の動向　2004年版』厚生統計協会，2004年，p.188

れている．

(5)　サービス内容

　介護保険制度に基づく在宅サービス，施設サービスとして提供されているのは，表4-2および表4-3に示した通りである．これらサービスについては量や質は地域の情況に応じて格差があるものの全国一律に提供される．
　また，全国一律の介護保険サービスではないが，各市区町村独自で必要と考えたサービスとして「市町村特別給付」，通称「横だしサービス」がある．これは各市町村の介護保険事業計画をもとに条例で定められるが，介護保険のメニュー以外であり全額自己負担となる．「横だしサービス」の具体例としては，

第4章　高齢者と法制度　93

表4-2　介護保険制度における在宅要介護者等へのサービス

サービスの種類	サービスの内容
訪問介護（ホームヘルプサービス）	ホームヘルパーが要介護者等の居宅を訪問し、入浴、排せつ、食事等の介護、調理・洗濯・掃除等の家事、生活等に関する相談、助言その他の必要な日常生活上の世話を行う
訪問入浴介護	入浴車等により居宅を訪問して浴槽を提供して入浴の介護を行う
訪問看護	病状が安定期にあり、訪問看護を要すると主治医が認めた要介護者等について、病院、診療所または訪問看護ステーションの看護師等が居宅を訪問して療養上の世話または必要な診療の補助を行う
訪問リハビリテーション	病状が安定期にあり、計画的な医学的管理の下におけるリハビリテーションを要すると主治医が認めた要介護者等について、病院または診療所の理学療法士または作業療法士が居宅を訪問して、心身の機能の維持回復を図り、日常生活の自立を助けるために必要なリハビリテーションを行う
居宅療養管理指導	病院、診療所または薬局の医師、歯科医師、薬剤師等が、通院が困難な要介護者について、居宅を訪問して、心身の状況や環境等を把握し、それらを踏まえて療養上の管理および指導を行う
通所介護（デイサービス）	老人デイサービスセンター等において、入浴、食事の提供とそれに伴う介護、生活等に関する相談、助言、健康状態の確認その他の必要な日常生活の世話および機能訓練を行う
通所リハビリテーション（デイ・ケア）	病状が安定期にあり、計画的な医学的管理の下におけるリハビリテーションを要すると主治医が認めた要介護者等について、介護老人保健施設、病院または診療所において、心身の機能の維持回復を図り、日常生活の自立を助けるために必要なリハビリテーションを行う
短期入所生活介護（ショートステイ）	老人短期入所施設、特別養護老人ホーム等に短期間入所し、その施設で、入浴、排せつ、食事等の介護その他の日常生活上の世話および機能訓練を行う
短期入所療養介護（ショートステイ）	病状が安定期にあり、ショートステイを必要としている要介護者について、介護老人保健施設、介護療養型医療施設等に短期間入所し、その施設で、看護、医学的管理下における介護、機能訓練その他必要な医療や日常生活上の世話を行う
痴呆対応型共同生活介護（痴呆性老人グループホーム）	痴呆の要介護者について、その共同生活を営むべき住居（グループホーム）において、入浴、排せつ、食事等の介護その他の日常生活上の世話および機能訓練を行う
特定施設入所者生活介護（有料老人ホーム）	有料老人ホーム、軽費老人ホーム等に入所している要介護者について、その施設で、特定施設サービス計画に基づき、入浴、排せつ、食事の介護、生活等に関する相談、助言等の日常生活上の世話、機能訓練および療養上の世話を行う
福祉用具貸与	在宅の要介護者等について福祉用具の貸与を行う
居宅介護福祉用具購入費等（特定福祉用具の購入）	福祉用具のうち、貸与になじまない入浴や排せつのための福祉用具その他の厚生労働大臣が定める福祉用具の購入費の支給
居宅介護住宅改修費（住宅改修）	手すりの取り付けその他の厚生労働大臣が定める種類の住宅改修費の支給
居宅介護支援	在宅の要介護者等が在宅介護サービスを適切に利用できるよう、その者の依頼を受けて、その心身の状況、環境、本人および家族の希望等を勘案し、利用するサービスの種類、内容、担当者、本人の健康上・生活上の問題点、解決すべき課題、在宅サービスの目標およびその達成時期等を定めた計画（居宅サービス計画）を作成し、その計画に基づくサービス提供が確保されるよう、事業者等との連絡調整等の便宜の提供を行う。介護保険施設に入所が必要な場合は、施設への紹介等を行う

出典：白澤政和・中野いく子編『社会福祉士養成テキストブック6　老人福祉論』ミネルヴァ書房，2003年

「通院の送迎」，「寝具の洗濯や乾燥」，「紙おむつの支給」，「食事の配達や出張理容」，「家族に介護とは？　を説明する介護教室」など各市町村の実情に応じてさまざまなものがある．

さらに，1か月に訪問入浴を1割負担で利用できる回数が増える等のサービスがある．これを「上乗せサービス」と呼ぶ．市区町村ごとの判断で支給限度額を引き上げることができ，これにより1割で利用できるサービスの量が増える．そのためその市区町村に住む第一号被保険者の保険料が値上がりすることがある．

表4-3　介護保険制度における施設サービス

	介護老人福祉施設	介護老人保健施設	介護療養型医療施設（療養病床を有する病院の場合）	医療保険適用の療養型病床群
	介　護　保　険			医　療　保　険
対象者	身体上または精神上著しい障害があるために常時の介護を必要とし，かつ，居宅においてこれを受けることが困難な要介護者	病状安定期にあり，入院治療をする必要はないが，リハビリテーションや看護・介護を必要とする要介護者	病状が安定している長期療養患者であって，カテーテルを装着している等の常時医学的管理が必要な要介護者（右に該当する者を除く）	病状が安定している長期療養患者のうち，密度の高い医学的管理や積極的なリハビリテーションを必要とする者，40歳未満の者および40〜65歳未満の特定疾病以外の者
指定基準	〈小規模生活単位型〉 ユニット 　居室：個室 　（1人当たり13.2㎡以上） 共同生活室　等 医務室 浴室　等 廊下幅 　片廊下1.8m以上 　中廊下2.7m以上 （アルコーブを設ける場合） 　片廊下1.5m以上 　中廊下1.8m以上	〈従来型〉 居室：4人以下 （1人当たり10.65㎡以上） 診察室 機能訓練室 食堂 浴室　等 廊下幅 　片廊下1.8m以上 　中廊下2.7m以上	療養室：4人以下 （1人当たり8㎡以上） 診察室 機能訓練室 談話室 食堂 浴室　等 廊下幅 　片廊下1.8m以上 　中廊下2.7m以上	病室：4床以下 （1人当たり6.4㎡以下） 機能訓練室 談話室 食堂 浴室　等 廊下幅 　片廊下1.8m以上 　中廊下2.7m以上	病室 （1人当たり6.4㎡以上） 機能訓練室 談話室 食堂 浴室　等 廊下幅 　片廊下1.8m以上 　中廊下2.7m以上
	医師（非常勤可）　1人 看護職員　3人 介護職員　31人 介護支援専門員　1人 その他 　生活相談員　等	医師（常勤）　1人 看護職員　9人 介護職員　25人 理学療法士 　または作業療法士 介護支援専門員　1人 その他 　支援相談員　等	医師　3人 看護職員　17人 介護職員　17人 理学療法士または作業療法士適当数 介護支援専門員　1人 その他 　薬剤師，栄養士　等	医師　3人 看護職員　17人 介護職員　17人 その他 　薬剤師，栄養士　等

注　人員基準については100人当たり

出典：表4-2に同じ

(6) 保険料と利用者負担

　介護保険の保険料は第1号被保険者，第2号被保険者で異なる．第1号被保険者の場合，年額18万円以上の老齢退職年金を給付されている被保険者は年金より天引きして納付する．それ以外の被保険者は市町村からの個別徴収となる．第2号被保険者は，①健保：標準報酬および標準賞与×介護保険料率（事業主負担あり），②国保：所得割，均等割等に按分（国庫負担あり）との違いがあるが，それぞれ一般の医療保険料に上乗せされ，介護納付金として社会保険診療報酬支払基金として納付され全国でまとめられる．この基金が各市町村に交付され，介護保険制度の運営資金に充てられる．

　また，介護保険によるサービスを利用した場合，支給限度額の1割の応能負担が定められている．ただし，給付額が基準額に達しない場合は給付額の1割負担となる．なお，施設入所者の食事費用のうち，家計における平均的な食費分については自己負担となる．在宅サービス利用者は食費が自己負担であるた

め，公平性の立場から施設入所者についても同様の取り扱いとしたためである．

(7) 財 源

　介護保険制度の財源は保険料50％，公費50％となっている．保険料の内訳としては第1号被保険者が概ね18％，第2号被保険者が概ね32％となっている．公費の内訳は，国が25％，都道府県，市町村がそれぞれ12.5％ずつとなっている．なお，国の負担分のうち5％は調整交付金であり，市町村ごとの介護保険財政の調整を行うために用いられる．調整交付金には2種類あり，①普通調整交付金：第1号被保険者のうち75歳以上である者の割合（後期高齢者加入割合）及び所得段階別被保険者割合の全国平均との格差により生ずる保険料基準額の格差調整のために交付，②特別調整交付金：災害等の特別な事情がある場合に交付されるものであり，普通調整交付金の残額が特別調整交付金の総額とがある．一般的に後期高齢者比率が低く所得水準が高い市町村には普通3％，後期高齢者比率・所得水準が全国平均である市町村には5％，後期高齢者比率が高く所得水準が低い市町村には11％の普通調整交付金が交付される．

(8) 介護保険事業計画

　介護保険法第116条から第119条にかけて，介護保険事業計画が規定されている．介護給付を円滑に実施するために定められており，その基本指針を次の3点について定めている．①介護給付等対象サービスを提供する体制の確保に関する基本的事項，②市町村介護保険事業計画における各サービス量の見込みと都道府県介護保険事業支援計画の作成に関する事項，③介護保険事業に係る保険給付の円滑な実施を確保するために必要な事項である．

　市町村介護保険事業計画は，この基本指針に即して3年ごとに5年を1期として定められる計画であり，各年度のサービス量の見込みとその確保，指定居宅介護支援事業者相互の連携の確保等が規定される．都道府県介護保険事業支

援計画も3年ごとに5年を1期として定められる計画であり，各年度の介護保険施設のサービス量の見込みとその確保，介護支援専門員・その他介護にかかわる専門職の質・量の確保，介護保険施設相互間の連携の確保などが盛り込まれている．

都道府県知事は市町村介護保険事業計画の作成上の技術的事項について助言することができ，厚生労働大臣は都道府県に対して都道府県介護保険事業支援計画の作成上の技術的事項について助言することができる．

3 これからの介護保険制度の流れ

2004（平成16）年6月28日，厚生労働省は介護保険制度の見直しについて「予防重視型システム」に切り替える方針を社会保障審議会介護保険部会に提示した（「第14回社会保障審議会介護保険社会（6月28日）資料より」．厚生労働省が示したのは，「介護保険制度の見直しの基本的な考え方（案）」である．制度の具体的改正内容には触れていないものの，最終報告の基礎になるものである．同案が示した基本視点は，①制度の持続可能性を高めること，②明るく活力ある超高齢社会の構築，③社会保障の総合化の3点である．すなわち，予防重視型の体系をとることが給付の効率化につながり，持続可能な制度として社会保障の総合化のけん引役として機能させることを意味する．基本理念からみた課題として，①サービス改革：情報開示・実効性のある事後規定ルールの確立・ケアマネジメントの体系的な見直し・施設ケアの質的向上・人材育成の在り方の見直しを進める，②在宅ケアの推進：在宅支援体制強化・在宅と施設の利用者負担の不均衡是正・多様な住まい方の選択肢の確保を進める，③市町村の保険者機能強化：サービスの質・量に保険者としての関与を強める．財政面だけでなくサービス面も含めた地方分権を徹底する，を示し，新たな課題として，①介護予防：介護保険の予防給付は対象者やサービス内容を見直し，新たな予防給付に再編成．老人保健事業，介護予防，地域支え合い事業との再編も視野に入れる．②痴呆ケア：本人のみならず家族も支援する継続的

総合的支援体制を確立する．虐待防止，権利擁護のための地域体制も整備する．小規模多機能拠点を生活圏域で整備する．③独居対応：介護ニーズだけでなく生活支援ニーズに対応した包括的ケアを提供するための相談窓口，ケアマネジメント体制を確立する．

現行の介護保険制度が要介護状態と認定されてからのケアを主眼とした「介護モデル」，身体障害を有する高齢者を主な対象とする「身体ケアモデル」，在宅介護においては家族の同居を前提に想定された「家族同居モデル」の組み合わせによって成立していることを指摘し，それぞれ，「介護プラス予防モデル」，「身体ケアプラス痴呆ケアモデル」，「家族同居プラス同居モデル」に変更するとしている．これらは軽度の要介護高齢者，痴呆性高齢者，二人暮らし高齢者が増加するという将来展望に基づいている．また，今後の介護保険制度利用者が痴呆性高齢者中心となり，痴呆ケアに資源を重点的に投入することが予想され，それにかかる費用が増大するため，軽度の要介護高齢者については，介護予防の観点から給付を効率化することが求められることを示唆している．

予防給付の側面が強化されることにより，健康で活力ある高齢者像の意識が向上し，まさに介護保険法の目的に示してあるとおり，「自立した日常生活を営む」ことの促進につながることを期待するばかりである．

③ 老人福祉法

1 目的および基本理念

老人福祉法は，高度経済成長を見せ始めた時代の1963（昭和38）年に施行された．保健医療の充実による死亡率の減少，戦後の出生率の低下，経済活動の変化に伴う私的扶養の変容などから，老後への社会的関心が高まり，1959（昭和34）年の国民年金法を経て，老人福祉法の制定をみることになる．

老人福祉法では，第1条に老人福祉法の目的として，「老人の福祉に関する原理を明らかにするとともに，老人に対し，その心身の健康の保持および生活

の安定のために必要な措置を講じ，もって老人の福祉を図ること」と規定している．つまり，所得保障，雇用問題，税制や住宅の優遇措置，生きがい対策といった普遍的な高齢者にかかわる諸問題について支援していく側面と，保健・福祉サービスの提供という高齢者固有の問題にかかわる諸問題について支援していく側面を有する法律としてその役割を期待されている．

基本理念として，第2条に「老人は，多年にわたり社会の進展に寄与してきた者として，かつ，豊富な知識と経験を有する者として敬愛されるとともに，生きがいをもてる健全で安らかな生活を保障されるものとする」と規定されており，憲法第25条で示されている生存権および国民生活の社会的進歩向上に努める国の義務に沿うものとなっている．この第2条はいわば「老人憲章」に相当するものであり，社会における高齢者の位置づけを規定しているといってよい．

さらに第3条において「老人は老齢に伴って生ずる心身の変化を自覚して，常に心身の健康を保持し，又は，その知識と経験を活用して，社会的活動に参加するように努めるものとする．老人は，その希望と能力とに応じ，適当な仕事に従事する機会その他社会的活動に参加する機会を与えられるものとする」として，国民が保障されている勤労の権利と義務（憲法第27条）について再確認するものとなっている．また，この条文は前半で高齢者自身の心身の健康保持，社会的活動の促進を要請しており，後半でそれらの活動に対して国，地方自治体等が保障する旨を示している．

しかしながら，この2つの条文には2つの課題が残されている．第1に，いずれの条文も老人の権利を明確にしたものではなく，国や地方公共団体，国民などに対する訓示規定という性格をもつものとされている点，第2に，第3条には，高齢者の生活様式の価値観を法律で画一化している点である．この点について森幹郎は「私が反対しているのは，国家が法律で生き方のような価値観を規定するということなのである．しかも多種多様な選択肢のあるものについて，その中の一つを老人に『要請』しているということである．……人が人生

をどう生きるか，人が老後をどう過ごすか，老人が毎日をどう送るか，それは法規範としても，社会規範としても定められてはならない．それはすべての人が個々別々に主体的に選択しなければならないことである」[1]と述べている．

基本的理念のもとに，第4条第1，2項で国，地方公共団体が「老人の福祉を増進する責務を有すること」が，同条第3項で社会福祉法人，民間企業に対し，「老人の福祉が増進されるように努めなければならない」と，高齢者福祉事業を提供する者に対してその責務を明記している．

2 「老人」の法的定義

一般的にはそれぞれの法律で対象となる者の定義が明記されているが，老人福祉法については，「老人」の定義は明記されていない．高齢者がもつおのおのの福祉ニーズの基礎となる心身機能の低下については個人によって相当の差があるため，一律の条件で区分することが非常に困難なためである．したがって，老人福祉法における「老人」とは「社会通念に委ねられる」としている．

しかしながら，在宅サービス，施設サービスを提供する際には全国的に均一に実施されることが望ましいことから，特別養護老人ホーム，養護老人ホーム等は65歳以上，軽費老人ホームは60歳以上というように年齢によって区分している．

3 実施主体

老人福祉行政における実施主体は，福祉現場の第一線を司る専門機関である福祉事務所であり，第5条の5において，①老人の福祉に関し，必要な実情の把握に努めること，②老人の福祉に関し，必要な情報の提供を行い，並びに相談に応じ，必要な調査及び指導を行い，並びにこれらに付随する業務を行うことをその役割としている．各市町村に設置されている市町村福祉事務所では，老人の福祉に関する技術的指導を行う社会福祉主事が置かれており（第6条），都道府県福祉事務所には，福祉の措置の実施に関し，市町村相互の連絡

調整，市町村に対する情報の提供その他必要な援助を行うこと及びこれらに付随する業務を行うための専門的技術を用いる所員として社会福祉主事を置くことができる（第6条の3，第7条）．

4 福祉の措置

老人福祉法に規定されている施策は大別して，在宅福祉対策と施設福祉対策とに区分される．在宅福祉対策は対象となる高齢者の心身機能の状態から要援護高齢者対策と社会活動促進対策に細分され，施設福祉対策は利用形態に応じて入所施設と利用施設に細分される[2]．

2000（平成12）年に介護保険法が施行され，要援護高齢者対策，入所施設対策のうち，老人居宅介護等事業，老人デイサービス事業，老人短気入所事業，痴呆対応型老人共同生活援助事業，特別養護老人ホームへの入所については，介護保険制度の範疇となったものの，①本人が家族等の虐待もしくは無視を受けている場合，②痴呆その他の理由により意思能力が乏しく，かつ，本人を代理する家族がいない等のやむをえない事由により介護保険給付を利用することが著しく困難である場合に，行政処分としての措置によるサービス提供が行われる．

なお，老人福祉法における措置とは，地方自治体から委託を受けた社会福祉法人等が対象となる高齢者に対してサービスを提供し，サービス受託事業者は，措置権者である市町村等から措置委託を受け，措置委託費を支払われるものである．行政処分であるため，措置により施設入所サービスを利用した場合，施設選択権はない．同様に受託事業者の施設も正当な理由なく拒否することはできない．

5 老人福祉計画

老人保健福祉計画は，1990（平成2）年の老人福祉法改正によって創設された制度である．まず1992（同4）年の厚生省大臣官房老人保健福祉部長通知

「老人保健福祉計画について」,「老人保健福祉計画作成指針」によって詳細が説明され，計画策定にあたる指針が示された．老人福祉法としては「老人福祉計画」となるが，老人保健法改正によって義務付けられた「老人保健計画」と一体のものとみなす（第20条の8第6項）ため，通常「老人保健福祉計画」とまとめて呼称されており，市町村，都道府県ともに策定義務がある．

法的根拠としては第20条の8第2項において市町村老人福祉計画が規定されており，確保すべき老人福祉事業の量の目標とその確保のための方策等が計画化されている．都道府県老人福祉計画については第20条の9第2項で，養護老人ホーム，特別養護老人ホームの必要入所定員総数その他老人福祉事業の量の目標を設定し，老人福祉施設の整備および施設相互の連携のために必要な措置とそれに関わる専門職者の育成について計画化されている．

これらの計画は，平成11年度を目標年度として作成された．介護保険法の施行により，老人保健福祉計画と介護保険事業計画は整合性を持って作成される必要があるため，計画期間を同一化するとともに一体的に作成されることとなった．第2期介護保険事業計画（平成15年度から19年度）の作成についても，老人保健福祉計画の見直しと併せて進められ，すでに策定されている．

6 有料老人ホーム

老人福祉法には公的サービスとしての各種福祉サービスのみならず，民間事業者等が設置する有料老人ホームについても規定されている．1974（昭和49）年から国が設置運営の方針を定め，指導を行ってきた．

第29条では，有料老人ホームを次のように規定している．①10人以上の老人を入所させ，食事の提供その他日常生活上必要な便宜を供与することを目的とする施設であり，②老人福祉施設でない．高齢者民間サービス，いわゆるシルバーサービスの範疇であるが，高齢者が長期にわたり生活の場とする施設であり，要介護状態になったときの対応，施設運営のあり方等の入居高齢者の生活の保障という観点から，行政が介入することとなっている．

具体的には，有料老人ホームを設置する際には都道府県知事に施設の名称および設置予定地，設置しようとする者の氏名および住所または名称および所在地等7項目について，事前に届出をし承認を受けなければならない．

さらに，有料老人ホームの設置者は入所者の保護と健全な発展に資することを目的として有料老人ホーム協会を設立することができる（第30条）．この有料老人ホーム協会は，①会員に対して老人福祉法他関係法令を遵守させるため指導，②施設運営に関し，契約内容の適正化と入所者の保護・処遇，入居者等からの苦情解決，施設職員の資質向上のための研修等を行うこととされている（第31条）．

④ 老人保健法

平均寿命の延長（第1章）は，人生をより長く享受できることを意味する．しかしこれは，とりわけ高齢期において，複数の慢性疾患や合併症から，診療所や病院への通院する期間やその痛みや不具合に耐えなければならない期間の延長をも意味する．よって，世界一の長寿国となった現在においてこそ，できる限り疾病の発症を予防し，もしくは早期発見して適切な医療処置を行うことが求められる．こうした老人保健および医療の保障を目的とするのが老人保健法である．

1 高齢者医療・保健対策のあゆみ

1961（昭和36）年の国民皆保険により，国民は医療費の一部を健康保険からまかなうことができるようになり，早期発見・早期回復が可能となった．当初，健康保険での高齢者医療の自己負担額は5割であったが，1968（昭和43）年の国民健康保険法改正によって自己負担は3割に軽減された．しかし，複数の疾患を併せもつことの多い高齢者にとって，支給される老齢年金に占める自己負担はけっして低い額ではなかった．

そうした実情に対し，その自己負担の全額補助を行う地方自治体も現れ（本

章①)，1973（昭和48）年の老人福祉法改正によってすべての高齢者を対象とする老人医療費支給制度として結実した．これは，高齢期での生活費に対する医療費の負担が相対的に大きいことから，70歳以上の高齢者および65歳以上の障害をもつ高齢者の医療費自己負担額を高齢者福祉の財源によって支給する制度—いわゆる「老人医療費支給制度」であった．

老人医療費の無料化は，憲法25条の理念を具現化する画期的な制度であったが，当時はオイルショックから低成長期に向かう社会状況にあり，また増加の一途をたどる受診率・医療費によって，国・地方自治体の財源危機を結果としてもたらした．

この危機を打開するため，それまでの方針を転換し，受益者である高齢者自身にも医療費一部負担を求めたのが，1982（昭和57）年に制定された老人保健法である．これにより，高齢者医療に関する施策は，老人福祉法から老人保健法に移行された．

その後，1986（昭和61）年には保険者間の費用負担の公平化を目的とした保険加入者按分率の引き上げ，国民保険料未納者に対する法的制裁の強化などを主旨とする法改正が行われた．また，1994（平成6）年には入院時の食事療養費の新設，1995（同7）年には老人医療費拠出金の算定方法見直し，1997（同9）年には一部の薬剤に関わる負担金制度の創設，1998（同10）年の退職者老人医療費拠出金負担額の見直しなどが行われた．またその法改正ごとに，老人医療費一部負担金は増額され，ついに2001（同13）年からは，一部負担金制度が廃止され，上限付きではあるが定率1割負担制度が導入されている．さらに，2002（平成14）年の改正以降，対象年齢が引き上げられ，75歳以上の者もしくは65歳以上75歳未満で障害の状態にある者となった．これら一連の法改正は，急激な高齢化や社会情勢の変化および世代間の格差是正・現役世代の負担軽減を目的としている．しかし，心身の特徴から，受診率が高くなる高齢期において，これら法改正が，とりわけ所得の低い高齢者の家計を圧迫する危険性も見落としてはならない．

一方，高齢者を対象とする保健対策は，1963（昭和38）年制定の老人福祉法（旧）第10条に規定された「健康診査」からはじまった．これは，在宅の65歳以上の者に対し，毎年一定期間において，健康診査および必要に応じて指導を行うことを市町村長に課したものである．有病率が高いにもかかわらず，社会的・経済的理由により高齢者が受診の機会を阻害されがちであるという実態をうけ，疾病予防および早期発見を目的として制度化された．1969（同44）年には，在宅で寝たきりのため外出できない高齢者に対し，医師や看護師を派遣して健康診査を行う「訪問健康診査」が加わった．その後，1978（同53）年の老人健康相談事業，在宅老人家庭看護訪問指導事業などがモデル事業として実施されるなど，老人保健事業の充実が次第に整備されていった．1982（同57）年の老人保健法制定によって，高齢者保健対策も老人福祉法から移行した．

　1986（同61）年の老人保健法改正では，退院後の自宅生活復帰を目的とし，リハビリを主たるサービス内容とする「老人保健施設」が創設された．また1991（平成3）年の老人訪問介護制度の創設，1994（同6）年の付添看護の消滅・在宅医療サービスの充実など，早期退院・自宅療養を推進する制度が増えていった．

　1990（同2）年の改正では，老人福祉法での「老人福祉計画」と一体のものとして「老人保健計画」を策定することが市町村に義務づけられ（本章❸），その後，介護保険法にいう介護保険事業計画と調和を保ちながら策定するとされた．

　なお，2000（同12）年から施行された介護保険法によって，老人保健施設は，「介護老人保健施設」として介護保険法にその根拠を移行している．

2 老人保健法制度の概要

(1) 目的・理念

　老人保健法は，「国民の老後の健康保持と適切な医療確保を図るため，疾病の予防・治療や機能訓練等の保健事業を総合的に実施し，国民保健の向上と老

人福祉の増進」を目的としている（老人保健法1条）。また，理念として，「国民は，自助と連帯の精神に基づき，自らの加齢に伴って生ずる心身の変化を自覚して健康の保持増進に努めること，高齢者医療に要する費用を公平に負担すること」，および「老後における健康保持のために適切な保健サービスを受ける機会を与えられること」が掲げられている（同2条）。さらに，以上の目的および理念を具現化するため，国，地方公共団体，医療保険の保険者の責務が規定されている（同3～5条）。

(2) 保健事業

保健事業は，①健康手帳の交付，②健康教育，③健康相談，④健康診査，⑤医療，⑥入院時食事療養費の支給，⑦特定療養費の支給，⑧老人訪問看護療養費の支給，⑨移送費の支給，⑩高額医療費の支給，⑪機能訓練，⑫訪問指導，⑬その他政令で定める事業がある。このうち，⑤～⑩までの事業を総称して「医療等」といい，それ以外の事業と区分している（同12条，20条 表4-4）。

(3) 医療等以外の保健事業

市町村は，当該区域内に居住する40歳以上の者に対し，医療等以外の保健事業を行う責務を有する（同20条）。また都道府県は，市町村に対し，その設置する保健所による技術的協力や必要な援助，連絡調整を行うほか，市町村に代わって，医療等以外の保健事業の一部を担う権限を有する（同21条）。当該事業の対象を「40歳以上」とするのは，壮年期での生活習慣病が，高齢期での脳卒中や心臓疾患を引き起こす危険性が高いことから，予防および早期発見・治療を促すためである。

(4) 医 療

医療の給付には，①診察，②薬剤または治療材料の支給，③処置，手術そ

表 4-4　保健事業の概要

種類		対象者	内容
健康手帳の交付		・老人保健法の医療の受給資格がある者 ・健康診査の受診者, 要介護者等で希望する者	○医療受給者証及び医療の記録並びに医療の記録の補足 ○健康診査, 健康教育, 健康相談, 機能訓練, 訪問指導の記録 ○生活習慣等の把握 ○生活習慣病の予防や老後における健康の保持と適切な医療のための知識等については, 市町村が創意工夫し作成
健康教育	・個別健康教育 ・集団健康教育 ・介護家族健康教育	・基本健康診査の結果「要指導」の者等 ・40歳以上の者 ・必要に応じ, その家族 ・40歳以上の者のうち, 家族の介護を担う者等	○個人の生活習慣を具体的に把握しながら, 継続的に個別に健康教育を行う ・高血圧　・高脂血症　・糖尿病　・喫煙者 ○健康教室, 講演会等により, 以下の健康教育を行う ・歯周疾患　・骨粗鬆症(転倒予防)　・病態別　・薬　・一般 ○介護を行う者に発生しやすい健康上の問題に関する一般的な知識や留意事項
健康相談	・重点健康相談 ・総合健康相談 ・介護家族健康相談	・40歳以上の者 ・必要に応じ, その家族等	○幅広く相談できる窓口を開設し, 以下の健康相談を行う ・高血圧　・高脂血症　・糖尿病　・歯周疾患　・骨粗鬆症 ○対象者の心身の健康に関する一般的事項に関する指導, 助言 ○家族の介護を行う者の心身の健康に関する指導, 助言
健診	基本健康診査 ・基本健康診査	・40歳以上の者	○必須項目 ・問診・身体計測(身長, 体重等)・理学的検査(視診, 打聴診, 腹部触診等)・血圧測定・検尿(糖, 蛋白, 潜血)・循環器検査(血液化学検査)総コレステロール, HDL-コレステロール, 中性脂肪・肝機能検査(GOT, GPT, γ-GTP)・腎機能検査(クレアチニン), 血糖検査・選択項目[医師の判断に基づき実施]・心電図検査・眼底検査・貧血検査(赤血球数, ヘモグロビン値, ヘマトクリット値)・ヘモグロビンA1c検査
	・訪問基本健康診査 ・介護家族訪問健康診査	・40歳以上の寝たきり者等 ・40歳以上で家族等の介護を担う者	○基本健康診査の検査項目に準ずる ○基本健康診査の検査項目に準ずる
	歯周疾患検診	・40歳及び50歳の者	○検診項目　問診・歯周組織検査
	骨粗鬆症検診	・40歳及び50歳の女性	○検診項目　問診・骨量測定
	健康度評価 ・生活習慣病の予防に関する健康度評価 ・介護を要する状態等の予防に関する健康度評価 ・生活習慣行動の改善指導	・40歳以上の者	○生活習慣行動質問票及び社会, 生活環境等質問票の配布 ○質問票の回答結果及び基本健康診査の結果等並びに問診等の方法による運動, 休養等に関する個人の生活習慣を把握, 評価し, 当該対象者にふさわしい保健サービスを提供するための計画を策定 ○個人に即した具体的な生活習慣改善方法の提示
	受診指導	・基本健康診査の結果「要医療」等と判定された者	○医療機関への受診指導
検査	肝炎ウイルス検診	・40, 45, 50, 55, 60, 65, 70歳の者 ・過去に肝機能異常を指摘されたことのある者 ・広範な外科的処置を受けたことのある者 ・妊娠・分娩時に多量に出血したことのある者 ・基本健康診査においてALT(GPT)値により「要指導」とされた者	○検診項目　問診・C型肝炎ウイルス検査・HBS抗原検査
機能訓練	A型(基本型)	・40歳以上の者で, 疾病・外傷その他の原因による身体又は精神機能の障害又は低下に対する訓練を行う必要がある者	○市町村保健センター等適当と認められる施設で実施 ・転倒予防, 失禁予防, 体力増進等を目的とした体操 ・習字, 絵画, 陶芸, 皮細工等の手工芸 ・レクリエーション及びスポーツ, 交流会・懇談会等
	B型(地域参加型)	・虚弱老人(寝たきり判定基準のランクJに相当する者)	○集会場, 公民館等の身近な施設や公園等の屋外で実施 ・スポーツや絵画・工芸等の創作を主体とした活動 ・交流会, 懇談会及び地域の諸行事への参加等を主体とした活動
訪問指導		・40歳以上の者であって, その心身の状況, その置かれている環境等に照らして療養上の保健指導が必要であると認められる者	○家庭における療養方法等・介護を要する状態になることの予防 ○家庭における機能訓練方法, 住宅改造, 福祉用具の使用・家族介護を担う者の健康管理・生活習慣病の予防・関係諸制度の活用方法等 ○痴呆に対する正しい知識等

出典:『国民の福祉の動向　2003年』p. 204 より抜粋

の他の治療, ④家庭における療養に伴う世話その他の看護, ⑤医療機関への入院およびそれに伴う世話その他の看護, ⑥市町村長がその必要性を認めたその他の給付, がある (同17条, 25条2項)。対象は, ①75歳以上の者, ②65歳以上75歳未満であって寝たきり等障害の状態にあり市町村長の認定を受け

た者である。ただし、介護保険法にいう指定介護療養施設に入院している者はその対象から除外される（同25条6項）。利用の際は、受診する保険医療機関等において、被保険者証等に健康手帳を添えて提示する。

市町村長（特別区の区長含む）は、条件に該当するに至った日の属する月の翌月から、当該対象者に対し医療を行う（同25条1項）。加入者は、この条件に該当するに至ったとき、速やかに市町村長に届け出なければならない（同25条の2）。

医療の受給者は、原則として医療に要する費用の1割を一部負担金として医療機関に支払う。ただし、一定以上の所得がある場合は、2割を一部負担金として支払う（同28条）。

(5) 療養費等

入院時食事療養費とは、入院時の食費を医療から分離し、別個に給付するものである。厚生労働大臣が定める基準によって算定された食事療養に要した費用から平均的な家計における食費を控除した額が支払われる（同31条の2）。特定療養費は、健康保険法に規定する特定承認保険医療機関のうち、受療者自らが選定した機関において受けた療養（高度先進医療等）に要する費用もしくは保険医療機関等において受けた選定療養（個室料差額や歯科材料差額等）に要する費用である（同31条の3）。老人訪問看護療養費は、かかりつけ医がその必要を認めた者が、訪問看護ステーションから派遣される看護師のサービスを受けた場合に支給される（同46条の5の2）。移送費は、医療を受けるために医療機関に移送されたときに支給される（同46条の6）。高額療養費は、一部負担金の額等が著しく高額である場合に、家計に与える影響を勘案して規定された基準によって算出された一定額を支給するものである（同46条の8）。

(6) 老人診療報酬

高齢者医療は、健康保険等と同様に、医療等を行った医療機関に対し、診療

報酬点数表に基づき市町村から診療報酬が支払われる．しかし，高齢者医療の場合は，政策的に取り上げるべき項目（① 不必要な長期入院の是正と地域や家庭における医療の提供，② 介護やリハビリに重点を置いた医療の提供，③ 高齢者が主に入院している病棟における相応しい医療提供体制の整備）を掲示した独自の診療報酬点数表が規定されている．

(7) 老人保健計画

市町村は，「高齢者に対する医療等以外の保健事業の実施に関する計画」（老人保健計画）を定めなければならない．市町村老人保健計画は，老人福祉法20条の8にある「市町村老人福祉計画」と一体のものとして作成されなければならず，また介護保険法117条にある「市町村介護保険事業計画」との調和を保つことが求められている（同48条の18）．また，都道府県は，市町村老人保健計画の達成に資するため，広域的見地から「医療等以外の保健事業の供給体制の確保に関する計画」（都道府県老人保健計画）を定めなければならない（同46条の19）．

⑤ その他の関連法制度

1 公的年金

かつて，自営業や農業が中心であった時代は，家庭内での老親扶養が当然のように行われていた．しかし就業者が増え，核家族世帯と老親世帯の分離が促進された現在，老後の生活を支えるのは公的年金である．それは高齢者世帯の所得のうち，約7割を公的年金が占めていることからもうかがえる．しかし，年金制度は，少子高齢化による現役世代の負担増や給付水準の低下などの危機に瀕しており，年金制度存続をかけての改革が毎年のように展開されている．

第4章 高齢者と法制度　109

表4-5　公的年金制度の体系と変遷

公的年金制度の体系と変遷

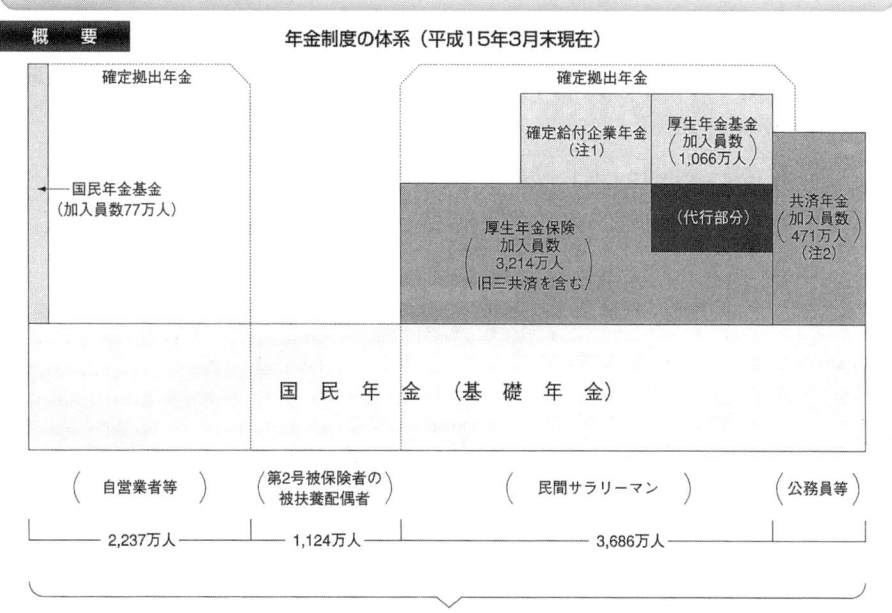

概　要　　　　年金制度の体系（平成15年3月末現在）

確定拠出年金　　　　　　　　　　　　　確定拠出年金

確定給付企業年金　厚生年金基金
　　（注1）　　　（加入員数
　　　　　　　　1,066万人）

国民年金基金　　　　　　　　　　　　　　　　　　　　　　　　共済年金
（加入員数77万人）　　　　　　　　　　　　　（代行部分）　　　加入員数
　　　　　　　　　　厚生年金保険　　　　　　　　　　　　　　471万人
　　　　　　　　　　　加入員数　　　　　　　　　　　　　　　　（注2）
　　　　　　　　　　3,214万人
　　　　　　　　　　旧三共済を含む

国　民　年　金　（基　礎　年　金）

（自営業者等）（第2号被保険者の　）（民間サラリーマン）（公務員等）
　　　　　　　被扶養配偶者
─ 2,237万人 ─　─ 1,124万人 ─　─ 3,686万人 ─

7,046万人

（注1）確定給付企業年金は、平成14年4月から実施。適格退職年金（加入者数917万人）については、10年以内に他の企業年金等に移行。
（注2）農林共済（加入者数45万人）は平成14年4月から厚生年金に統合。

出典：『厚生労働白書』（平成16年版）p.430より抜粋

(1) 年金制度のあゆみ

わが国の年金制度は，1959（昭和34）年の国民年金法制定による国民皆年金体制によって完備された．

1973（同48）年にはインフレ対策として年金給付額に物価スライド制を導入した．1985（同60）年の改正以降，国民年金を基礎年金と位置づけ，その上に各被用者年金を積み上げる，いわゆる2階建ての年金制度となった．これによって個人単位の年金として構成され，主婦の年金権が確立されるとともに，国民年金の財政的問題が緩和された．

1994（平成6）年の改正では，現役世代の負担超過を避けるため，定額支給

開始年齢を60歳から65歳とし，2001年度から（女性は2006年度から）12年かけて段階的に移行していくとした．また，2000（同12）年の改正では，基礎年金について国庫負担の割合を2004（同16）年までに2分の1へ引き上げることやボーナス等を一般保険料の賦課の対象とすること，在職老齢年金制度，国民年金保険料の半額免除制度，学生の卒業後追納特例制度等が新設された．

そして2004（同16）年6月の改正は，保険料を2017（同29）年までに厚生年金は18.3％，国民年金は16,900円（2004年度価格）に段階的に引き上げた上で固定すること（保険料水準固定方式），基礎年金および厚生年金の給付水準について現役世代の平均賃金の50％以上を確保すること，離婚した被扶養配偶者も年金を半額受給できる標準報酬分割制度の導入，国民年金保険料徴収対策の強化などを内容としている．

(2) 年金の法体系

年金は，基礎年金たる国民年金，サラリーマンなど被用者の厚生年金保険，公務員等の共済年金の3つがある（表4-5）．構造としては，まず最下部に国民年金があり，被用者・公務員等の厚生年金保険，共済年金がその上にある．さらに上層部は，希望する者が加入する国民年期金や厚生年金基金等がある．

国民年金の被保険者は，日本国内に住所を有する20歳以上60歳未満で，①自営業者や無職者等（第1号被保険者），②被用者保険の被保険者・組合員等（第2号被保険者），③第2号被保険者の被扶養配偶者（第3号被保険者）である（国民年金法7条1項）．また給付の種類は，①老齢基礎年金，②障害基礎年金，③遺族基礎年金，④第1号被保険者のための付加年金等からなる（同15条）．このうち，老齢基礎年金は，被保険者の資格期間を満たしていること，満65歳に達していることを支給要件とし，満20歳から満60歳までの40年間納付した場合には，満額（約80万円）が支給される（同27条）．

厚生年金保険の被保険者は，事業所に勤める70歳未満の者となっており，本人の意志いかんに関係しない（厚生年金保険法9条）．厚生年金の給付は，①

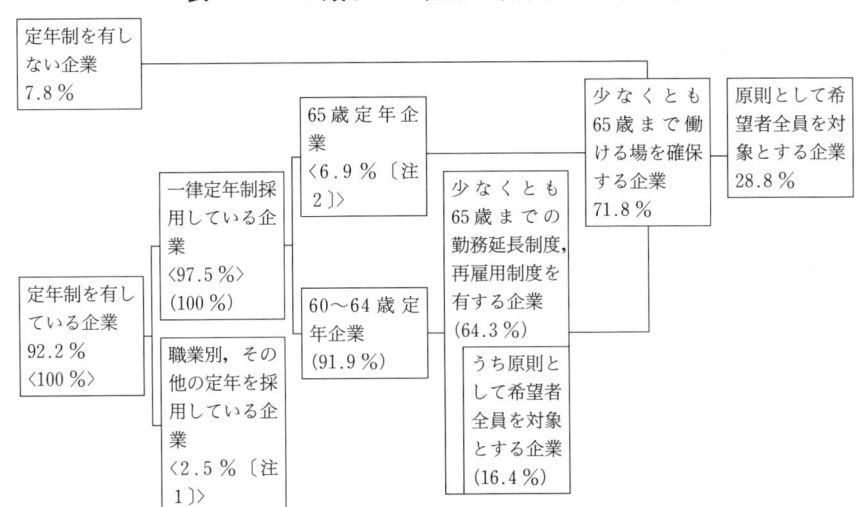

表 4-6　65 歳までの雇用を確保する企業割合

```
定年制を有し
ない企業
7.8 %
                                          少なくとも        原則として希
                          65歳定年企      65歳まで働       望者全員を対
                          業             ける場を確保     象とする企業
           一律定年制採    〈6.9 %〔注    する企業        28.8 %
           用している企    2〕〉          71.8 %
           業
           〈97.5 %〉      少なくとも
           (100 %)        65歳までの
定年制を有し                勤務延長制度,
ている企業                 再雇用制度を
92.2 %     60～64歳定      有する企業
〈100 %〉   年企業          (64.3 %)
           (91.9 %)
           職業別, その                  うち原則と
           他の定年を採                 して希望者
           用している企                 全員を対象
           業                             とする企業
           〈2.5 %〔注                  (16.4 %)
           1〕〉
```

　　　　　　　　〈　〉内は定年制を有している企業を 100 % とした場合の割合
　　　　　　　　（　）内は一律定年制を有している企業を 100 % とした場合の割合
　　　　　　　　※事業規模は 30 人以上の企業が調査対象

注 1) 職種別その他の定年制を採用している企業についても, 65 歳までの雇用を確保する企業が若干存在する.
　 2) 65 歳を超える定年企業も若干存在する.
出典：厚生労働省 HP から抜粋

老齢厚生年金, ②障害厚生年金および障害手当金, ③遺族厚生年金である (同 32 条). そのうち老齢厚生年金は, ① 65 歳以上で, ②保険料納付済期間が 25 年以上あることを支給要件とし, 年金額は被保険者期間の平均標準報酬額をもとに算出される (同 43 条 1 項).

2　雇　用

　年金支給開始年齢が 65 歳まで引き上げられることとなった現在, 退職年齢と年金支給開始年齢の接合性が薄れている. よって, 高齢者に対する就労対策は, 従前の生活維持を可能とするために重要なものとなる. また高齢者の就労は単に経済的理由のみならず,「生きがい」の創出や社会参加という意味からも意義がある.

こうした背景から，高齢者の労働意欲はきわめて高い．「望ましい退職年齢」を問う調査において60歳以上の約90％が「65歳以上」と答え，さらに「年齢にこだわらず働きたい」とする者が33.4％にも達するのである（旧総務庁「中高年齢層の高齢化問題に関する意識調査」平成10年）．

ここでは，高齢者の雇用対策として，再雇用・勤務延長，定年の延長，就業の場の確保を中心にみていく．

(1) 再雇用・勤務延長

再雇用制度とは，定年年齢に達した者をいったん退職させた後に，再雇用する制度であり，勤務延長とは，定年年齢を変更することなく，定年年齢に達した者を継続して雇用する制度である．しかし，再雇用・勤務延長制度を採用する企業は64.3％であり，また定年年齢に達した希望者すべてを対象とする企業は16.4％程度に過ぎない（表4-6）．

(2) 定年の延長

定年制は，大正時代から大企業を中心に導入されたものであり，第2次世界大戦以降は，労働組合の支持もあって，中小企業においても広く普及している制度である．1985（昭和60）年の法改正により，事業主が定年を定める場合は，60歳を下回ることができないとされ（高年齢者等の雇用の安定等に関する法律8条），ようやく55歳定年から脱却した．また，老齢年金の支給開始年齢が65歳に引き上げられることから，2000（平成12）年の改正では，事業主に定年の引き上げ，上記再雇用制度や勤務延長制度等の継続雇用制度の導入または65歳までの安定した雇用の確保を図る努力義務を課した．しかし，65歳定年制を採用する企業は，わずか6.9％にとどまっている現状から，2004（同16）年の改正により，定年年齢を65歳未満と定めている事業主は，定年の引き上げ，継続雇用制度の導入，定年制の廃止のいずれかを講じなければならないとし，その強化を図っている．

(3) 就業の場の確保

就業の場の確保の代表的機関として，シルバー人材センターがある．シルバー人材センターは，高齢者の福祉的就業を目的に，1975（昭和50）年に東京都江戸川区に創られた「高齢者事業団」が始まりである．それが各地に広がり，1986（同61）年に法制度化された．センターは，市町村の区域ごとに1カ所を原則として都道府県知事が指定する法人である（同41条）．センターが，担当地域の住民や民間事業所等から臨時的・短期的な仕事または軽易な業務を有償で引き受け，会員である定年退職者その他の高年齢退職者に提供し，報酬を支払う．会員資格は60歳以上の健康で就業意思と能力のある高齢者となっている．

3 住宅・環境

ここでは，住宅環境と社会性拡大に向けた社会環境整備についての法制度を概説する．

(1) 住環境整備の必要性

わが国の木造日本家屋は，高齢者の身体機能を考慮されているとはいえない．玄関の段差，蹴上げの高さ，廊下の狭さ，和式トイレ，狭く深い浴槽，畳部屋，階段等は，移動の自立を妨げるばかりか転倒や溺死等の危険が高い．逆に，これら住環境が整備されれば，移動・入浴・排泄等の自立の確保，高齢者自身の意欲の向上，家族の介護負担軽減，家族関係の維持が期待できる．介護保険以降，居宅介護が強調されているが，その要は住環境の整備なのである．

(2) 住環境整備対策

高齢者の住環境整備対策としては，まず高齢者向けの住宅供給施策がある．1996（平成8）年には「公営住宅法」が改正され，高齢者等の収入基準の緩和，グループホームやデイサービスセンター等の社会福祉事業を行う社会福祉法人

等による住宅使用の許可等が実現した．また2001（同13）年に制定された「高齢者の居住の安定確保に関する法律」では，高齢者向け優良賃貸住宅制度，高齢者世帯の入居を拒まない賃貸住宅登録・閲覧制度，終身建物賃貸借制度，高齢者居住支援センターによる滞納家賃の債務保証等が実施されている．また国土交通省と厚生労働省の連携によって実施されているシルバーハウジングプロジェクトは，高齢単身者や夫婦のみ世帯の生活特性に配慮したバリアフリー化された公営住宅等と生活援助員（ライフサポートアドバイザー）による日常生活支援サービスの提供を併せて行う，高齢者世帯向けの公的賃貸住宅の供給事業である．

　次に，高齢者の住居を改造・改修する施策である．これは介護保険法での「住宅改修」が中心的施策となるが，他にも自治体が自主的に取り組んでいる「住宅改善（費）補助事業」，「高齢者住宅整備資金貸付制度」，「リフォームヘルパーの派遣」等がある．

(3)　社会環境整備

　心身機能の低下した高齢者や車いす等を利用する者が外出すると，さまざまなバリア（障害）に直面する．建築物の階段・廊下・通路・駐車場などの社会環境，あるいは公共交通機関利用時における電車の出入口とホームとの段差，バスの乗降などである．ノーマライゼイションの理念を具現化するためには，そうしたバリアの除去が必要となる．

　「高齢者，身体障害者等が円滑に利用できる特定建築物の建築の促進に関する法律」（通称：ハートビル法）は，社会生活に身体機能上の制限を受ける高齢者等が円滑に利用できる建築物の建築の促進のための措置を講ずることにより，建築物の質の向上を図ることを目的としている（高齢者，身体障害者等が円滑に利用できる特定建築物の建築の促進に関する法律1条）．本法は，特別特定建築物（不特定かつ多数の者が利用し，または主として高齢者等が利用する特定建築物）を建築しようとする者に，当該建築物が利用円滑化基準に適合するようにしなけ

ればならない義務を課す（同3条）．また特定建築物（学校，病院，劇場等，多数の者が利用する建築物等）を建築しようとする者には同様の努力義務を課す（同5条）．また，特定建築物を建築しようとする者は，作成した建築についての計画を所轄行政庁に申請することができる（同6条）．申請が認可されれば，補助，税制上の特例措置および日本政策投資銀行等による融資が受けられる．

また，「高齢者，身体障害者等の公共交通機関を利用した移動の円滑化の促進に関する法律」（通称：交通バリアフリー法）は，高齢者等の自立した日常生活および社会生活を確保することの重要性が増大していることにかんがみ，公共交通機関の旅客施設，車両等の構造，設備を改善するための措置，旅客施設を中心とした一定の地区における道路，駅前広場，通路その他の施設の整備を推進するための措置その他の措置を講ずることを目的としている（高齢者，身体障害者等の公共交通機関を利用した移動の円滑化の促進に関する法律1条）．主務大臣は，移動円滑化を総合的かつ計画的に推進するため，移動円滑化の促進に関する基本方針を定める（同3条）．それを受け市町村は，1日当たりの利用者数が5千人以上であることまたは相当数の高齢者等の利用が見込まれる地区におけるバリアフリー化を重点的・一体的に推進するため，基本構想を作成することができる（同6条）．また，公共交通事業者等は，旅客施設の新設や大規模な改良を行う場合等に，「移動円滑化基準」に適合させなければならない（同4条）．具体的には，エレベータやエスカレータの設置，誘導警告ブロックの設置，障害に対応したトイレ設備，車椅子スペースを確保した車両，視覚案内情報装置の設置，低床バスの導入，航空機への可動式ひじかけの装着等である．

4 福祉用具

福祉用具に関しては，福祉用具の研究開発および普及の促進を目的とする「福祉用具の研究開発及び普及の促進に関する法律」が制定されている．本法では，「福祉用具」を心身機能が低下し日常生活に支障のある高齢者等の日常生活上の便宜を図ったり，機能訓練に活用する用具ならびに補装具と定義して

いる（福祉用具の研究開発及び普及の促進に関する法律2条）．よって，本法にいう「福祉用具」は，介護保険法7条17項「福祉用具」，身体障害者福祉法20条「補装具」，老人福祉法10条の4第2項等「日常生活用具」の総称である．

厚生労働大臣と経済産業大臣は，福祉用具の研究開発および普及を促進するための措置に関する基本的な方針を定めなければならない（同3条）．また，厚生労働大臣は，福祉用具に関する情報提供や福祉用具利用の効果に関する評価等を行う法人を全国で1か所指定する（同7条）．「基本的な方針」については，「福祉用具の研究開発及び普及を促進するための措置に関する基本的な方針」（平成5年厚生省通商産業省告示4号）として定められている．「評価等を行う法人」には，財団法人テクノエイド協会が厚生労働大臣から指定を受けている．

また，独立行政法人新エネルギー・産業技術総合開発機構は，福祉用具に関する産業技術の研究開発を促進するため，助成や情報提供を行っている（本法20条）．

なお，介護保険による福祉用具貸与事業を行う場合は，各事業所に2名以上の「福祉用具専門相談員」の配置が義務づけられている．

5 シルバーサービス

シルバーサービスとは，民間企業による高齢者を対象としたサービスおよび商品をいう．その代表的なものは，老人福祉法4章の3にある有料老人ホームである（本章③参照）．また介護保険における居宅サービス事業のほとんどが民間事業者の参入を可能としたため，増加の一途をたどっている．さらに，在宅配食サービス，寝具洗濯乾燥サービス，訪問理髪サービスなど，介護保険にはないサービスを独自に展開している事業者も増えつつある．そこで，1987（昭和62）年に設立された財団法人シルバーサービス振興会は，シルバーマーク制度等のサービスの質の担保を目的とした事業を展開している．

また，「民間事業者による老後の保健及び福祉のための総合的施設の整備の促進に関する法律」は，民間事業者が公的な保健・福祉サービスとの連携の下

に，地域において保健・福祉サービスを総合的に提供する施設群の整備を行うことを促進する措置を講じることによって，高齢者が生きがいをもち，健康で安らかな生活を営むことができる地域社会の形成を目的としている（民間事業者による老後の保健及び福祉のための総合的施設の整備の促進に関する法律1条）。「保健・福祉サービスを総合的に提供する施設」（特定民間施設）とは，有酸素運動や機能訓練を行う施設であって診療所が附置されているもの，教養の向上やレクリエーションのための便宜を総合的に提供する施設，要介護高齢者を対象とし，入浴・給食等を提供する施設等をいう（同2条）。

厚生労働大臣は，特定民間施設の整備に関する基本方針を定めなければならない（同3条）。また，特定民間施設の整備の事業を行おうとする者が，整備計画を作成し厚生労働大臣に認定されれば，民間施設の機能を発揮させる機械，装置等について特別償却が可能となり，また公的資金の援助が受けられる（同4条，12条，13条）。

注・引用・参考文献

1) 森幹郎「老人政策における『この日本的なもの』」『老人生活研究』12月号, 1990, p.24
2) 福祉士養成講座編集委員会編『新版介護福祉士養成講座2 老人福祉論』中央法規, 2003年, pp.62-63 より図追加

〈参考文献〉

① 厚生省五十年史編集委員会編『厚生省五十年史』厚生問題研究会, 1988年
② 岡本多喜子『老人福祉法の制定』誠信書房, 1993年
③ 百瀬孝『日本老人福祉史』中央法規, 1997年
④ 財団法人厚生統計教会編『厚生の指標 臨時増刊 国民の福祉の動向』(各年度)
⑤ 厚生労働省監修『厚生労働白書』(各年度)

学びを深めるために

☞ 身近な高齢者の方が利用されている保健，福祉，医療サービスの種類，職員配置や設備等の基準，法的根拠を探ってみよう。
☞ 高齢者福祉に影響を与えた法律，制度に注目して，それぞれの高齢者のとらえ

方や理念の移り変わりを整理したとき，将来の高齢者福祉のあり方はどうあるべきが考えてみよう．
☞ 要介護高齢者だけではなく，健康な高齢者に対する支援を専門職としてどのように提供していけるかについて考えてみよう．
☞ 権利擁護等の視点から，高齢者関連法制度の法的課題を考察してみよう．

学びのオリエンテーション

介護保険制度改革の全体像

　厚生労働省は，2004（平成16）年12月，「介護保険制度改革の全体像」を発表した．改革のポイントは予防重視型システムへの転換，施設給付の見直し，地域包括センターの創設などによる新たなサービス体系の確立などである．

　見直しの基本となるところは，①明るく活力ある超高齢社会の構築，②制度の持続可能性，③社会保障の総合化の3視点である．予防重視型システムへの転換にむけて，新予防給付と地域支援事業（仮称）が創設される．介護予防の基本的な考え方として，辻は介護予防のエビデンスを3つあげる．

　有効であるとする十分なエビデンスがあるもの：筋トレ，転倒・骨折予防，口腔ケアによる肺炎予防．しかし，これらに関心の薄い人も多いと予測されるので，住民が声をかけあって参加するなど地域主体の予防策の展開が期待される．

　効果は期待されるが，まだ十分なエビデンスが集積されていないもの：高齢者総合機能評価（お達者検診，寝たきり予防検診）や閉じこもり対策，うつ高齢者の治療．機能評価後の評価にもとづく生活改善（一次プラン）を高齢者が積極的にすすめ，それらへのモニタリングおよびその後のプラン（二次プラン）など，次のステップを目指すならばより効果が期待されるであろう．

　介護予防どころか要介護発生を促進しかねないもの：たとえば，家事支援ホームヘルプサービスや配食サービスを利用していると，利用者はそれらに依存し，家事から遠ざかってしまうことになる．デイサービスでも，

入浴や食事等とともに用意されたプログラムへの参加で終わると，受動的な時間を過ごしたことになり，ここでも依存性が問われている[1]．

　サービスの利用者から，主体的にアクティビティを創出し，そこに参加するという考え方を地域社会で共有することが求められている．地域住民が3章の学びのオリエンテーションで紹介した「居場所」の確保そのものから関与し，居場所の運営にも携わるならば，住民自身による介護予防が促進され，地域社会の取り組みとしていっそうのエビデンスが実証されるのではないだろうか．

横山順一

引用・参考文献
　1）辻一郎「介護予防の基本的な考え方」『介護保険情報』2004年11月

第5章 高齢者の援助とケアマネジメント

認知症高齢者を地域で支える

　Uさんは，長男夫婦と2人の孫と一緒に暮らしている．長く勤めた商社を定年したあとは，再就職先での勤務も終え，悠々自適の生活を送っていた．そのUさんに物忘れが目立つようになったのが70歳の時である．最初は，歳だからとUさんも家族も深刻に考えなかったのだが，それまでの穏やかな人柄のUさんがイライラすることが目立つようになり，さらに外出先から道に迷って家に帰れなくなるという出来事が起こった．心配になった家族はかかりつけ医に相談をしたところ，介護保険のサービスを受けてみてはどうかとアドバイスをしてもらった．

　早速，妻と長男は市の介護保険課に要介護認定の申請を行った．後日，市から訪問調査員が訪れ，Uさんの調査を行った．妻と長男は，自宅に近い方が何かと相談もしやすいだろうと，紹介された居宅介護支援事業所の中から自宅に一番近いKケアプランセンターにケアプラン作成依頼をすることにした．後日，要介護1の認定結果が通知され，担当のO介護支援専門員と相談して，デイサービスを週2回利用することになった．しかし，Uさんの焦燥感は強まるばかりで，介助しようとするデイサービスの職員に声を荒げたり，手をあげるような行動が見られるようになり，デイサービスからは利用契約を解除したいと申し渡されてしまった．O介護支援専門員に相談しても，「仕方ないから，次を探しましょう」というばかりで，家族は気持ちを十分にわかってもらえないという不信感を感じた．

　妻は，長男の嫁がたまたま目にした認知症電話相談に電話をかけて相談し，居宅介護支援事業所の交替を決心した．今度は，地域住民向けの介護講座や相談活動などを活発にやっているS在宅介護支援センターに依頼をすると，担当することになったI介護支援専門員は家族の気持ちをじっくりと聞いてくれ，ケアプランの再調整をしてくれることになった．I介護支援専門員はKケアプランセンターやデイサービスと連絡を取り，ど

ういった状況で問題となる行動が起こっているのか等の詳細な情報を把握するとともに，家族には専門の医療機関を受診することを薦めた．Uさんは家族の付き添いで総合病院のもの忘れ外来を受診し，アルツハイマー型痴呆と診断され，薬物療法が始まった．また，I介護支援専門員はUさんのケアのあり方について主治医と連携をとりながら，ケアプランの修正をしていった．その経過の中で，Uさんは病院のデイケアが実施しているレクリエーション活動にも参加するようになった．また，I介護支援専門員から認知症高齢者の家族の会への入会をすすめられ，妻と長男，長男の嫁は家族の会の例会にも参加するようになり，同じ認知症高齢者を介護する者どうしでの支えも得られるようになった．

デイサービスについては，認知症ケアの力量の高い別の事業所をケアプランに位置づけ，Uさんへの関わり方を中心として，サービス担当者会議が開催された．こうした関係者の連携によって，Uさんは徐々に落ち着きを取り戻していった．

I介護支援専門員は，今後，Uさんの認知症状の進行に伴い，さらに各種のサービス・支援が必要になることが予想されるが，できるだけUさんの混乱が起こらないように，そして家族の負担が大きくならないように留意しながら，モニタリングを続けている．

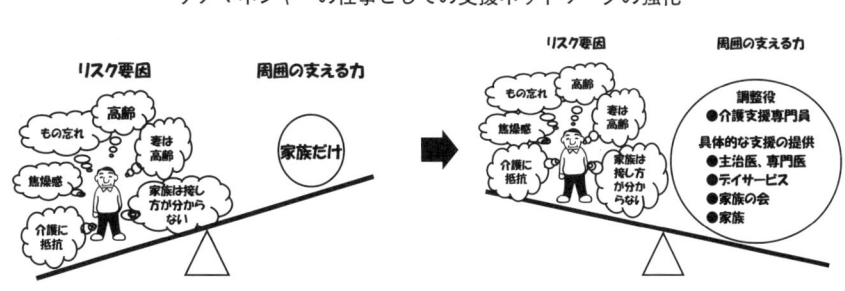

ケアマネジャーの仕事としての支援ネットワークの強化

① ケアマネジメントとは

(1) 沿革

　ケアマネジメント（care management）とは，脱施設化によって地域にもどった精神障害者を支援する方法として1980年代にアメリカで生まれた．当初はケースマネジメント（case management）と呼ばれ，1990年にはイギリスで国民保健サービスおよびコミュニティケア法の中に位置付けられた．日本においては，2000年に導入された介護保険制度に組み込まれたことで，高齢者介護の領域でよく知られるようになったが，身体・知的・精神障害者，あるいは児童福祉などさまざまな領域で用いられる援助方法である．

(2) 定義

　利用者の「社会生活上での複数のニーズを充足させるため適切な社会資源と結びつける手続（白澤政和[1]）」であると定義づけられ，利用者の自立とQOLの向上[2]を目的とするものである．

(3) 対象

　複数のニーズをもち，独力ではニーズを満たすために必要なサービス・援助を手に入れることが困難な人がケアマネジメントの援助対象である．

(4) 援助者

　介護保険制度では，居宅介護支援を行う者の要件として介護支援専門員という新たな資格が創られたが，ケアマネジメントそのものは資格の有無に関係なく，ソーシャルワーカーや保健師・看護師など地域生活支援に携わるさまざまな職種によって用いられるものである．

(5) 役割・機能

　白澤の定義で明らかなように，ケアマネジメントの中心的な機能は利用者のニーズと社会資源を結びつける仲介機能である．しかし，仲介機能以外にも，利用者の強さ（strengths）を重視したものや治療機能を重視したものなど，さまざまモデルがある[3]．また，ケアマネジメントはさまざまな関係者が目標と役割分担を共有し，相互に連携を図りながら援助を提供するチームアプローチである．こうした多職種チームの連携を適切かつ円滑にすすめる調整役がケアマネジャーの重要な役割である．

❷　ケアマネジメントの機能とケアマネジャーの役割

援助過程

　①入口：ケアマネジメントの援助を必要とする人を発見し，援助を受ける意思を確認し，契約を結ぶ．介護保険では介護支援サービスを受ける意思を確認することで，介護支援サービスを利用することについての契約を行う．また，介護保険給付を受けるためには要介護・要支援状態であると認定されることが必要であるので，未申請の場合にはその支援も行う．

> **事例**　居宅介護支援事業所に勤務するA介護支援専門員（以下，ケアマネ）は，事業所にかかってきた電話でケアプラン作成を依頼された．電話の主はCさんといい，近々退院する夫を介護する妻であった．Aケアマネは大まかな事情を伺い，病院を訪ねて夫妻と面接する約束を取り付け，電話を終えた．約束の3日後，AケアマネはCさんの夫が入院する個人病院を訪ねた．病室でCさん（76）と夫のBさん（78）に会い，ケアプラン作成依頼のいきさつを伺うとともに，介護支援サービス（ケアマネジメント）の説明を行い，援助を受ける意思を確認した．Bさん夫妻は婦長から手渡された「介護保険の手引き」をみて，Aケアマネの勤務する事業所が自宅に近いので連絡したといい，Aケアマネのていねいな説明を聞いて，今後継続して援助を受けたいという意思が確認された．

　②アセスメント：利用者の身体機能面，精神・心理面，社会・環境面に関する情報を収集し，分析することで，利用者の置かれている生活状況全体を把

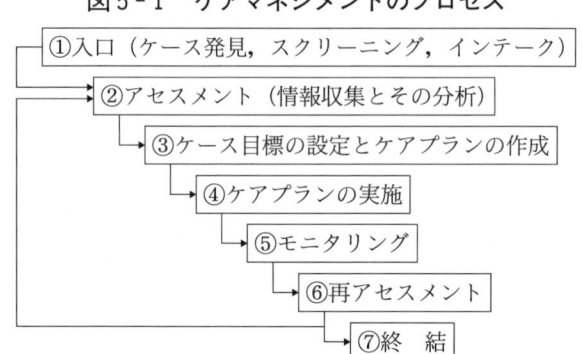

図5-1　ケアマネジメントのプロセス

```
┌─①入口（ケース発見，スクリーニング，インテーク）
│ ↓
└→②アセスメント（情報収集とその分析）
   ↓
   ③ケース目標の設定とケアプランの作成
   ↓
   ④ケアプランの実施
   ↓
   ⑤モニタリング
   ↓
   ⑥再アセスメント
   ↓
   ⑦終　結
```

出典：白澤政和『ケースマネジメントの理論と実際』中央法規，1992年，p.17を一部改変

握するとともに，利用者の能力に応じた自立した生活／主体的に自らの生活にかかわりをもてる生活の実現のための生活ニーズを明らかにする．

>事例　AケアマネはB夫妻の話を聞き，Bさんは左半身麻痺で車イスの生活，日常の生活に関する動作はいろいろと介護が必要で，妻のCさんはどのように介護すればよいのか不安だと訴えた．AケアマネはBさんの心身の状況や，帰宅後の夫妻の生活に関するさまざまな話を伺うとともに，退院後は「今までのように2人で自宅で暮し続けたい」という生活に対する意向を確認するとともに，何が不安であるかを確認した．夫妻は，①病気の再発，②入浴や排泄，通院などをどうしたらいいか，③妻一人で夫を介護していけるか，等の不安を感じていた．
>　また，夫妻の了解を得て婦長，主治医にも面会し，病院側の退院後もリハビリの継続が必要との意見を聴取し，今後の連携を依頼した．

③ケアプラン作成／④ケアプランの実施：アセスメントで明らかにされた目標（利用者がどこでどのように暮していきたいか）に向けて，生活ニーズを充足するためにどのように社会資源を組み合わせて活用するかを検討する．これらの社会資源には，介護保険給付も，それ以外の保健福祉施策，その他のさまざまなフォーマルな資源，インフォーマルな資源も含まれる．ケアマネジャーはケアプランを文書化し，利用者・事業者に交付するとともに，ケアプランに位置付けた各種のサービス提供機関にサービス依頼を行い，サービス担当者会議を開催するなどして，利用者・関係者の間で目標と役割分担を共有し，ケ

アプランを実施する．

> **事例** 後日，再度入院中のＣさん夫妻を訪ねたＡケアマネは，前回の面接で得た情報を元に，退院後に夫妻が健康を維持しつつ，在宅生活を続けるためにどういった社会資源をどのように使っていくかを考慮したケアプラン（原案）を示し，夫妻の意見を聞いた．そこで，具体的なサービス事業者の選定について夫妻の意向を確認するとともに，介護保険サービスに関する一部負担金の心配が述べられたので，ケアプランを再度調整する約束をした．Ａケアマネは病院側にもケアプラン（原案）を示し，退院に際して主治医を含め，ケアプランに位置付けたサービス事業者が参加するサービス担当者会議を開催したい旨を申し入れ，日程は一週間後と決まった．Ａケアマネは夫妻の意向を受けてケアプランを微調整するとともに，各サービス事業者にサービス提供依頼を行い，当日に備えた．
> 　サービス担当者会議当日，会議は病院の会議室を借りて行われ，Ｂさん夫妻，主治医，サービス事業者がそれぞれに意見を述べ，ケアプランのサービス内容を再確認した．ケアプランは，(1)介護用ベッド，車イスのレンタル，(2)デイケア（リハビリ），(3)デイサービス（入浴サービス等），(4)住宅改修（トイレ，玄関周りの手すり，段差解消）という内容を含むものとなる．
> 　(4)については介護保険給付以外にも，自治体の住宅改造助成事業を利用し，退院は住宅改修の終了を待つことになった．

⑤モニタリング／⑥再アセスメント：ケアプランが実施された後，ケアマネジャーは利用者と定期的に面接し，またサービス提供機関からの経過情報の収集によってモニタリングを行う．モニタリングでは，(1)ケアプランが当初の計画通りに運営されているか，(2)新たなニーズが生れていないかを確認する．ここで，ニーズとサービスのミスマッチが起こっている場合には，アセスメントをやり直し，ケアプランを修正する．

> **事例** Ｂさんは住宅改修終了後，退院し，在宅生活へと戻った．Ａケアマネは退院直後は夫妻と頻繁に連絡を取り，在宅生活が軌道に乗るのを見守った．その後は月１回の訪問時にサービス利用や生活の様子を伺い，Ｂさん夫妻の生活のニーズの変化に応じてケアプランを調整し，在宅生活を支援しつづけている．

⑦集結：利用者の死去，あるいは長期入所など，在宅での援助を必要としなくなった際に，ケアマネジメントは終結する．転居や居宅介護支援事業所の変更，入所等の場合，ケアマネジャーは必要に応じて今後関わりを持つ機関に情報提供を行う．

③ 高齢者福祉とケアマネジメント

(1) 高齢期と生活ニーズ——介護と生活——

　高齢期は職業生活を引退し，長い余暇の時間をもてる時期である．その反面，経済的にも年金に頼る生活になったり，健康面でも疾病に罹患しやすく，身体面の不調も増えてくる．対人関係も縮小してくるなど，さまざまな生活上の不安を抱える時期でもある．そのため，私たちは高齢期の生活ニーズを考えるとき，健康面，介護面，経済面など，生活の基盤に関わる部分に注目しがちである．介護保険制度が創設され，高齢者の介護問題は社会の大きな注目を集めることとなったが，介護問題は高齢者がよく生きるための大きな，しかし一部分にすぎない．高齢者が役割をもって，自分らしい生活を継続していくために，介護保険ではカバーできない部分にも，生きがいやQOLの向上に関わるさまざまな生活ニーズが隠れているのである．

(2) 要介護高齢者のケアとケアマネジメント

　要介護状態になることは，高齢者自身とその家族にとって重大な問題である．病気や怪我によって自力で日常生活が送れなくなることは，家族に大きな「介護負担」をもたらす．しかし，入浴，食事，排泄，移動等の物理的な介護負担ばかりが問題なのではない．要介護状態となった高齢者自身が受ける心理的なストレス（介護を受けることによる気兼ねや自己効力感の喪失），さらに家族介護者の感じている精神的な介護負担（ストレス）など，目にみえないものが生活に与える影響も的確にアセスメントし，ケアプランを作成しなければならない．

(3) 認知症高齢者のケアとマネジメント

　認知症高齢者のケアマネジメントは，単に諸サービスの組み合わせを考えるだけでは不十分である．認知症の症状には中核症状（記憶・記銘力障害等）と

周辺症状（徘徊・せん妄・昼夜逆転・介護への抵抗等）がある．介護者を悩ませるのは，こうした周辺症状であるが，その現れ方は利用者一人ひとりで異なる．それは，利用者の人となりが一人ひとり異なるからであり，認知症高齢者のケアマネジメントにおいては，いかに利用者その人を理解するかが重要な鍵になる．そのためには，単に要介護状況だけでなく，利用者の生活歴や生活の様子についての情報を得て，そこから利用者の行動の意味や解釈や情緒的安定が図れるようなあり方を検討することが大切になる．

(4) 介護予防とケアマネジメント

　介護予防は高齢者の領域での最重要課題の一つである．要介護状態になることの予防は，介護保険の対象を減らし，介護報酬の支出抑制を図るという財政面の役割を担うだけでなく，高齢者その人の生活機能の低下を防ぎ，後期高齢者になっても健康で生き生きとした人生を送ることを目指すものである．こうした介護予防の課題は地域で孤立し，要介護状態に至るリスクを抱える高齢者を発見し，老年症候群の進行を防止していくことである．これはたとえば介護予防・生活支え合い事業の各種メニューの適用を検討するというだけでなく，高齢者が地域社会の中で生活し続けることを支えるネットワークづくりという課題でもある．たとえば基幹型／地域型在宅介護支援センター，さらに今後創設を検討されている地域包括支援センターの機能として，大きな期待がもたれる．

(5) 権利擁護とケアマネジメント

　ケアマネジメントの重要な機能は，アドボカシー（権利擁護）とエンパワメントだといわれる[4]．高齢者のケアプランは，介護サービスが主体であるように考えられるが，認知症などで自らの生活や財産を管理することが困難な利用者の場合には，地域福祉権利擁護事業や成年後見制度との連携が必要になる．さらに，経済的搾取や虐待・介護放棄など利用者の権利が侵害されている場合，

弁護士や行政，場合によっては警察関係者などとの連携が必要になる．

④ ケアマネジメントの課題

(1) ケアの理念——自立と参加——

　ケアプランには，ニーズに応じてさまざまな社会資源が位置付けられているはずである．しかし，現在の状況をみていると，ケアプランは介護保険給付の枠内で組み立てられがちである．また，利用者の日常生活の基礎（ADLや健康管理，安全）に関わるニーズが重視され，生活の豊かさや広がりに関するニーズまでをカバーするケアプランを立てることができるケアマネジャーは多いとはいえない．しかし，かつて高齢者介護自立支援システム研究会は高齢者介護の理念を「重度の障害を有する高齢者であっても，たとえば，車椅子で外出し，好きな買い物ができ，友人に会い，地域社会の一員として様々な活動に参加するなど，自分の生活を楽しむことができるような，自立した生活[5]」と述べ，利用者の社会的な生活を支援することの重要性を指摘した．これはWHOの国際生活機能分類（ICF）における参加（participation），すなわち「社会的な出来事に関与したり，役割を果たすこと[6]」と共通する考え方である．こうしたQOLの高い生活を支援するケアプランを立案できる力量を備えたケアマネジャーの教育・研修が必要である．

(2) ケアマネジャー支援の重要性

　ケアマネジャーは特定の専門領域についてのみくわしい専門職というよりも，利用者の生活全般にわたる広範な知識と調整能力が求められる専門職である．また，介護保険のサービス給付を左右する役割を担うだけに，現職のケアマネジャーが感じているストレスは大きい．こうしたケアマネジャー支援のために，現任研修，ケアマネジメントリーダー，介護支援専門員協議会等の相談活動が行われているが，今後もケアマネジャーの実践力を向上させるための教育・研修，スーパービジョンが必要である．それと同時に，ケアマネジャーの所属機

関の管理者がケアマネジメント業務について十分に理解するように，さらに制度的な周知徹底を図る必要がある．

(3) 実践の集積と援助技術の向上

現在，各都道府県，市町村では介護支援専門員の連絡組織が組織され，学術面では日本ケアマネジメント学会が創設されている．そうした場で，介護支援専門員の実践については研究発表や研究が行われることで，よりよい実践のあり方が模索されていく．今後は，「認知症」「神経難病」等の疾患別，あるいは「独居」「高齢者夫婦」「2，3世代同居」等の世帯構成別，さらに「低所得」「介護拒否」「虐待」「多問題家族」等の問題別の援助技術の向上のための実践の集積と研究が求められる．

(4) 相談援助職としての力量の向上

現在の介護支援専門員の資格制度は，5年間の実務経験を条件としている．この実務経験が高齢者に援助を行う専門職としての基礎的力量を担保するものと考えられているが，実際には相談援助職としての十分な力量を備えていない合格者も多い．ケアマネジャーは連絡調整を主業務とする職種と思われがちだが，その中核にあるのは利用者と一緒に利用者の問題を整理し，解決を進めていく相談援助職としての性格である．ケアマネジャーの相談援助職としての力量向上を図る取り組みが求められている．

注・引用・参考文献

1）白澤政和『ケースマネージメントの理論と実際』中央法規，1992年，p.11
2）竹内孝仁『ケアマネジメント』医歯薬出版，1996年，p.11
3）高橋清久・大島巌編『ケアガイドラインに基づく精神障害者のケアマネジメントの進め方』精神障害者社会復帰促進センター，1999年，pp.37-40
4）白澤政和・グリーンW・律子「北米におけるケースマネジャー育成方法に関する研究」『研究紀要』第2号，日本実践理論学会，1994年，p.48

5）高齢者介護・自立支援システム研究会『新たな高齢者介護の展開を目指して』厚生労働省，1996 年
6）大川弥生「目標志向的介護とリハビリテーション─高齢者リハ研究報告書に立って考える①─」『おはよう 21』第 15 巻第 9 号，中央法規，2004 年，p. 72

〈参考文献〉
① 竹内孝仁『ケアマネジメント』医歯薬出版，1996 年
② 『介護支援専門員実務研修テキスト』長寿社会開発センター，2003 年
③ 『2015 年の高齢者介護』高齢者介護研究会，2003 年
④ バーバラ・J・ホルト著（白澤政和監訳）『相談援助職のためのケース・マネジメント入門』中央法規，2005 年
⑤ 福田あけみ編著『介護保険下の在宅介護支援センター』中央法規，2004 年

学びを深めるために

① 白澤政和『ケースマネージメントの理論と実際』中央法規，1992 年
　　ケアマネジメントを体系的に紹介した，日本で最初のケアマネジメントの理論書．ここでは，ケアマネジメントが単なる援助技術ではなく，理論と政策をつなぐものとして捉えられている点に注目して欲しい．
② 大川弥生『介護保険サービスとリハビリテーション』中央法規，2004 年
　　ICF の視点に立った自立支援の考え方を学ぶための基本図書と考えてよい．第 5 章の目標指向的ケアマネジメントでは，ICF の視点を取り入れたケアマネジメントのあり方を学ぶことができる．

☞ 自分が高齢期になって要介護状態になったとき，日常生活でどのようなことが困るか，リストアップしてみましょう．

☞ 自分が要介護状態になっても，どんな暮らしを送りたいか，想像してみましょう．

☞ 自分が送りたい暮らしの実現を何が邪魔しているか．それを解決するためにどういった支援が必要か考えてみましょう．

学びのオリエンテーション

マイケアプラン運動

　介護保険法では，在宅の要介護者のケアマネジメントを居宅介護支援と位置づけ，これを居宅介護サービス費として，費用の10割，つまり全額が給付される．居宅介護支援事業者はケアマネジャーを配置して，ケアプランの作成の他に，サービス提供事業者との連絡調整，施設の紹介その他の便宜の調整をおこなう．保険給付は，作成されたケアプランどおりにサービス提供されることが前提とされている．ケアマネジャーの行う一連の作業を要介護者自身が行うこともできる．むしろ，自分のケアプランであるから，自分で作成したいというのは当然のことであろう．

　1999年，国際高齢者年を迎えて，「国際高齢者年きょうと連絡会」が組織され，マイケアプラン研究会が京都でスタートした．この会の代表である小國国夫はスタート時について，「介護保険の精神は『自立と自己決定』なのだから，『ケアプランは自己作成』が基本ではないかというものであった」と述べている．ケアマネジャーは要介護者にケアプランの説明をし，文書による同意をえなければならないが，多くの場合，要介護者は情報や知識が不足しがちであったり，ケアマネジャーという専門職による処方に任せるということで，表面的な同意に流れてしまいやすい．また，要介護者やその家族は，要介護状況下にあって，どのような生活をしたいかをよく考え，介護サービス利用に関する一連の行為についてみずから取り組むための第一歩を踏み出すには，それなりのエネルギーが必要であろう．そこで，素人が不慣れなことに手を出すよりも，ケアマネジャーに一任してしまう方が都合がよいということになりやすい．

　このような状況に，「介護保険ができたのだから保険料と利用料を払っ

て，介護はすべて外部化（介護の社会化）するということで，ほんとうに自立支援に結びつくのだろうか」という疑問の声があがってきているが，これにどう応えていけばよいのだろうか．介護とは，要介護者の自己実現を支援することであり，介護の本質は生活のなかで家族や隣人たちとの間での学び合いや助け合いの介護関係にあるとするならば，ケアプランの自己作成（マイケアプラン）への支援やマイケアプランの尊重・普及は介護保険の核となる課題でもある．このようなことが，マイケアプラン研究会創立5周年記念の会場で話し合われた．

　ケアマネジャーには，マイケアプラン作成の支援にも積極的に取り組んでもらいたいものである．

高谷よね子

参考文献
マイケアプラン研究会『京都発　マイケアプランのつどい　報告書』2005年

第6章
高齢者の自己実現と権利擁護

安心できる権利擁護

　K市に住むAさん（78歳）は，夫とふたりでアパートにて生活をしていた．息子がひとりいるのだが，家を出ており，ここ何年かはほとんど家には寄り付かない状態であった．明るくさっぱりとした性格であり，近所の住民との付き合いも多く，地域の行事などには夫婦揃って頻繁に参加していた．

　しかし，2年前に夫を病気でなくしてからは，以前のような明るさがなくなってしまったようにみえ，近所との付き合いも少なくなり，家で過ごすことが多くなった．それでも，晴れた日には洗濯物が干されており，近所のスーパーなどで買い物をしている姿もしばしばみられた．また，Aさん宅を訪れていた隣に住むBさんに，長い間，家を離れていた息子が，夫の死後，折々に訪ねてくるようになった，ということを話していたこともあり，ひとりでもしっかりと生活していると近所の住民は思っていた．

　ところが半年ほど前から，Aさんの様子に変化がみられるようになった．買い物に出る姿もあまりみなくなり，BさんがAさん宅を訪れると，応対に出たAさんは以前より痩せたとの印象を受けた．さらによくみると服は破れており，話が支離滅裂になることもあった．心配になったBさんは，近くの病院にAさんを連れて行った．その結果Aさんは軽度の痴呆であると判断された．それと同時にAさんの身体にはいくつかの傷があることが分かった．Bさんは早速，民生委員のCさんに相談に行き，Cさんは福祉事務所にAさんの状態を報告した．

　福祉事務所DワーカーはAさん宅を何度か訪れ，なかなか話そうとしないAさんから時間をかけて生活状況について話を聴いた．それによるとAさんの体の傷は息子の暴力によるものであることが分かった．息子は現在無職であり，生活費がなくなるとAさんの所にきては，脅したり，暴力をふるったりした．その結果，預貯金はすっかりなくなり，最近ではAさんの唯一の収入である年金も引き出されている．そのためAさんは

食べることも満足にはできないようになっていたのである．

　Ｄワーカーはａさんの今後の生活についてもいろいろと話をしたが，Ａさんからは「このまま死んでいきたい」，「構わないで下さい」といった言葉が続くだけであった．しかし，Ｂさん，Ｃさんの協力を得つつ，在宅での生活を続けることを条件とした上で，介護保険による福祉サービスの利用について，しぶしぶではあるが同意した．

　Ａさんは，週２回のホームヘルプサービスを受けるようになった．最初は仕方なしに受けていたという感じであったが，担当のホームヘルパーＥさんが明るく元気な人であったこともあり，Ａさん自身も幾分明るさを取り戻したようだった．息子については，Ｄワーカーが居住する市の福祉事務所に連絡を取り，就労支援などをすすめてもらうことになった．

　しかしながらＡさんの日常生活におけるお金の取り扱いに不安なところがあると感じたＤワーカーは，地域福祉権利擁護事業を利用することをＡさんに提案した．以前とは異なり，Ａさんはあっさりとｄワーカーの提案を受けた．

　Ａさんは地域福祉権利擁護事業では，日常的金銭管理サービスと，印鑑・通帳の保管サービス，郵便管理のサービスを利用することにし，生活に必要なお金の引き出し，家賃の支払いなどの援助を受けた．この制度を利用することでＡさんは「気持ちがずいぶん楽になった」と話していた．

　その後，Ａさんには認知症状の進行もみられず，自宅アパートで元気に安定した生活を続けている．さらには，消極的であった福祉サービスの利用について，新たな利用も検討するようになってきた．気にかけて，しばしば訪れるＢさんを，以前のように明るく迎え入れるようになった．そんなある日，ＡさんはＢさんに「夫が死んで，一人で生きていくのが不安だったけど，いろんな方に助けてもらって……．本当に感謝しているわ．」と話した．

滕　憲之

① 高齢者の自己実現とエンパワメント　サービスの質と自己実現《利用者の権利・生活の質を含む》

1 自己実現を支援する制度

「措置制度」から，利用者が事業者と対等な関係に基づいて，サービスを選択し，契約を結んでサービス提供を受ける「利用制度」に移行したが，サービスの自己選択・自己決定は，サービス利用者本人に選択・決定の能力が十分になければ，達成されない．たとえば認知症などのためサービス選択を行うことがむずかしい場合，適切な支援がなければ，本人の意思が無視されることになりかねない．尊重されているとはいえない．

そこで，福祉サービス利用者が不利益を被らず，制度の運営が適切に行われるよう，社会福祉基礎構造改革の中で示された，利用者を護るための主な制度には，

① 痴呆性高齢者など自己決定能力が困難な状態になった人に，福祉サービス利用，日常生活の援助するための事業（地域福祉権利擁護事業）
② 福祉サービスを利用する人からの苦情や意見を汲み上げ，サービスの改善を図る仕組みの整備
③ 契約についての説明，書面交付の義務づけ
④ 福祉サービス利用者が，質の高いサービスが受けられ，かつ自分に合ったサービスを適正に選択できるよう，福祉施設等の第三者評価事業の導入

がある．これらの制度は，実際に福祉サービスを利用する高齢者の権利等を護り，自己実現に資する．

2 自己実現のための援助

高齢者の自己実現を可能にする実践には，いくつかの方向性が考えられる．

サービス提供者が，利用者の要望を積極的に施設運営に取り入れ，より快適な生活環境を整備する，個人の尊厳を支える援助，個別性を尊重したサービス等の提供を行うなどである．具体的には，利用者の抑制・拘束を禁止する，利用者が意見，要望を話しやすい環境を用意する，苦情箱を設置する，本人の潜在能力を十分に活用できるような援助を行う，要望等にはスピーディに，真摯に対応する等である．

近年注目されている自己実現にむけての援助の一つにエンパワメントがある．エンパワメントとは，簡単にいうと，その人自身がもっていた力の喪失を回復させ，問題解決能力などを高めていく援助である．たとえば，高齢者は，病気や障害などにより，社会から差別，偏見，権利侵害などを受けたり，施設・病院などへの入所など，必ずしも自分の意向に添わない状況に身をおくことになりかねない．このような状況に置かれた時，人によっては，本来ならば自己の能力をもってすれば可能なはずの自己実現や主体的な生活，自分に関わる問題の解決をあきらめて，何もしなくなってしまうことがある（無力状態）．この状態になると，援助を拒んだり，生きることへのあきらめも出てくる．エンパワメントは，その人自身がもっている能力を高めることで，できる限り主体的に生活を営み，また自分自身の力で問題を解決していけるように援助してゆくことである．

援助者は利用者に関わっていく中で，顕在する問題ばかりでなく，潜在している問題をも掘り起こし，解決していくことが大切である．

福祉サービス利用の権利意識は高まりつつあるが，福祉サービスの利用者が，自分の思いや要望を積極的に伝えることができるわけではない．といった光景はまだまだ珍しい．「お世話になっている」という意識をもっている人，自分の意見を表明することをあきらめている人，表現する能力を喪失している人などは，自分の思いをもってはいても，それを伝えることはほとんどないのである．しかも，このような人たちこそ，日常生活においてさまざまな不利益を受けやすく，権利擁護，自己実現への援助が必要なことが多い．

② 高齢者の家庭内虐待

　近年，平均寿命の伸長，急速な人口の高齢化ならびに核家族化に伴う介護力の低下を背景として，要介護高齢者に対する虐待や放任が福祉・保健・医療の課題として認識されるようになった．医療の充実により寿命は延びたものの，かなりの介護を日常生活で必要とする高齢者が増加し，その介護を担う女性（配偶者や嫁）の介護負担の増大，介護疲れと関連付けて，この問題が明らかにされるようになった．また，平成12年の介護保険制度施行以降は，介護ニーズが普遍的なニーズとして認められ，在宅福祉サービスの充実，介護支援専門員を初めとする介護サービス従事者の増加により，家庭内の高齢者虐待事例がますます表面化し，今や在宅サービスに従事している者にとっては珍しいものではなくなっている．

【事例1】
　70歳代の女性．夫は死亡し，息子夫婦が同じ敷地内に別棟で暮らす．3年前より寝たきりとなり，主には息子の妻が世話をしているが週1回のヘルパー派遣（清拭）を利用している．
　ヘルパーより，身体に不自然なアザがある，息子の妻による虐待が疑われると保健士に相談がある．背景として，息子夫婦の仲が以前から良くないこと，不況で自営業をたたみ借金もあること，息子の収入が少ない上に飲酒して帰宅することが多いこと，病気がちの孫が家にいることなどがあり，本人の年金も家族の生活費に充てられている様子との情報．
　保健士の訪問に息子の妻は，「本人を一人にできないので仕事に出られないことがつらい」という．保健士はデイサービスの利用を勧めるが，本人は芯の強い性格で家族の状態をよく理解している様子で，「長生きしても迷惑をかけるだけだ」と，利用を希望しない．その後，訪問は監視されているようだと息子の妻が被害的に受け止めたとの報告があり，保健士の訪問は中断となった．

【事例2】

60歳代の男性．少し年の離れた妻との2人世帯，兄弟や近隣との交流は薄い．

医療機関から在宅介護支援センターに紹介．脳血管性痴呆，糖尿病．妻への乱暴，両便失禁あり，入浴できておらず不潔な状態だが，妻はギャンブルが日課で介護の意思は乏しい．適切なサービスに結び付けてほしいとの依頼．

支援センターの訪問から，本人が妻に暴力を振るうと妻は処方された安定剤を多量に服用させ，座位保持ができないほどの脱力と失禁の状態にしておとなしくさせるという対応がとられていることが分かる．本人の居室は糞尿の跡で足の踏み場もなく，台所の土間にビニールのごみ袋を腰に巻いた状態で2～3日放置され，臀部に褥創ができかかっている．

ただちに妻を説得してショートステイで保護．全身状態は速やかに改善するも，自宅に戻ると元の状態に戻ることを繰り返す．関係スタッフの頻回訪問による安否確認と妻への助言を行うが事態は改善しないまま，特別養護老人ホームに入所となる．

このような状況を受けたわが国での調査研究の代表的なものとしては，1987年に医師の金子善彦がわが国初の調査研究として『老人虐待』を出版したこと[1]，また1994年に連合が傘下の組合員に行った実態調査で，介護者のうち要介護者への憎しみを感じたことがある者が約35％，虐待をしたことがある者が約17％と報告したこと[2]，さらに，1997年に（財）長寿社会開発センターが痴呆性高齢者を取り巻く関係者向けに発行した小冊子『ひとりで抱え込まないで―痴呆性高齢者虐待の実態―』[3]などがある．それらの中では，虐待につながりやすい背景として，認知症や重介護などによる介護の大変さと，性格や経済的問題や被虐待者との過去の人間関係など介護する側のさまざまな問題点が指摘されている．

1 「虐待」と 'abuse/maltreatment/mistreatment'

　高齢者虐待の実態を明らかにするためには，どの範囲を虐待とするかという「定義」について関係者の中で合意されることが必要となる．これについて米英の研究成果をもとにわが国でも検討されたが，その説明に入る前に日本語と英語の言葉のニュアンスの違いについて若干触れておきたい．

　広辞苑によると虐待とは「むごく取扱うこと．残酷な待遇」とされている．「虐」の字は虎が人を摑む様から「むごい」の意味，あるいは虎に逆らったため爪で人が傷つけられる意味から転じて「虐げる」の意味とされている．

　一方，米英の文献で虐待を表す用語には，abuse/maltreatment/mistreatment の3種類があり，'abuse' は「人や物事を不当にあるいは間違って使用したり取扱ったりすること，あるいは誰かに無礼なもしくは苦痛を与えるような言葉を使うこと」，'maltreatment' は「残酷にあるいは手荒く取扱うこと」，'mistreatment' は「人や動物を悪く，残酷にあるいは不当に取扱うこと」とされている．児童虐待研究者の西澤は，「私はこれまでの臨床経験から，例えばアメリカ人が『あなたのしていることは 'abuse' です』といわれた時に受けるニュアンスや，その時に示す反応と，日本人が『あなたは子供を虐待している』といわれた場合のそれとの間には，かなりのギャップがあるという印象を持っている」[4]と述べている．われわれは高齢者を「虐待」したとは実感しにくいかもしれないが，'abuse' したとなると素直に頷ける場合があるだろう．

　わが国の高齢者虐待の定義に関する研究においては，適切な訳語が充てられない中で 'abuse' のニュアンスで「虐待」という言葉が使用されている．「日本語で『虐待』というと『身体的精神的暴力とかいじめ』を連想するが，欧米の概念は概して広く，『放任・放置（neglect）』や『搾取（exploitation）』などを含み，日本語としては『権利侵害』という用語にむしろ近い」[5]と柄澤も述べている．わが国での高齢者虐待についての関係者の認識は，身体的虐待のむごさに限定される意味ではなく，それよりも広義の 'abuse' の意味となっていること

に注意を払う必要がある．

2 高齢者虐待の定義と分類

児童虐待については児童福祉関係法に規定されているものの，高齢者虐待についてのわが国では法律上の規定はまだされていない．

わが国より20年近く前からさまざまな取り組みが行われているアメリカにおいては，「高齢アメリカ人法（Old Americans Act）」にその定義がされている[6]．それによると，「虐待（abuse）とは，意図的な傷害の行使，不条理な拘束，脅迫，または残酷な罰を与えることによって，身体的な傷・苦痛または精神的な苦痛をもたらす行為」，「放任（neglect）とは，身体的な傷・苦痛または精神障害を防ぐに必要な物やサービスを得ることを怠る（自己放任），またはケア提供者がそのようなものやサービスを提供することを怠ること」，さらに「搾取とは，ケア提供者が，高齢者の資源を，不法にまたは不適切にケア提供者自身の金銭的利益や個人的利益のために使うこと」と，主たる3つの形態（虐待・放任・搾取）に分類して定義している．この形態による分類はさらに具体化され，「身体的虐待」・「性的虐待」・「情緒的・心理的虐待」・「放任」・「金銭的物質的搾取」の5つに分けられることが一般的となっているが，いずれについても研究者や法規によってその名称や内容が微妙に異なる部分がある．

また，その生じる場所や虐待者との関係性に着目して，同居の家族や親族などによる「家庭内虐待」，主に入所施設等で職業的なケア提供者によって行われる「施設内虐待」，高齢者自身が自らの健康を損ねるような「自己放任」の3つに分類される．

上記の定義ならびに分類に関する我が国の研究においては，概ねアメリカでの研究内容に沿うものとなっているが，「自己放任」については研究者によっては分類からはずされることがあり，福祉サービス等の現場においても「家庭内虐待」「施設内虐待」程には関心が高くない現状である．

ここでは，2003年わが国初の全国的な調査研究の際に使用された「操作上

表6-1 高齢者虐待の種類

区 分	内容と具体例
身体的虐待	暴力的行為などで，身体に傷やアザ，痛みを与える行為や，外部との接触を意図的，継続的に遮断する行為． 【具体的な例】 ・平手打ちをする，つねる，殴る，蹴る，無理矢理食事を口に入れる，やけど・打撲させる ・ベッドに縛り付けたり，意図的に薬を過剰に服用させたりして，身体拘束，抑制をする　／等
心理的虐待	脅しや侮辱などの言語や威圧的な態度，無視，嫌がらせ等によって精神的，情緒的に苦痛を与えること． 【具体的な例】 ・排泄の失敗等を嘲笑したり，それを人前で話すなどにより高齢者に恥をかかせる ・怒鳴る，ののしる，悪口を言う ・侮辱をこめて，子供のように扱う ・高齢者が話しかけているのを意図的に無視する　／等
性的虐待	本人との間で合意が形成されていない，あらゆる形態の性的行為またはその強要． 【具体的な例】 ・排泄の失敗等に対して懲罰的に下半身を裸にして放置する ・キス，性器への接触，セックスを強要する　／等
経済的虐待	本人の合意なしに財産や金銭を使用し，本人の希望する金銭の使用を理由なく制限すること． 【具体的な例】 ・日常生活に必要な金銭を渡さない／使わせない ・本人の自宅等を本人に無断で売却する ・年金や預貯金を本人の意思・利益に反して使用する　／等
介護・世話の放棄・放任	意図的であるか，結果的であるかを問わず，介護や生活の世話を行っている家族が，その提供を放棄または放任し，高齢者の生活環境や，高齢者自身の身体・精神的状態を悪化させていること． 【具体的な例】 ・入浴しておらず異臭がする，髪が伸び放題だったり，皮膚が汚れている ・水分や食事を十分に与えられていないことで，空腹状態が長時間にわたって続いたり，脱水症状や栄養失調の状態にある ・室内にごみを放置するなど，劣悪な住環境の中で生活させる ・高齢者本人が必要とする介護・医療サービスを，相応の理由なく制限したり使わせない　／等

出典：「家庭内における高齢者虐待に関する調査報告書」，(財) 医療経済研究・社会保険福祉協会医療経済研究機構，平成16年3月．家庭内虐待に関する我が国初の全国的な調査を実施する際して，どの範囲を調査対象とするかという趣旨で「操作上の定義」としてまとめられたもの．

の定義」を別表で紹介するので確認を頂きたい．虐待の種類別の傾向としては，我が国では「放任」あるいは「心理的虐待」の割合が高いというのが一般的認識であろう．

3 家庭内虐待の特性と発生頻度

家庭内虐待がどの程度発生しているのか，その頻度等について，わが国での系統的な研究はまだなされていない．全州で成人保護サービス機関への通報制度があるアメリカでは発生頻度やその増減等についての研究があり，発生頻度は65歳以上人口のおおむね5％との報告がある．

また同時に，高齢者虐待特有のみえにくさ・関わりにくさがあり，それが実態把握を困難にするともいわれており，筆者自身の経験でも，家庭内での虐待問題の発生から福祉サービスとの関わりが生まれるまでに年単位の期間を有していることが多い．外部の機関との関わりがないままに入院や死亡という形で決着が訪れることも多いと推測できる．

このように虐待が社会から隠される傾向があることの背景として，イギリスのビッグス（Simon Biggs）らは次の点を指摘している．

- 発覚は不愉快あるいは驚きをもたらす．
- 発覚が現在の介護状況を中断させるかもしれない．
- 明白な解決策が見つからない．
- 発見に取組むことは困難で，勇気がくじかれる．
- 文化の違いだと釈明されるかもしれない．
- 高齢者に携わる仕事は社会的地位が低い．

また，アメリカのコズバーグ（J. I. Kosberg）は，通報制度の下では児童虐待が3例中1例は通報されるのに対し，高齢者では6例中1例しか通報されないとして，その背景を次のように説明している．

- 外部の者による干渉を，家庭は黙認しない．虐待する側もされる側ももみ消しを行って，外部からの介入の試みを拒否する．

- 虐待は、プライベートな住居内で起こるので外部からはみえない。健康診断や学校の場で発見されることが多い児童の場合とは違って、高齢者では外部から発見しにくい。
- 高齢者は身内からの虐待を通報することを嫌がる。問題は家族の中のことという考えや、事態に対する当惑や恥ずかしさ、通報に対する報復への恐怖等がある。
- 専門職も、問題の発見や問題発生の可能性に気づくことに失敗しやすい。外傷等についても高齢者自身の障害との関連で説明されると、疑問なしに受け入れやすい。
- 強制的な通報制度があっても、被告からの法的対処への恐怖、虐待かどうかの不確かさなどが、専門職の通報を思いとどまらせる。また、専門職すべてが通報義務を自覚しているわけではない。

上記のような要因や背景は、わが国の現状においても十分当てはまることであるが、わが国で欧米ほどにこの問題が社会的に大きく取り上げられない理由について、高崎らは次の点を挙げている。[11]

- 伝統的な家族制度が嫁姑の確執等の葛藤を生みながらも、子ども、とくに長男には老親を大切にしようという基本的な思いが根底にある。
- 高齢者虐待という考え方や認識がまだ低い。実際にそういう事態にあっても、それを虐待と認めることに抵抗がある。
- 家庭内の事情を表に出すことに対して、いわゆる世間体や体面にこだわる風潮が強く、虐待が潜在化する。
- 高齢者自身にも権利意識が弱く、諦めの気持ちが強い。
- 実際に虐待の事実があっても、その問題について相談保護、支援するための受け皿がない。

わが国では傷害や殺人あるいは保護責任者遺棄等の刑法に触れる場合に警察が介入することはできるが、老人福祉法には「措置」の対象として虐待事例が想定されているものの、それ以上の具体的な規定がない。また加えて、医療保

健福祉関係者自身のこの問題についての関心や理解不足，また対処への困惑も実態把握を遅らせていると考えられる．

4 家庭内虐待の背景や要因

　家庭内虐待の原因を一様に語ることはできない．虐待の被害者となる高齢者の多くが認知症であったり要介護度状態であるとはいわれているが，認知症や身体的障害のためかなりの負担を介護者に与えている高齢者であっても虐待されていない場合の方が多い．また，主な虐待者の種類（被虐待者との続柄）も，配偶者・息子・息子の嫁・娘で，被虐待者との人間関係の期間や内容がそれぞれ異なっている．配偶者による虐待の場合は，高齢になる以前の夫婦関係や配偶者虐待と深い関連性があるともいわれている．さらに，介護の放棄や怠慢等の「放任」と「性的虐待」との違いに代表されるように，虐待の種類によってもそれぞれに働く要因は異なる部分があるであろう．先に述べたような世帯の介護力の低下や不況等の社会経済的要因とも関連性がある．急速な高齢化と要介護高齢者が増加の一方で，「親の面倒を子供がみるのは当然」という意識が急速に変化していることとの関連性も考えなければならない．

　このように，高齢者虐待は単一の因果関係で説明できるような現象ではなく，複数の要因が関係している複雑な現象であることに注意を払った上で，これまで指摘されてきた背景要因を紹介したい．

　多々良は，高齢者虐待の原因あるいは背景要因を次の5つに分類している[12]．

　① 高齢者の身体的精神的障害

　身体的精神的障害のためにさまざまな日常生活動作や自らの生活を管理することが困難になり，その結果介護者に対して依存的になって弱い立場におかれる．

　② 介護者にかかるストレスの影響

　障害を負った高齢者の長期間介護は，介護者の生活に多大な影響をもたらしストレスとなる．なかでも，介護がどれくらい長期間となっているか，高齢者

自身の障害や要介護の程度，介護者が自分自身の時間を持てないことや社会的孤立，他に協力してくれる身内の訪問，他の家族員からの介護内容についての批判や不平，介護者自身の健康状態，介護者と要介護者の間の精神的距離，老化や介護方法等についての知識や情報の不足，医療スタッフからの適切な援助の欠如，一時的休息サービス等の地域資源の不足，要介護者の痴呆の程度等，さまざまな要因が介護者にかかるストレスの内容や程度に影響している．

③ 暴力的な問題解決の傾向をもった家族

児童虐待は世代間で伝達されていく傾向があるということから，ある家族の暴力的傾向は次の世代に伝わるという考え方である．家族メンバー間の対立の解決方法として日常的に暴力がある場合，介護に伴う問題状況や緊張関係でも虐待的行動様式が起こりやすい．高齢者夫婦間の虐待の場合，以前からの配偶者虐待との関連性も検討する必要がある．

④ 虐待者の個人的問題

虐待的行動をとる人はなんらかの個人的問題を抱えていることが多い．病的な性格や精神的障害，知的障害，アルコールや薬物への依存，失業や経済的困窮などの結果，虐待者が正常な判断力の低下をきたしたり，被虐待者に精神的経済的社会的に依存することになり，虐待行為につながりやすい．虐待者が成人した子どもの場合，自分の無力感を補償する行為として虐待を理解できる場合がある．

⑤ 高齢者差別など社会の影響

高齢者に対する年齢による差別的破壊的な態度である．高齢者は一様に耄碌して堅苦しく時代遅れであるとして，若い世代は高齢者を微妙に自分と同じ人間とは看做さなくなる．高齢者差別そのものが虐待の原因ではないとの意見もあるが，経済的搾取や施設内虐待などではその影響が無視できないとの指摘もある．

5 最新のわが国の調査研究から

　2003年，家庭内で家族等が虐待者になっているものについて，発生の実態や原因，地域の関係機関等による援助や介入の状況等を把握することを目的として，わが国で初の本格的な高齢者虐待についての調査が実施された．全国約1万7,000カ所の在宅介護サービス事業所と全市町村を対象に，虐待の現状や関係機関の関与，各市町村の取組み状況等を調査する内容で，今後の対策立案に大きく寄与する結果となった．この調査は，虐待者と要因との関係・虐待の種類と要因との関係・虐待の種類と深刻度の関係などにまで踏み込んだ内容となっており，詳しくはぜひ調査報告書をご覧いただきたいが[13]，注目すべきいくつかの点を紹介したい．

① 主な虐待者の高齢者本人との続柄は，「息子」が約1/3で最も多く，「息子の配偶者（嫁）」を割合で10％以上上回っていること．

② 虐待の内容では，ケアマネジャーからは「心理的虐待」が約60％強，次いで「介護・世話の放棄・放任」，「身体的虐待」の順（いずれも50％以上）であるが，「市町村保健センター」等の行政機関が把握した事例では「経済的虐待」の割合が3割と他機関より多い．

③ 虐待の深刻度については，「生命に関わる危険な状態」が約10％，「心身の健康に悪影響がある状態」が約50％と，憂慮すべき結果となっている．

④ 虐待発生の要因については，「虐待をしている人の性格や人格」・「高齢者本人と虐待をしている人のこれまでの人間関係」・「高齢者本人の性格や人格」などの人間関係上の問題の割合がいずれも約40～50％と最も高く，痴呆や介護疲れ，経済的問題などの割合のそれぞれ約30％前後を大きく上回っている．

⑤ 対応の困難さについては，「きわめて」「多少の」を合わせると約90％で困難さが感じられており，「虐待者が介入を拒む」が約40％，どう関わ

ればいいか分からない場合は「技術的に」・「立場上」でいずれも約30％の援助者が感じている．

⑥　老人福祉法に基づく「やむを得ない措置」での特別養護老人ホーム入所の内，約1/3が高齢者虐待を理由とした措置である．

⑦　在宅福祉サービスの利用等も含めた措置全体について，それを行っている市町村は少ない．しかし，高齢者虐待に対応する専門チームを置いている市町村が少ないながらも約70となっている．

虐待者の第一は息子という結果は従来の常識をかなり覆すもので，アメリカでの傾向に近づいている感がある．近年の不況やリストラ等の社会経済状況，離婚や未婚の増加による家族構成の変化などの影響が考えられる．

また，虐待者と高齢者自身の性格やそれまでの人間関係が大きく影響しているという結果は，単に介護負担の軽減ではこの問題が解決できないことを示している．虐待者が介入を拒否する場合はもちろんであるが，その自覚がある程度認められる場合はどのように関わっていけばいいのか，初期評価とアプローチについてかなり高度の専門的な援助技術を必要とする課題であろう．このことは，対応への技術的な困難さについての結果として現れている．

さらに対応への立場上の困難さは，家庭内への立ち入り調査や高齢者の保護等についてどの機関がどのような法律的な権限に基づいて行うかについて，まったくといっていいほど明確でないことが大きな背景としてある．

6　家庭内虐待への対応策

以上述べたように，わが国での高齢者虐待への対応は実態の調査と事例検討の段階にあり，その対策を充実させるために「高齢者虐待防止法」の制定が叫ばれている．[14] 高齢者虐待の定義，虐待が疑われる場合の援助関係職の通報義務，通報を受理する機関とその業務内容等について法規定を整備することによって，的確な援助活動とその実施される体制を早急に構築する必要があると考える．またその他，次のような課題にも同時に取組む必要がある．

まず，虐待が疑われる場合の対応策の研究である．介入を拒否される場合だけではなく，虐待の状況について高齢者自身と虐待者についてその自覚があるケースもかなりあることから，高齢者虐待が疑われる状況でのアプローチや面接の方法また「アセスメント」の枠組みについて，先進的に取組みが進められているアメリカ等の事例を参考に研究を進める必要があろう．

次に，対応の技術的な困難さを解決・軽減するための援助専門職の研修である．今後何らかの機関が虐待の通報受理機関となる場合であっても，まず第一発見者は在宅サービスの従事者や民生委員等がほとんどであろう．その従事者等を対象として，虐待として認識することの困難さと重要性を中心として，高齢者虐待や放任の定義と形態，その原因や背景に関する諸要因，発見や観察のポイント，初期評価と介入，法律上の問題，予防のための取り組みなどについて研修を幅広く強力に行う必要がある．これなくしては，通報制度等が設けられその受理機関が定められたとしても，実態の把握とその解決に向けての取組みは進まないのではないかと考える．

③ 高齢者の施設内虐待

1 施設内虐待

高齢者虐待は身体的な暴力だけではなく，介護・世話の放置や放任，心理的虐待，性的虐待，経済的虐待などに分類され，また「通常とは異なる取り扱い（abuse）」「間違った取り扱い（mistreatment）」「不適切な取り扱い（maltreatment）」といったものを含む幅広い概念である．[15] このような視点に立つ時，高齢者虐待は家庭内で身内の者によって行われるだけではなく，施設（また家庭内でも）で職業としてケアに従事している者によっても行われる場合があることに注目せざるを得ない．[16・17]

この問題についてわが国では知的障害者施設での虐待事例を元にした研究はあるが，[18] 高齢者施設を対象とした本格的な調査研究は行われていない．そのた

めここでは，イギリスの"Understanding Elder Abuse: A training manual for helping professionals"[19]（以下「マニュアル」という）を元に，その要因や特徴をみていきたい．

2 施設ケアにおける虐待の危険要因

マニュアルでは，次のように指摘している．
- 施設の高齢者は脆弱で，虐待されていてもそれを訴えようとしない．
- 高齢者は，不満をいえばさらに虐待されることを恐れている．
- 老人ホームのような場では，老化に伴う変化がより目立ちやすい．
- 高齢者は自分たちの法的権利に気づいていない．
- 高齢者は身体面や認知面の機能低下の影響を受けている．
- 高齢者は地域社会から孤立している．
- 施設には効果的な苦情処理手続がない．

町から離れた所に位置しかつ利用者の要望や不満をきちんと取り上げるシステムが確立していない施設に入所している，身体的にも脆弱でまた最近の出来事に関する記憶に障害があり，家族や知人も余り訪れることがない利用者は，わが国でも特別養護老人ホーム等に入所している高齢者の一般的な姿といっても過言ではないだろう．そのような方が職員から間違ったケアをされ心身が傷つき不満をもったとしても，それを表面化させることはきわめてむずかしい．虐待の危険要因は私たちにとって身近なものといえよう．

3 施設ケアにおける虐待の特徴

- 過度の拘束
- 薬物の過少あるいは過剰な使用
- 言葉による攻撃
- 経済的搾取
- 刺激のなさ過ぎる状態（under-stimulation）

必要以上に身体拘束を行うこと，精神安定剤を過剰に使用して鎮静させることは，わが国でも広義の「身体拘束」とされその廃止に取組まれているが，施設によっては職員の都合で消極的な取り組みに終始している場合もある．たとえば，オムツ交換が定時で一斉に行われている施設に入所している認知症（痴呆）と尿失禁のある利用者で，手をオムツの中に入れてずらすため手が尿便で不潔になる場合に，職員が手薄になる夜間帯に「つなぎ服」を着せて物理的に手がオムツの中に入らないようにする．これは身体拘束に該当するが，職員の説明に家族も渋々同意せざるを得ず，「家族の方の同意を得てつなぎ服を夜間のみ着せています」ということになる．

言葉による攻撃についてマニュアルでは凄惨な例を挙げているが，そのような場合だけでなく些細な日常的な不適切な言葉の積み重ねが，高齢者の心理的な外傷となり生きる意欲を喪失させている場合も多いのではないだろうか．攻撃といえるかどうかは定かではないが，高齢者の訴えを無視あるいは軽視することが積み重なるとその高齢者はどうなるだろうか．

さらに「刺激のなさ過ぎる状態」を虐待の特徴と捉える視点は，まだ我が国では一般的ではない．施設は生活の場とうたわれているが，食事・入浴・排泄の3大介護を業務的に流れ作業で行い，面会等に訪れる人も少なく職員が利用者に個別に寄り添い話を聞くことが日常的ではない施設で，果たして高齢者の「生活」があるのだろうかと考える．生活の有り様やその要素，必要な刺激の内容や程度はその利用者一人ひとりによって異なる．その個別性に対応していない場合は，「不適切なケア」といえるのではないだろうか．

4 職員による虐待の分類

マニュアルでは，カイザー・ジョーンズによる分類として次の4つを紹介している．

- 幼児化（Infantalisation）——高齢者を責任を負えない信頼できない子供のように扱うこと．

- 非人格化（Depersonalisation）——高齢者の個別のニーズを無視して，流れ作業的にサービスを提供すること．
- 非人間化（Dehumanisation）——高齢者を無視するだけでなく，自分自身の人生に対する責任を引き受けるためのプライバシーや能力を奪い取ること．
- 虐待（Victimisation）——高齢者の身体的また道徳的な健全さに対して，言葉による虐待，脅迫，威嚇，盗み，恐喝，体罰などを通じて攻撃すること．

入所者のことを「園生」といったり「ちゃん付け」で呼ぶことはさすがに少なくなっているが，日常的な些細な訴えを無視あるいは軽視したり，時には「……しないと……させない」と半ば脅迫的なメッセージを言語的・非言語的に伝えたり，4人部屋のポータブルトイレやカーテンだけのトイレに代表されるように排泄の臭いや音を他の利用者にも伝わるような状況で行わせたり，ノックや入室の声かけもしないで職員が入居者の部屋に入ったり，私物の持込を必要以上に制限したり，時間内に何人以上入浴させなければならないと言う理由で効率優先・流れ作業的に入浴介助を行ったり，厨房職員の勤務時間への配慮から決まった時間内に食事を済ませることを日課にしたり，……．

このようにみてくると，わが国の施設ケアにもあてはまることが余りにも多い．高齢者は諦め，職員は慣れの中で正常な感性を失っているということだろうか．さらに，利用者の意志を十分に反映させず職員が勝手にケアプランを立てたり，高齢者やその家族に理解や納得ができないようなプラン内容であったりということは，我が国の施設でもまだみられることではないだろうか．

5　間違った取り扱いや虐待を助長する要因

イギリスでは1990年代初頭，入所施設ケアにおける虐待が大きなスキャンダル（National Scandals）となり，ワグナー委員会報告で[20]「虐待の定義が『生活の質の剥奪』を含むまでに拡大されるならば，高齢者ホームでの虐待は広く行

表6-2 虐待予防チェックリスト

レジデンシャルホームにおける虐待の予防・チェックリスト
- 身体的拘束や薬物による抑制が使用される場合は，それらを使用する理由が常に監視され，かつそれに代わる方法が模索されるべきである．
- ホームの物理的環境が，入居者の士気に与える影響を評価するべきである．
- 個々の入居者がどの程度孤立しているのか，絶えず監視されるべきである．
- ホームがどの程度入居者の参加を促進しているかが，評価されるべきである．
- 職員比率は，入居者への刺激が十二分に可能なレベルであるべきである．
- 虐待や放任の問題について，職員の訓練が実施されるべきである．
- レジデンシャルホームやナーシングホームは，虐待や放任に対処する方針を確認し，実施すべきである．
- ホームは，ホーム内での生活の質に関する利用者の意見を集めるための明確な仕組みを持つべきである．
- 集められた利用者の意見が適切な活動につながることを保障する明確な手続が存在すべきである．
- 権利擁護（advocacy）の仕組みと権利宣言がホーム内で実施されるべきである．
- インフォーマルな介護者との接触を保つ仕組みが工夫されるべきである．
- ホームや長期入所場面では，質のコントロールや保障の仕組みが，適切に運用されるべきである．

き渡っていると考えられる」として，間違ったケアを助長する要因として以下の点を指摘している．

- ホームの目的や課題に関して，機関内部での合意ができていない．
- 施設での生活管理が不適切で，間違えたとしても改善されない．
- 特に建物や職員に関して，質が悪く資源が不足している．
- ホームの組織的運営の指針についての混乱や知識の欠除．
- 職員の能力と訓練の欠除．
- 職員の士気の低さ．
- 職業上の社会的地位の低さ．
- 経営者が個々の問題を関連させずに取り扱い，起こった問題のパターンを見抜けない．

わが国においてもこれらの要因がどこまで当てはまっているかに関しては，

施設ごとにかなり異なっているであろう．施設の理念や運営方針・年度ごとの事業計画や部署ごとの重点課題等について一部の幹部職員が理解しているのみで現場職員はほとんど理解していない，あるいは介護事故や不適切な職員のケア実態が表面化することはあってもその後適切な対応がなされないというようなことはしばしばみられる実態である．これらの他，下記の要因についても無視できない．

- 保護的態度の広がりの程度

自分のことを自分で行う機会を入居者に提供しないホームは，虐待や放任が起きる環境を生みやすい．

- 職員と入居者の割合

人員不足のところで働くワーカーはより多くの仕事上のストレスを感じ，入居者の取り扱いを間違うことになる．

- 離職率

離職率が高いホームほど，入居者の虐待につながるような悩みを職員が抱えている．

以上のような検討を経てマニュアルでは，表のような「レジデンシャルホームにおける虐待の予防・チェックリスト」をまとめ上げている．その内容はいずれも施設組織運営上のマネジメントに属する項目であり，マネジメントが不適切な施設においては虐待が発生しやすいということである．

それでは，施設における適切なケアとはどういうものだろうか．1999年以降のわが国における施設現場のユニットケアの取り組みは，施設内虐待の対極にあるものとして理解できるのではないだろうか．

④ 高齢者の権利擁護システム

1 成年後見制度

成人すると，基本的には自分の行動を「自己決定」し，行動に対する責任も

自分で負うことになる．しかし，高齢になり認知症状が出てきた時，自己決定をするために必要な判断能力が不十分な状態になる場合がある．そればかりか，判断能力が十分でないことを利用され，他者から財産の搾取や人権侵害を受けるなどのケースも起きてくる．中には生命に関わる大変深刻なケースもある．

そのような中，判断能力に欠ける人の自己決定を支援し，権利侵害を防ぐ制度の一つが成年後見制度である．「成年」とは「未成年」に対する言葉であり，「成人した大人」を指す．この制度はそれまで民法にあった禁治産・準禁治産制度を改正する形で，介護保険制度のスタートと同じく2000年4月より施行された民法上の制度である．

従来の禁治産・準禁治産制度は，判断能力が不十分な人に対する後見，保佐の仕組みを規定したものではあったが，さまざまな不備が指摘されており，また手続き上の問題（時間がかかる，費用が高額など）などもあり，非常に使いづらい制度であった．そこで，新たに成立した成年後見制度はこのような点を改正し，多くの人に使いやすい制度とした．主要な変更点としては，

① 当事者の判断能力が欠ける前に，予め後見人を選定しておく制度である「任意後見制度」の創設により，法定後見，任意後見の2種類の後見制度が確立された．
② 少し判断能力が欠ける程度，比較的軽度の認知症の人などに適用される「補助」類型が法定後見の中に新たに設定された．
③ 禁治産・準禁治産という用語が差別的であるということで，それぞれ後見・保佐に変更された．加えて，これまでは禁治産・準禁治産者は，戸籍にその事実が記載されていたが，後見登記の方法に改められた．

等が挙げられる．

これらをもう少し詳しくみていくと，新しい成年後見制度は法定後見と任意後見の2種類の後見制度で成立している．まず，法定後見は判断能力が低下し，後見が必要になった時に，本人，親族，検察官，それに身寄りのない人の場合は市町村長などが家庭裁判所に申し立てを行い，家庭裁判所の判断（後見人選

表6-3　補助・保佐・後見の制度の概要

		補助開始の審判	保佐開始の審判	後見開始の審判
要件	〈対象者〉（判断能力）	精神上の障害（痴呆・知的障害・精神障害等）により事理を弁識する能力が不十分な者	精神上の障害により事理を弁識する能力が著しく不十分な者	精神上の障害により事理を弁識する能力を欠く常況に在る者
開始の手続	申立権者	本人，配偶者，四親等内の親族，検察官等 任意後見受任者，任意後見人，任意後見監督人 （注）福祉関係の行政機関については，整備法で規定		
	本人の同意	必　要	不　要	不　要
機関の名称	本　人	被補助人	被保佐人	成年被後見人
	保護者	補助人	保佐人	成年後見人
	監督人	補助監督人	保佐監督人	成年後見監督人
同意権・取消権	付与の対象	申立ての範囲内で家庭裁判所が定める「特定の法律行為」	民法12条1項各号所定の行為	日常生活に関する行為以外の行為
	付与の手続	補助開始の審判 ＋同意権付与の審判 ＋本人の同意	保佐開始の審判	後見開始の審判
	取消権者	本人・補助人	本人・保佐人	本人・成年後見人
代理権	付与の対象	申立ての範囲内で家庭裁判所が定める「特定の法律行為」	同　左	財産に関するすべての法律行為
	付与の手続	補助開始の審判 ＋代理権付与の審判 ＋本人の同意	保佐開始の審判 ＋代理権付与の審判 ＋本人の同意	後見開始の審判
	本人の同意	必　要	必　要	不　要
責務	身上配慮義務	本人の心身の状態及び生活の状況に配慮する義務	同　左	同　左

出典：法務省のホームページ『成年後見制度の概要』

任など）を経て，後見支援を開始する制度である．この後見支援は対象となる人の判断能力の状態によって成年後見，保佐，補助のいずれかが実施される（無論，申し立てをしても必要がない，不適切と判断された場合は実施されない）．たとえば，日常生活に大きく差し障るケース（判断能力が常に欠けている状態）では成年後見類型，ある程度日常生活を営むことができるケース（判断能力がいちじるしく低下している状態）では保佐類型，日常生活上の一部に自己決定できないケースや自己決定に不安があるケース（判断能力に不十分な部分がある状態）では補助類型という具合に，それぞれの能力に合った後見支援が行われる．

　この後見支援の中心となるのが，成年後見，保佐，補助の各類型に応じて選任される成年後見人，保佐人，補助人である．これらに選任された者（個人とは限らず，複数，法人での後見も可）は，それぞれが認められている役割の中で（表6-3参照），財産の管理，身上監護などをはじめ，被後見人等を保護していく役割を担う．特に，今回の法改正では成年後見人等は「本人（被後見人等）の意思の尊重」，「本人の心身，生活の状況への配慮」が求められており，これらのことに十分に配慮しつつ後見支援をしていかなければならない．

　さらに，今回の改正では後見人等の行為を家庭裁判所が監督するとともに，成年後見監督人，保佐監督人，補助監督人が必要に応じて選任することができるようになった．これは従来の制度における監督制度が十分に機能しておらず，後見人等が本人よりも自分の利益のために活動することが多くみられたことに対する対応であるといえる．つまり，新しい制度の下においては後見人等の行為が被後見人等のためになっているかがしっかりと監督されるのである．

　これに対して，新しい後見制度のもうひとつの柱ともいえる任意後見制度は，判断能力のある人が，判断能力が低下した時に備えて，あらかじめ後見人と契約しておくことができる制度である．この任意後見の契約を結んでおけば，実際に判断能力の低下が起きた時に契約を交わした任意後見人が，前もって示しておいた当事者の意思に基づいた支援を行う．つまり，判断能力が低下したと

しても，その後の生活においても，ある程度は自分の意思が反映されるのである．

　この任意後見契約は公正証書をもって行わなければならず，契約の内容は任意後見制度を利用する本人と後見人受任者との間で決められるが，当然のごとく本人の意思に適ったものでなければならない（たとえ本人の意思であっても法に抵触する場合などは認められない）．また，任意後見人には配偶者，親族の他，弁護士，司法書士，社会福祉士などの第三者に依頼することもできる．これは，身寄りがない高齢者などにとっては有効な制度であるといえる．

　任意後見開始は家庭裁判所による任意後見監督人の選任とともに始まる．任意後見の場合，任意後見監督人が必ず選任され，任意後見人の事務の監督，定期的な家庭裁判所への報告を行う．また，任意後見人に不正や不適切な行為がみられたときなどは，後見人の解任を家庭裁判所に請求することもできる．

　新たな後見制度には，増加していくであろう判断能力が十分でない認知症の高齢者など，安心して生活をしていくための重要な役割が負わされている．

　この制度は認知症高齢者だけでなく，精神障害者，知的障害者等もその対象としている．

　成年後見制度に対する一般の認識は高いものではなく，制度を利用している人は増えてはいるものの，まだまだ少ない．これについては制度に対する認識不足（制度自体を知らないということもある），経済的負担が軽くなったとはいえ，ある程度の費用がかかるなどの点が，制度の普及を抑えている要因を検討し，「柔軟で弾力的な利用しやすい制度の構築」を目指した制度改正にも取りくんでゆくべきであろう．たとえば，介護保険が適用されるようになれば，身近な制度と定着してゆくと考えられる．今後，成年後見制度が広く活用され，多くの人の自己実現がなされていくことが期待される．

2　地域福祉権利擁護事業

　地域福祉権利擁護事業は痴呆性高齢者，知的障害者，精神障害者など判断能

力が不十分な人の権利を擁護することを目的に1999年に始まった．

　地域福祉権利擁護事業での主要な援助内容は，

　①　福祉サービスの利用援助

　福祉サービスの利用にあたって，その情報提供，制度利用のアドバイスを行うとともに手続きに関する支援を行う．

- サービスの利用，中止などに関する手続き
- サービス利用料支払いの手続き　など

　②　日常的金銭管理サービス

　日常生活の中で，金銭管理が独力で行えない場合，年金の受け取り，預貯金の出し入れ，その他必要な金銭に関する管理を支援する．ただし，高額な金銭や，不動産処分などは行わない．

- 医療費・税金などの支払い手続き
- 年金・福祉手当の受領に必要な手続き
- 日用品などの代金を支払う手続き
- 上記の行為にともなう預金の払戻，解約，預金の預け入れの手続き　など

　③　書類などの預かりサービス

　実印，通帳などの管理ができない，あるいは不安な場合，社会福祉協議会などで預かり，保管する．ただし②同様，高額な金銭の保管は行わない．

- 年金証書，通帳，契約書類，印鑑等の保管
- 実施主体が重要と認めた書類の保管　など

　この地域福祉援助事業を利用するには，当該社会福祉協議会に事業利用の相談が入ったところから始まる．相談は本人のみならず，家族，ケースワーカー，ケアマネージャーなどから寄せられることも数多くある．相談を受けた当該社会福祉協議会は所属する専門員（利用者の相談，面接，支援計画の策定，利用者契約の終結に至る業務，などを担当する）を利用者宅などに派遣し，本人の契約意思の確認，より具体的な状況の調査，「契約締結判定ガイドライン」に添って契約が結べるかどうかの確認などを行う．そこで，契約が結べると判断

表6-4 地域福祉権利擁護制度（仮称）の実施方法の例（社会福祉協議会が実施する場合）

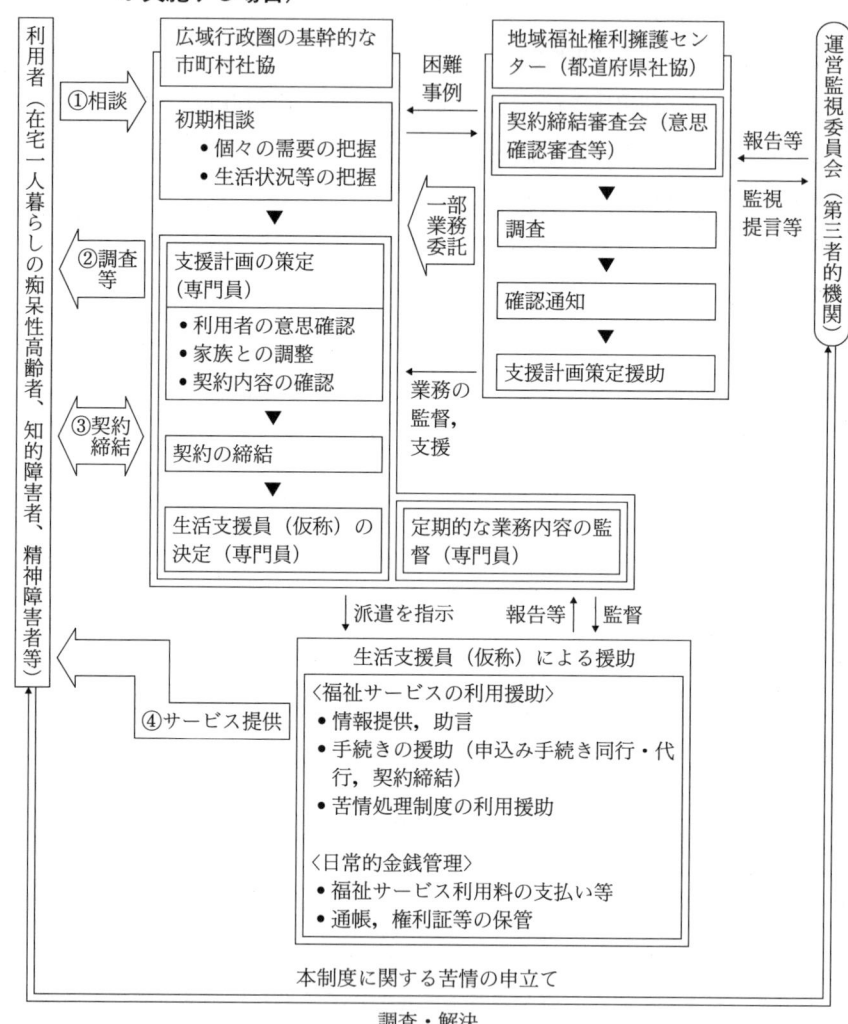

```
利用者（在宅一人暮らしの痴呆性高齢者、知的障害者、精神障害者等）

①相談 →
②調査等 ←
③契約締結 ←
④サービス提供 ←

[広域行政圏の基幹的な市町村社協]
 ・初期相談
   ・個々の需要の把握
   ・生活状況等の把握
 ・支援計画の策定（専門員）
   ・利用者の意思確認
   ・家族との調整
   ・契約内容の確認
 ・契約の締結
 ・生活支援員（仮称）の決定（専門員）

困難事例 ↔
一部業務委託 ←
業務の監督、支援 ←

[地域福祉権利擁護センター（都道府県社協）]
 ・契約締結審査会（意思確認審査等）
   ▼
 ・調査
   ▼
 ・確認通知
   ▼
 ・支援計画策定援助

 ・定期的な業務内容の監督（専門員）

報告等 →
監視提言等 ←

[運営監視委員会（第三者的機関）]

↓派遣を指示   報告等↑ ↓監督

生活支援員（仮称）による援助
 〈福祉サービスの利用援助〉
 ・情報提供、助言
 ・手続きの援助（申込み手続き同行・代行、契約締結）
 ・苦情処理制度の利用援助
 〈日常的金銭管理〉
 ・福祉サービス利用料の支払い等
 ・通帳、権利証等の保管

本制度に関する苦情の申立て
調査・解決
```

出典：全国社会福祉協議会『よくわかる地域福祉権利擁護事業～判断能力が不十分な人への援助～』2000年

した場合は，利用者の意思を尊重しながら支援内容を示した支援計画書を作成し，契約を締結することになる．都道府県社会福祉協議会は地域福祉権利擁護事業を中心となって実施するとともに，生活支援員をはじめ，事業に関わる者の資質の向上への取り組み，地域福祉権利擁護事業を一般にも広く知らしめていく役割も担っている．また，都道府県社会福祉協議会は，この事業の適正な運営確保，利用者等からの福祉サービスに対する苦情を解決するために，社会福祉に関する識見を有した福祉，医療，法律などの学識経験を有するもので構成される運営適正化委員会を設置している．

なお，地域福祉権利擁護事業の利用は有料である．

地域福祉権利擁護事業の利用契約に必要とされる判断能力が欠けている場合，まず成年後見制度を利用し，後見人等との間で利用契約を行うことで，地域福祉権利擁護利用することである．その結果，日常生活上の部分を地域福祉権利擁護事業の方に，財産管理や重要な法律行為を，成年後見制度を利用して行うこともできる．このように，両者を利用することで，より効果的な権利擁護が可能となることがある．

今後，新しく創設された2つの仕組みが独自性を発揮しながら，時には連携をし，他の諸制度，諸機関を利用しながら，判断能力が十分でない人の自立，権利擁護，自己決定の尊重がなされていくことが，新しい福祉の仕組みの中で求められている．

3 介護相談員派遣事業について

介護相談員派遣事業は平成12年に創設された事業である．この事業は市町村が主体となって行われ，一定の研修を受けた介護相談員が介護サービスを提供している場（介護保険施設など）に定期的，あるいは随時，訪問等を行い，実際にサービスを利用している人から，利用上の不満，不安，疑問などの相談にのり，問題の解消を目指すとともに，福祉サービスの質の向上に寄与する事業である．

表6-5　成年後見制度と地域福祉権利擁護制度（仮称）との関係

　　　　　　　　　　　判断能力の低下　　　　　　援助の範囲

法定後見
【補助・保佐・後見】

申立て → 家庭裁判所による法定後見人，法定後見監督人の選任 → 援助 → 法定後見人（補助人・保佐人・成年後見人）

・財産管理及び身上監護に関する契約等の法律行為（不動産，重要な動産の処分，預金の管理，借財，遺産分割，介護契約・施設入所契約等の各種サービス利用契約，訴訟行為等）

（補助類型に該当する程度以上の精神上の障害）

任意後見契約（本人が予め意思を表明）

契約（任意後見人との契約）----→ 申立て → 家庭裁判所による任意後見監督人の選任 → 援助 → 任意後見人

・財産管理及び身上監護に関する契約等の法律行為（不動産，重要な動産の処分，預金の管理，借財，遺産分割，介護契約・施設入所契約等の各種サービス利用契約，訴訟行為等）

地域福祉権利擁護制度

相談窓口　契約　援助　生活支援員等

契約審査会による審査　運営監視委員会による業務の監督

・福祉サービスの利用援助（契約）
・日常的金銭管理

出典：表6-4に同じ

　通常の介護相談員の活動は，事業所を訪問し，利用者が何でも話しやすい状況を作り，相談に応じていくことである．そして，その時に出た，不満や不安，疑問点に対しては，しっかりと受け止め，真摯に答えていき，介護相談員だけでは解決し得ない問題が出てきた場合は，利用者のプライバシーに配慮しながら，事業所と相談をして問題点について話し合い，利用者の不満，不安の解消を図っていかなければならない．さらに，実施主体である市町村に対しては，活動の報告や情報の共有化を行うとともに，必要であればサービスに関する提

言なども行っていくのである．つまり，介護相談員は利用者の潜在的なニーズを掘り起こし，代弁していく（アドボカシー）存在であり，利用者の「福祉サービスを利用した生活」に大きく寄与する存在である．

このような介護相談員の活動は，なにも介護サービス利用者だけにメリットがあるものではない．事業者（介護サービス提供者）にとっても大きなメリットがある．それは利用者の不満や不安を介護相談員によって明らかにしてもらうことで，事業者は利用者の潜在的なニーズを知ることができるからである，また，それを基にサービスに対する見直し，サービスの質の向上に繋ぐことも可能となる．さらに，利用者の思いが形になったということになれば，利用者と事業者との信頼関係はより深まることになるであろう．

以上のように介護相談員の果たす役割は利用者，事業者，どちらにとっても大きい．しかし，この事業は市町村が実施するかどうかを判断できる事業であり，その取組は都道府県で随分と差が出てきている．また，事業所側も様々な理由で積極的に介護相談員を受け入れていないところも多く，なかなか浸透していかないのが現状である．そこで平成15年，「介護保険施設等の運営基準の改正」においては，特に指定介護老人福祉施設に対して，介護相談員の受け入れに対して協力することを求めている．

4　第三者評価事業について

福祉分野における第三者評価事業は，当事者（福祉サービスを提供する事業者とサービス利用者）以外の公正で中立な機関が，専門的視点をもって，事業者が提供する福祉サービス（入所，通所を問わず福祉サービス全般）について客観的立場から評価する事業のことであり，厚生労働省が先に掲げた社会福祉基礎構造改革の一環として本格的に導入した事業である．この事業の目的は，第三者による評価を通して，事業者が事業運営における具体的な問題点を把握し，福祉サービスの質の向上に結びつけるとともに，評価結果を公表することで，介護保険下における利用者の福祉サービスの選択に資するための情報とな

表6-6　第三者評価事業の仕組みの全体像

```
国（厚生労働省）
（認定機関・第三者評価機関の要件を公表）
         │
         ▼
    評価調査者の養成研修に対する支援
         （当面の措置）

  認 定 機 関  ──→ 認定業務を行うことを情報提供    ─→ 社
     ▲  │          第三者評価機関名を情報提供       会
     │  │                                          福
  認定申請 認定  評価調査者                         祉
     │  │  養成研修                                ・
  第三者評価機関 ──→ 第三者評価機関として認       医
     代表者           定されたことを情報提供       療
     評価決定委員会    代表者氏名，評価決定，委員会  事
     評価調査者        委員名，評価調査者名，評価基  業
     事務局            準，料金など                 団
     ▲  │                                          ワ
  評価申込 評価    評価結果の情報提供              ム
     │  │                                          ネ
  福祉サービス事業者 ──→ 評価結果の詳細を情報提供  ッ
     ▲  │                                          ト
  利用申込 サービス提供  第三者評価に関する情報
     │  │              をインターネットで入手
     利 用 者
                     インターネットで情報公開
```

出典：厚生労働省のホームページより

ることである．よって，第三者評価事業は社会福祉施設の最低基準を満たしているかの調査でもなく，単純に社会福祉施設のランク付けを行うものでもない．

　介護保険制度，社会福祉基礎構造改革に示されたように，福祉サービスの多くは「措置」から「契約」へと移行していく中において，「サービスの質」の問題はサービスを提供する事業者にとっても，サービス利用者にとっても非常に重要な関心事となる．たとえば，事業者にとっては，自らが提供するサービスの質が良くなければ，利用者に選択されないものとなり，そうなると経営的な問題も生じてくる．一方，利用者にとっては，同じ利用料を負担するのであ

れば，より質の高いサービスを利用したいと考えるのは当然のことである．

　このような中にあって，専門的で客観的な評価が公表されることは意義があることといえる．事業者にしてみれば，自己のサービス内容の点検（問題点，評価された点など）ができ，職員間で問題意識の共有化も可能となるので，より質の高いサービス提供に向けての土台とすることができる．一方，サービス利用者は評価が公表されることで，どのサービスを利用するか，現時点で利用しているサービスは良いものであるのか，などの判断材料とすることができるのである．

⑤ 高齢者福祉における専門職と期待される役割

1 高齢者福祉を担うマンパワー

(1) 社会福祉士

　1987（昭和62）年に成立した「社会福祉士及び介護福祉士法」に基づくソーシャルワーク専門職の国家資格である．職務内容は法2条で「福祉に関する相談に応じ，助言，指導その他の援助を行うこと」と規定されている．ケアワーカーとは違って直接的な身体援助を行うのではなく，人間が社会において，社会制度やサービスを利用して主体的に生きることができるよう，調整や援助を行う．資格取得にはいくつかルートがあるが，いずれも社会福祉士国家試験に合格しなければならない．在宅介護支援センターや社会福祉協議会，特別養護老人ホーム等の施設，福祉事務所などでの活躍が期待されているが，社会的に広く認知されているとはいえない．

　介護保険制度は予防重視型システムへと転換がはかられ，地域包括支援センター（地域包括ケアシステム）は予防重視の考え方を一貫したシステムとして支える地域支援事業を遂行する．センターは介護予防事業の対象者や要支援と認定された人のサービス利用についてアセスメントからプラン作成，事業評価まで行うが，センターの中心的存在である社会福祉士には行政機関，保健所，

医療機関，児童相談所など必要なサービスにつなぐことも求められている．制度横断的支援の展開，来談者中心でないアウトリーチ型の活動，地域社会を諸資源の宝庫にできるような地域社会におけるソーシャルアクションにも積極的に取り組む必要があろう．

近年は，地域で社会福祉士事務所を開設する者も少しずつ出始めている．業務独占にむけて専門性向上が期待される．

(2) 精神保健福祉士

1998（平成10）年に施行された精神保健福祉法に基づく国家資格である．主な業務は精神障害者の保健・福祉に関する専門的知識と技術を用いておこなう，精神障害者の社会復帰に関する相談・助言・指導等の援助である．

障害保健福祉施策について，障害者の地域での自立した生活の支援を中心テーマとしてこれを可能とする地域づくりをおこなうという改革のグランドデザイン（案）が2004年10月に厚生労働省から提示された．障害者種別ごとに進められてきた障害者施策を一元化し，ノーマライゼーションの理念のもと，同じ地域に住む住民として支えあい，その人らしく自立した生活を継続して営むことのできる「地域福祉の実現」を，市町村を中心とするサービス提供体制の下に推進しようとするものである．7万2,000人の長期入院者の社会復帰をどう実現するか，精神保健福祉士が取り組まなければならない大きな課題であろう．

(3) 介護福祉士

社会福祉士及び介護福祉士法によるケアワーカーの国家資格（名称独占）である．介護福祉士の名称を用いて，専門的知識や技術により，身体上・精神上の障害があることにより日常生活を営むのに支障がある者に介護をおこない，介護サービス利用者や介護者を指導する．資格取得希望者全員に国家試験を課すことで，介護の専門性を図りたいという方向性が具体的にすすめられつつある．

(4) 介護支援専門員（ケアマネジャー）

　要介護者等からの相談に応じるとともに，要介護者等がその心身の状況等に応じ適切なサービスを利用できるよう市町村，居宅サービス事業を行なう者，介護保険施設等との連絡調整を行う．介護支援専門員実務研修受講試験合格後に実務研修を修了し，修了証明書の交付を受けることにより業務を行うことのできる，都道府県知事の認可資格である．

　地域包括支援センターでは，主任ケアマネジャー（仮称）は包括的・継続的マネジメントの支援を行い，日常的個別指導・相談，支援困難事例への指導・相談，地域でのケアマネジャーのネットワークの構築を担当する．資格の更新制（5年）が導入され，更新時には都道府県知事が実施する研修の受講が義務づけられる．

(5) 訪問介護員

　高齢者等の家庭等を訪問して身体介護・家事援助をはじめ，生活・身上・介護に関する相談・助言等をおこなう．居宅サービスの中心的存在として，質の高さが求められ，3から1級課程の養成研修を修了することになっている．厚生労働省の「在宅及び養護学校における日常的な医療の医学的・法律学的整理に関する研究会」は「筋萎縮性側索硬化症以外に対象を拡大して，一定条件が満たされると介護行為中にたんの吸引を実施することもありうる」とし，家族の負担軽減を急ぐため，現状の訪問看護で間に合わない「当面のやむを得ない措置」として容認する方向を打ち出している．

(6) 理学療法士（physical therapist-PT）・作業療法士法（occupational therapist-OT）

　医師の指示のもとにリハビリの一つとして前者は運動療法や物理療法，後者は作業療法をおこなう，理学療法士及び作業療法士法に基づく国家資格である．

⑺ 言語聴覚士（言語療法士）(speech therapist-ST)

1998（平成10）年から施行された「言語聴覚士法」による国家資格である．音声機能，言語機能，聴覚に障害がある者の機能の維持向上を図るため，言語訓練その他の訓練，これに必要な検査や助言，指導等の援助を行う．

さらに，高齢者福祉における専門職として，医師，看護士，民生委員などをあげることができる．

2 専門職の倫理綱領

ほとんどすべての専門職業は倫理上のジレンマと直面している実践者を援助するために倫理綱領（日本介護福祉士会倫理綱領・全国保育士会倫理綱領・老人福祉施設倫理綱領など）を制定している．ここでは社会福祉士の倫理綱領を取り上げる．

1995（平成7）年，社団法人日本社会福祉士会が採択した「社会福祉士」の倫理綱領は改定され，2005年の通常総会にてその採択が予定されている．その前文は以下のとおりである．

「われわれ社会福祉士は，すべての人が人間としての尊厳を有し，価値ある存在であり，平等であることを深く認識する．われわれは平和を擁護し，人権と社会正義の原理に則り，サービス利用者本意の質の高い福祉サービスの実現をめざす専門職であることを言明する．

われわれは社会の進展に伴う社会変動が，ともすれば環境破壊及び人間疎外をもたらすことに着目するとき，この専門職がこれからの福祉社会にとって不可欠の制度であることを自覚するとともに，専門職社会福祉士の職責についての一般社会及び市民の理解を深め，その啓発に努める．……」

ここでは，① 利用者に対する，② 実践現場における，③ 社会に対する，④ 専門職としての倫理責任がのべられており，これに基づき，「社会福祉士の行動規範」が策定される．

仲村優一氏は，ソーシャルワーカーが正しい倫理観にもとづいて行動しよう

という決意こそ，大切な価値ある一歩であるとして，①人は生まれながらにして皆等しく，貴い存在である，②人は皆違っているが，その違いは，個性や境遇であり，優劣ではない，③人々に正しい情報をもたらし，偏見や差別を排除する，④過去の過ちや成功から学ぶという決意の4本柱をあげる[21]．

2006年4月施行をめざす介護保険法の改正案は，予防を重視する根拠とされてきた「自立支援」の理念をさらに進めて，介護保険法第1条の目的に，「高齢者が尊厳を保持し……」との文言が追加される．ソーシャルワーカーの倫理が法の目的に規定されることにより，介護保険制度全般にわたり人間としての尊厳が尊重されることになる．

注・引用・参考文献

1) 金子善彦『老人虐待』星和書店，1987年
2) 厚生省編『厚生白書（平成8年版）』財団法人厚生問題研究会，1996年，p. 120
3) 大國美智子監修『ひとりで抱え込まないで——痴呆性高齢者虐待の実態——』財団法人長寿社会開発センター，1997年
4) 西沢哲『子供の虐待——子供と家族への治療的アプローチ——』誠信書房，1994年，p. 2
5) 柄澤昭秀「老人虐待をめぐって——米国の事情を中心に——」『保健婦雑誌，51(7)』，1995年，pp. 511 - 515
6) 多々良紀夫編著『老人虐待——アメリカは老人の虐待にどう取り組んでいるか——』筒井書房，1994年，p. 82
7) 医療経済研究・社会保険福祉協会『家庭内における高齢者虐待に関する調査報告書』医療経済研究機構，2004年，p. 4
8) 多々良紀夫，前掲書，p. 10
9) Simon Biggs and Chris Phillipson, *"Understanding Elder Abuse : A training manual for helping professionals"* Longman, 1992, pp. 26 - 27
10) Jordan I. Kosberg, 'Preventing Elder Abuse : Identification of High Risk Factors Prior Placement Decisions' *"The Gerontologist, 28(1)"*, 1988, pp. 43 - 50
11) 高崎絹子・佐々木明子・谷口好美「老人虐待の概念化と在宅ケアの課題——日

本の特徴と支援活動の方向――」『保健婦雑誌，51(7)』1995年，pp. 524 - 532
12) 多々良紀夫，前掲書，pp. 13 - 14
13) 7) に同じ．
14) 多々良紀夫「高齢者虐待防止法への期待」『福祉新聞』第2208号，2004年
15) 本書「高齢者の家庭内虐待」の項を参照．
16) 川越智子「施設内虐待の構造的要因」『月刊総合ケア，14(3)』2004年，pp. 31 - 34
17) 藤田良子「告発から変わる介護現場――現場職員の語りが密室に通気口を開ける」『月刊総合ケア，14(3)』2004年，pp. 35 - 38
18) 市川和彦『施設内虐待――なぜ援助者が虐待に走るのか――』誠信書房，2000年
19) Simon Biggs and Chris Phillipson, *Understanding Elder Abuse : A training manual for helping professionals* Longman, 1992, pp. 111 - 128
20) Roger Clough, 'Scandals in Residential Centres: a report for Wagner Committee', *Not Such Private Places*, Counsel and Care, 1991
21) 仲村優一『ソーシャルワーク倫理ハンドブック』中央法規，1999年，pp. 12 - 14

〈参考文献〉
① 松田美智子・中野篤子『ボケても安心？　成年後見〜自分らしく生きるために〜』醍醐書房，2001年
② 全国社会福祉協議会『よくわかる地域福祉権利擁護事業〜判断能力が不十分な人への福祉サービス利用援助』全国社会福祉協議会，2000年
③ 福祉士養成講座編集委員会編『社会福祉士養成講座　社会福祉援助技術各論Ⅰ』中央法規，2003年
④ 高齢者虐待防止研究会編『高齢者虐待に挑む』中央法規，2004年
⑤ 市川和彦著『施設内虐待――なぜ援助者が虐待に走るのか――』誠信書房，2000年

　　　　　　　　　　　　学びを深めるために
☞ 自分自身が寝たきりの高齢者であると仮定して，子どもから虐待を受けた場合の気持ちを想像してみましょう．
☞ 施設での不適切なケア（虐待）を予防するために，どんな取り組みが必要か考えてみましょう．

学びのオリエンテーション

リスクマネジメント

利用者の転倒・骨折，職員の不注意による事故，火災や天災，不測の事態等，施設運営やサービス提供にはさまざまなリスクが伴う．これらの予防や発生時の対応を検討することが，リスクマネジメントの入口である．

リスクは，サービス利用者へ不利益をもたらすリスク（介護事故等）とサービス提供側に不利益をもたらすリスク（経営上のリスク）に分類されるが，従来の措置制度の下ではリスクマネジメントが真剣に議論されることはなかった．介護事故については措置を行う市町村と施設が共同して保障の対応を行う体制となっていたこと，また経営面では法規に従った運営をしていれば措置費・委託費等の事業収入が保証されていたからである．

平成12年の介護保険施行によって事業者側の事故に対する責任性がより明確に問われ，また利用者から選ばれない事態は経営上のリスクに直結することになった．事業者は，事故に対する賠償保障への危機感から事故防止対策の徹底や保険内容等の精査を，また損害保険会社は保険加入と併せてリスクマネジメントへの働きかけを行った．事故が経営上のリスクにつながることを，予防・軽減・回避することが考えられたのである．

事業所においては，事故発生時に速やかに事故報告書を提出すること，「ヒヤリ・ハット」事例を報告すること，それらの分析と事故予防策の立案が盛んに行われている．事故を隠匿しないこと，むしろミスや「ヒヤリ・ハット」を積極的に報告する組織体質への転換も必要とされた．また，訴訟防止のために事故発生時の対応の再検討や損害賠償額や裁判事例の研究なども行われている．介護事故の賠償事例では，危険性が予測されていたか，また適切な予防策が講じられていたかが問題とされ，個別援助計画の内容・サービス提供の具体的記録内容が焦点となっている．

介護現場では一方，人権侵害の防止とサービスの質向上の観点から身体拘束の廃止が進められた．本人または他の利用者等の生命または身体が危険にさらされる可能性がいちじるしく高いこと（切迫性）・行動制限以外に取りうる方法がないこと（非代替性）・行動制限が一時的なものであること（一時性）の3条件を満たす場合のみ身体拘束・行動制限は認められ，

違反の場合は事業者指定取消し等のペナルティも課せられることとなっている．安易に身体拘束や行動制限を行ってはならないことは評価できるものの，身体や認知面のさまざまな障害を抱えた利用者，不十分な人員配置という現場では，事故防止との関係で深刻なジレンマを生じさせている．

　一般的にリスク処理手段には4段階があり，①〜④の順序で対応するべきとされている．①回避——危険の遮断，行動の中止，②除去——予防等による危険防止，危険の分散等，③転嫁——保険や共済の利用，下請け等，④保有——危険への準備や挑戦．つまり，リスクは回避し除去し転嫁した後に保有するべきで，手段を熟慮・駆使して保有することで利益につながる場合もある．さらに，リスクの頻度や衝撃度を分析してリスク処理手段を選択すべきともいわれる．つまり，頻度も高く衝撃度も高いリスクには「回避」，頻度は低いが衝撃度が高い火災等のリスクには「転嫁・保険」，頻度は高いが衝撃度は低いリスクには「除去・防災」，頻度も低く衝撃度も低いリスクには「保有」という訳である[1]．

　このようにみてくると，事業者のリスクマネジメントの取組みは「回避・除去・転嫁」の段階であることが分かる．また訴訟防止・賠償額軽減等の事後的な対応の性格が強い．しかし，障害を抱えた高齢者に対し行動制限を行わず利用者の力を引き出し，その方らしい生活を支援するという視点で考えると，リスクの「回避・軽減」だけでなく「保有」も考えなければならない．なぜならば，援助の目的は「安全・安心」と「その方らしい生活の支援」の両方にあるからである．

　サービス提供に関する記録や情報をすべて開示すること，利用者もリスクを納得した上で引き受けることなどリスクへの挑戦も求められている．信頼関係が深まれば，情報交換が密になることで事故の予防につながり，事故発生時の衝撃度も下がる．さらに，潜在的な生活ニーズや地域の新たな生活課題に事業者が取組んでいくことにもつながる．このようなリスクの「保有」について，実践を深めまた調査研究を行うことが求められている．

土居正志

引用・参考文献
1）亀井利明『危機管理とリスクマネジメント』全国老人福祉施設協議会リスクマネジメント研修会講義資料，2004年3月

第7章
高齢者ケアと地域社会

地域共生ケアの拠点としての小規模多機能ホーム「いつでん　どこでん」

　熊本県北部の中央，菊池川流域の一角に装飾古墳など歴史的遺産が多く残っており，また，古くからの温泉地でもある人口約6万人の山鹿市がある．近年は「灯籠まつり」や明治43年建築の芝居小屋「八千代座」等で多くの観光客を集めるが，歴史の薫るこのマチで平成16年2月21～22日，小規模多機能ホーム全国セミナーが開催された．

　その山鹿市の中心市街地から3キロメートルほど東方の住宅地の一角にNPO法人コレクティブが運営する小規模多機能ホーム「いつでん　どこでん」がある．"いつでん　どこでん"とは"いつでも　どこでも"という意味で，名称からも利用者中心の思いが伝わってくるように，ある特別養護老人ホームで働いていた川原秀夫氏（現在当NPO法人の理事長）が，身体拘束が普通に行われてきた施設ケアに疑問を感じたことにはじまる．

　川原氏は，介護保険制度がスタートする前の1999年4月，熊本市の北部（小糸山町771-5）に宅老所「きなっせ」（きなさいの意味）を立ち上げた．今では小規模多機能ホームの全国的なモデルの一つとして有名であるが，NPO法人に対する金融・財政的な支援制度がない中での立ち上げには自己犠牲的な御苦労があったと思われる．

　「きなっせ」のことは「寄り添うケアとは何か」（2003年2月，CLC発行）に詳しいが，「認知症になっても地域のなかで普通に暮らせる」ことを目指したものである．入居定員8名で，デイサービス，ホームヘルプ，居宅介護支援のほか，介護保険外のデイサービス，ホームヘルプ，福祉相談を実施している．大きな特徴としては地域に立脚することと入居者の「こころ」（尊厳・歴史・気持ち）に寄り添うことを大切にしていることにある．

　認知症（痴呆）になっても地域のなかで普通に暮らすことを実現するということは，単に認知症の人だけを集めて入居してもらうことではなく，地域の諸々の人とともに暮らすことである．子どもも障がい者もとの思いが実践されており，この思いの延長に共生型の小規模多機能ホーム「いつでん　どこでん」がある．

　　　　　　　　　　　　　　　　　　　　　　　　　　　森枝敏郎

図7-1 「いつでんどこでん」の平面図

【山鹿市】

| デイサービス 子どもからお年寄り，障害のある人まで，みなさんどうぞ！ | 地域サポートセンター 地域の介護の相談なんでもどうぞ！ | 住まい 認知症高齢者のお家，緊急避難時のお家があります。 |

食事のサービス
食堂・喫茶があります．地域の人いつでもどうぞ……．

交流スペース
地域のみなさんがふれあう場を提供します．

【赤ちゃんを抱いて】

住まい
障害者のお家．

ホームヘルプ
地域に出かけていきます．

ナイトケア
夜中でもケアします．

出典：熊本県発行の地域福祉情報誌

① 地域福祉の推進

1 社会福祉協議会と市町村

　1章で述べたように,「地域福祉の推進」が社会福祉法に規定され,同法109条により市町村社会福祉協議会(以下社協)は,「社会福祉を目的とする事業の企画及び実施」,「社会福祉に関する活動への住民参加のための援助」「社会福祉を目的とする事業に関する調査,普及,宣伝,連絡,調整及び助成」,「社会福祉を目的とする事業の健全な発達を図るため必要な事業」を行うことにより,地域福祉の推進を図る．地域に潜在する問題を掘り起こし,地域住民とともに,草の根レベルから共に生きる地域づくりに取り組むことになったのである．しかし,ニーズ調査では把握しきれないニーズや日常生活の場でつぎつぎに発生する新たな福祉課題への対応,地縁・血縁のネットワークが希薄化する中での地域社会のネットワーク化の推進などまだまだ不十分との指摘もある．社協という組織と住民との間のすきま風や,社協は「何をするところか」といった声は住民の理解と協力にもとづいた馴染みのある組織になりえていないことを示している．国・地方とも緊縮財政のなかで,社協における補助金は毎年削減され続けている厳しい財政状況において結果の出ない事業には補助金が減額されるなど,事業の発想・運営・展開とともに,社協の存在自体が問われている．

　介護保険の保険者は市町村である．これは,地方分権化のながれもあるが,制度の運用に際し,住民に身近な行政単位である市町村や特別区であれば,高齢化の実態,住民のニーズや諸サービスの把握などにもメリハリの利いた業務を遂行できる,さらに諸情報をもとに市町村地域福祉計画を策定することで,適切なサービス提供ができるとの考えが優先されたからである．一方,小さな自治体では,介護保険の運用がむつかしい,市町村が合併し,広域化を図ることにより,効率性の高い財政・運営管理ができるとの行政指導も行われてきた．

では適切な規模というものがあるのか，面積・人口・財政状況・高齢化率・地域特性などをどう評価し，合併に踏み切るのか，合併後には期待される地域福祉型福祉サービスをどう提供するのか，多くの課題をかかえながら広域化が進行している．一時の便宜的な方便として合併すると，現在の諸課題を先送りするだけにとどまらずより複雑な問題の原因をつくりかねない．いずれにしても，合併か否かを含めて介護保険の保険者のあり方が全国規模で揺れ動いているようでは，地域住民は今後の地域社会のあり方にますます不安を募らせることになるだろう．

2 施設サービスから地域社会へ

　介護の社会化は，高齢者を家族や地域社会から孤立させるおそれがある．ひとたび高齢者が施設入所すると，一部の家族は終生の施設生活が約束されたと思い込み，施設を現代版姥捨て山にしてしまうケースが少なくない．しかも，施設生活では利用者の価値観や生活習慣の継承はむずかしく，生活全般にわたって諸サービスが提供されているにもかかわらず，個々の利用者にとってみればそれはかなり限定されたサービスにすぎないのである．新型特養（ここにも課題があるが）をはじめ生活の質向上をめざした施設の改善努力を評価したとしても，それでもなお，自己実現に向けて多くの課題が残されているのではないだろうか．長年親しんだ社会観や生活観をはじめ，日常の生活環境にはことのほか思い入れがある．それらを尊重した生活を確保するには，居宅復帰をめざして，利用者の居宅を活用した逆ショートステイ（施設から短期間自宅に戻り，入所前の生活に近い生活，もしくは本人が実現したい生活ができるように支援する），家族のほかに，ヘルパー資格をもつ学生をはじめ地域住民による混成ケアワーカーが担当する介護サービスはいかがであろうか．これらは地域福祉サービスのほんの一例に過ぎないが，尊厳を支える介護サービスをどう確保するか，次世代に評価され，継承される手立てを地域社会において模索する必要があろう．

(1) 介護保険と連帯性

　介護保険制度は，共同連帯という名の下に税金に近いかたちで集めた保険料を介護費用にあてるシステムであり，少数の要介護者と多数の介護費用負担者のバランスが問題になってこよう。「地域福祉の推進」は誰もがそれぞれの役割を大切にしながら，社会参加のできる地域社会づくりを目指すものであり，自助を基礎に次いで地域社会における共助，なお必要とするならば公助を総合的に活用して自己実現を図る社会システムを身近な地域社会に構築することである。もはや生活の場所が施設か居宅かを問うのではなく，施設もまた地域社会に存在する資源である。施設に居住する利用者も地域住民として地域福祉を推進する方策や手段に携わっており，地域福祉社会の一員であることを忘れてはならない。

　介護保険サービスは，自立支援に向けて提供されるサービスであるにもかかわらず，利用すればするほど要介護度が高くなる悪循環現象が報告されている。これは介護保険制度にまつわる一つのモラルハザード現象である。簡便に利用できるお助けマン的な緊急介護システムを地域社会で設けることにより，連帯にもとづく身近な支援関係が地域社会に定着していくのではないだろうか。

(2) フォーマルサービスからインフォーマルサービスへ

　本来「人は地域で生活する存在である」という前提のもとに，地域福祉を推進していくべきであろう。限られた財源と社会資源を効率的に用いて介護予防や要介護者のケアをしていくためには，身近な地域社会でのインフォーマルな支援やソーシャルサポートを充実させることが肝心である。ソーシャルサポートがある高齢者ほど傷病の有無にかかわらず生活体力が高く，老いに対して肯定的な意見をもっており，家族介護力が低下すると要介護度が悪化するという研究結果が報告されている[1]。

　少子化がますます進み，減り続けると予測される子どもの健全な育成に高齢者が貢献し，そこに生きがいを見出すのも，日常化された世代間の交流の一場

面として，インフォーマルサービスとして評価されるであろう．また，このような交流が身近な地域社会において展開されることにより，地域福祉の輪が拡大し，活性化していくであろう．高齢者が学習する，仕事につくなど多様な生き方を選択し，積極的な発言と行動が地域社会で披露されるとき，少子高齢化社会は統計上の人口問題ではなくなり，個人の尊厳を支える地域社会実現に向けて歩み出すことになるであろう．

多様な主体の参入が促進される中で，NPO（ボランティア活動や市民活動をする非営利団体の総称）による保健医療または福祉の増進を図る活動，社会教育の推進を図る活動，まちづくりの推進を図る活動などにも期待が寄せられている．

② 地域共生ケアの拠点としての小規模多機能ホーム～住民と行政のパートナーシップ～

近年，利用者（当事者）中心主義：センタードクライアント等の視点から従来の高齢者ケア，中でも認知症ケアの問題点を克服もしくは限界を乗り越えようとする先駆的な動きが生じてきており，新たに介護保険の対象とすることが決定されたのが第3のケアといわれる小規模多機能ケアであり，そのサービス拠点が小規模多機能ホームである．

ここでは，まず地域共生ケアや小規模多機能ホームが生まれてきた背景としての高齢者ケアの問題点と限界等について，①高齢者ケアへの素朴な疑問，②施設ケアの限界，③在宅介護の限界，④グループホームの光と影というかたちで実態的に述べる．その上で，全国の先駆的・モデル的な事例に触れながら，更には小規模多機能ホームは従来の施設とは地域との関係が大きく異なっているということを考慮しながら，⑤第3のケアの創造といわれている小規模多機能ホームの望ましい姿等について述べ，最後に⑥これからの高齢者福祉を地域共生ケアへの展望というかたちで述べることとする．

1 高齢者ケアへの素朴な疑問～常識の非常識ということも～

　従来の高齢者ケアの問題点をここでは，介護保険がスタートした頃の状況について，「高齢者ケアへの素朴な疑問」というかたちでまとめた．
　① 措置，○○床，入所などの不思議な言葉が使われていたこと．
　利用者本位とか顧客重視がいわれる時代の中にあって，「とりはからうこと．処置」（国語辞典）を意味する「措置」，あるいは施設の入居定員を示す場合に「○○床」ということ，さらには入居でなく「入所」ということなど，いわゆる「措置時代」の名残りと思われる不思議な言葉（専門用語）が使われていたこと．
　② 特別養護老人ホームの多くがマチから離れたところにあること．
　特別養護老人ホームを見学に行くと，中心街はもとより住宅地からも離れた場所にあることが多い．地域から忌避されたとか地価の問題とは思うが，家族が日常的には訪問しないことも前提にしてあるのかもしれない．
　③ 何故，人権の世紀といわれる21世紀になって「身体拘束ゼロ作戦」の推進なのか？
　介護保険制度のスタートに並行して，「身体拘束ゼロ作戦」が全国的に展開されるようになったが，「人権の世紀」といわれる21世紀になって，また，先進国の中の一つである我が国において，何故，身体拘束ゼロ作戦ということを推進しなければならないのか不思議であった．
　④ ケアの専門家が何故，身体拘束をする側になっているのか？
　ある日「あれが身体を掻くから（身体拘束をする）……」というある施設長の話があったが，このように「人」を「物」扱いにする介護現場の話は大変な驚きではないだろうか．
　本来，高齢者介護を志して，介護福祉士などの介護職に従事しているプロの人たちが，また，高齢者福祉を職業としている施設長等の責任者がこのような状態を許してきたこと，あるいは身体拘束をする側になっている不思議がある．

⑤ 税金や保険料を財源とする公的ケアシステムにおいて何故このような人権侵害的ケアが許されてきたのか？

　税金や介護保険料などを財源とする公的ケアシステムの下において，何故ケアする側の都合によって身体拘束をするという人権侵害的ケアが許されてきたのか不思議である．「良いケア」を受けられることは納税者や保険料納付者でもある私たち国民の権利であるはずだが……．

　高齢者の虐待や施設での間違ったケアについてはここでは詳細には触れないが，今後の高齢者ケアを考える場合には，このように社会一般では非常識とされることが常識とされてきたということもあることを認識することが大切である．

2　施設ケアの限界～期待される『施設革命』～

　介護保険3施設の中で介護老人福祉施設（特別養護老人ホーム）は，全国に5,090施設あり，入居定員は34万5,562人，介護老人保健施設は，3,021施設，27万220人，介護療養型医療施設は3,981施設，14万874人（平成15年9月1日現在，厚生労働省老健局振興課）となっている．

　施設ケアは24時間，365日であり，専門職の集積度合いが高い等の長所を持っているが，その問題点や限界も多方面から指摘されており，今後『施設革命』と言えるほど大きな変革が期待されている．

　全国各地でユニットケアやサテライト型サービス等の先駆的な取組みが行われているが，要は利用者の視点を重視したケアの哲学・システムが確立して，具体的なケアが行われているかどうかである．

(1)　介護療養型医療施設

　介護療養型施設においては，通常の医療施設よりも介護スタッフの割合が高く，介護報酬単価も介護保険3施設の中で一番高くなっているが，都道府県の実地監査の結果では「良いケアが行われている」との報告は少ないと思われる．

全国の先進的な事例（岡山県のきのこエスポワール等）ではユニットケアを取り入れ，質の良いグループケアを実現しているが，病院モデルそのものの介護療養型施設の今後のあり方について，その存在意義と価値を含めた検討・見直しが必要と思われる．

医療依存度が高い人たちであっても人間としての尊厳を尊重される，その人らしく生きていけるようなケアが求められている．

(2) 介護老人保健施設

次に介護老人保健施設（以下「老健」という）について述べることとしたい．老健は在宅復帰の中間施設として制度創設されたが，介護保険制度のスタートに合わせ報酬の逓減制が廃止されたことに伴い入居期間が延びている．また，特に認知症専用棟のケアはどうなっているのだろうか？　ある老健ではユニットケアを導入しており入居者の表情も少しは人間らしくもみえたが……．

通常は，居宅介護支援のほかショートステイ，デイケア，訪問看護，ホームヘルプ等の居宅サービスを併せもつことが多いが，在宅復帰の支援機能あるいは在宅生活を支える機能は十分に発揮されているのだろうか？　サービス種別にケアする人が変わることが普通であるケアシステムが在宅で暮らす人を支えているのだろうか？　特に認知症高齢者の場合はどうだろうか？

(3) 介護老人福祉施設（特別養護老人ホーム）

では，介護老人福祉施設（特別養護老人ホーム，以下「特養」という）ではどうだろうか？　特養は「終の棲（ついのすみか）」といわれてきているが，多くは4人部屋であり個人のプライバシーのない病院モデルの空間が「終の棲」であるはずがない．

施設長等からは「入所者が淋しがるから相部屋が良い」と聞くことが多かったが「入居者」の皆さんが本心からそうなんだろうか？　故外山義京大教授の研究によれば施設側の意見と大きく異なっていた．

施設側の意見をある程度是認したとしても2007年問題といわれる団塊の世代が高齢化する2015年以降は入居者のニーズが大きく変化するハズだ．何故ならば，団塊の世代は，受験戦争，企業戦士，モーレツ社員等々といわれるような社会現象を時代時代で現出してきていることもあって，今はリストラの対象となる人もいるがその多くは自分なりのポリシーがあり自己主張が強いといわれているからである．

生活者の視点からみると，従来の特養の大半は，次のような欠点をもつ．

ⓐ 初期の頃は地域住民の忌避対象になっていたことや地価が安いこと等のためにマチから離れたところに立地することが多く，隔離型になりやすかった．

ⓑ 集団ケアが行われている場合は，排せつ介護，入浴介護など「定時」，「流れ作業」にならざるを得ず認知症（痴呆）や医療依存度が高い人などが排除される傾向にある．

ⓒ サービス種別に介護スタッフが異なるので認知症の人は，パニックになりがち（リロケーションダメージ）．特にショートステイで悪化するとの話が多かった．

現在のままでは大半の特養は少なくとも将来の高齢者本人からは選択されないだろう．厚生労働省が民間の先駆的な取組みをモデルとして平成14年度事業分から個室化・ユニットケアを推進することとしたのは当然のことであると思われる．

特養も居宅介護支援をはじめショートステイ，デイサービス，ホームヘルプ等の機能を併せ持つ多機能施設になっている．特養の経営の面からは多角経営としての多機能施設が優位であると思われるが，問題はサービスの質である．地域に住む人々が老いても認知症になってもその施設のサービスを受けることによってその人らしく生活していけるかどうかであるが，従来の集団ケアでは認知症高齢者には対応できないと思われる．

以上述べたことを背景に，全国の先駆者によってユニットケアや逆デイサー

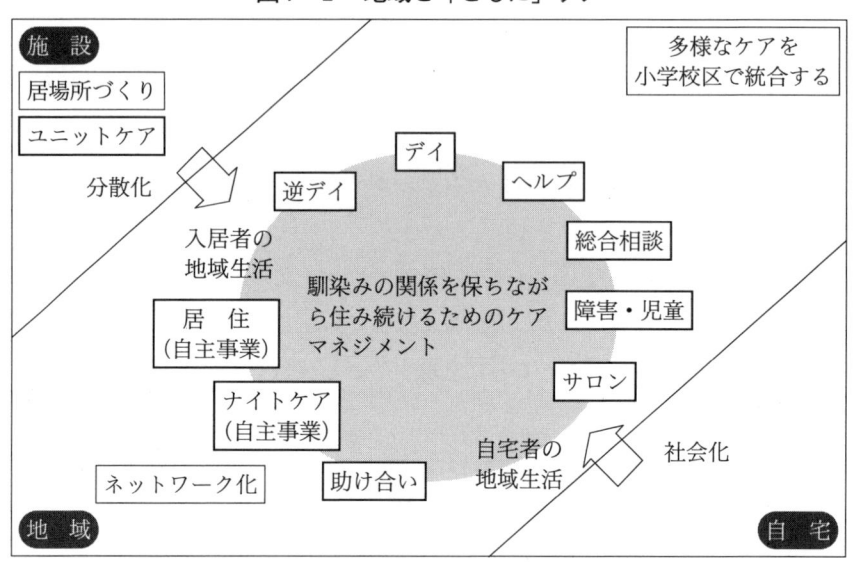

図7-2 地域と「ともに」ケア

施設／居場所づくり／ユニットケア／分散化／逆デイ／デイ／ヘルプ／多様なケアを小学校区で統合する／入居者の地域生活／総合相談／居住（自主事業）／馴染みの関係を保ちながら住み続けるためのケアマネジメント／障害・児童／ナイトケア（自主事業）／サロン／ネットワーク化／助け合い／自宅者の地域生活／社会化／地域／自宅

出典：熊本県地域福祉支援計画

ビス，サテライト化等の『施設革命』が始まっており，2002年度以降，国においても段階的に制度化されている．

今後はその設備が充実していることや専門スタッフが多くいる等の特性を生かして，市町村単位等での地域福祉（地域の包括的ケア）の拠点としての役割を果たしていくことが期待されている．

3 在宅介護の限界〜必要な地域福祉力，介護者の休息（レスパイト）〜

高齢者の多くは住みなれたわが家で自分らしく生活していくことを望んでいるが，QOL（生活の質）は，わが家が最高だから当然のことではある．

しかし，今後ますます高齢者世帯やひとり暮らし高齢者世帯（ひとり暮らし高齢者世帯の大部分は女性）が増えていくことが予測されているが，現在のところ住みなれたわが家，あるいは地域で天寿をまっとうできるほどには地域ケアシステムが確立していない．

また，2015年には団塊の世代が65歳以上になるがこの世代に対応できるかどうかもわが国の高齢者福祉の大きな課題であるが，現在ではまだ次のとおりとても対応できる見込みは立っていない．

①　施設サービスで対応していくことは次の2点で困難．また，高齢者の望みを考えるとそうすべきではない．
- 介護保険給付がふくらみすぎて財政的に立ちゆかなくなる．
- 多床室が大半（4人部屋が多い）である旧来の特別養護老人ホームは高齢者本人から選択されない可能性が高い．……現在，個室が原則の有料老人ホームやケアハウスに介護サービス機能を付加した特定施設へのニーズが高まっていることはその前兆と思われる．

②　介護保険制度の趣旨である「在宅サービス」が充実していない．
- 高齢者が住みなれた家・地域で暮らしていくためには24時間，365日安心できるサービスの提供が必要不可欠であるが，たとえば熊本県においても24時間営業の訪問介護事業所は全事業所378の10.8％，41事業所（16年2月現在）と少ないように，地域差があるにしても在宅サービスが十分であるという状態にはなっていない．

　したがって，今後，早急な「地域の包括的なケアシステム」の構築が不可欠であるが，これからの高齢者介護，高齢者福祉を考えるに当たっては「地域福祉の視点」が重要であり，むしろ地域福祉を基本として高齢者福祉，高齢者介護を考えていくべきだと思う．

　地域の福祉力が弱いままで専門サービスが提供されても住みなれた家・地域で暮らしていくことは困難であり，また，地域の福祉力（住民力）が弱い状況ではサービスの質の確保・向上にも限界があるのではないか．

　なお，在宅の場合，高齢者本人の人権重視とともに介護家族の休息（レスパイト）が必要である．介護保険など外部サービス，特にデイサービス（デイケア）やショートステイの活用はレスパイトにもなり得る．

小規模多機能ホーム「いつでん　どこでん」(熊本県山鹿市)のある日
提供：NPO法人コレクティブ

4　グループホーム(認知症対応型生活介護)の光と影～誤算を教訓に～

　認知症高齢者への不適切な介護を解決する方法として位置づけられ，また，私たち(県行政の担当者)が大きな期待をしていたものにグループホームがある．

　事実，特別養護老人ホーム等の入居者の表情と違い，急増する前のグループホームでの認知症高齢者の方の表情はおだやかであった．2000年に存在したグループホームは比較的質が良かった．介護保険スタート後，規制緩和の流れに乗り，設置希望が増えたが，補助金交付や介護保険法に基づく許認可に当たっては県行政としても大きな期待をもち，できるだけ早く整備されることを望んだものである．

しかし，2001年になって急増するグループホームのケアの質を疑い出す声が出はじめた．経営だけ考えてケアを考えていないとか密室化しているのではないか，悪しき施設のミニ版が増えているのではないか等々のことを聞くようになった．結果として，利用者本人にとっては良くなかったかもしれない．私たちには誤算があった．

私たちの誤算の要因は，次のようなことであった．

① グループホームをやろうとする人たちは，少なくとも認知症高齢者のケアをやろうとする人たちであると誤解していたこと．

- 介護保険がスタートする前から，やむにやまれず，あるいは認知症ケアの惨情に痛たまれずグループホームをやっていた人びとのような志はなく，単に規制緩和の流れに乗って，経営の対象とだけみなしていた人が現れてきたこと．

② 介護研修の成果が十分生かされると錯角していたこと．

- 2001年度からグループホームの開設者とケアの責任者を対象に認知症（痴呆）介護研修を実施してきており，その研修成果が十分生かされるものと考えていたが現実は違っていた．形だけの受講であったり，研修成果を生かそうとした受講者が退職を迫られた等のことがあったようだ．

③ 地域社会とのかかわりの重要性の認識が十分でなかったこと．

- グループホームのケアスタッフは，認知症高齢者と共に生活をするという視点から，一緒に買い物をするとか食事をつくる，あるいは一緒に散歩をする，夕食後は居間でテレビを見たりしてゆっくりくつろぐ．時には地域の人たちがボランティアで手伝うとかお祭りなどを通して交流する．地域の目によって劣悪なサービスは防げる．

- このようなことを通じて「認知症になってもその人らしく暮らしていける」ものと考えられていた．

- 結果としては，開設者やケアスタッフのみならず行政も地域社会とのかかわりの重要性の認識が不十分であったといわざるを得ない．

④ サービスの評価システムが確立していなかったこと．

- 小規模であるがゆえに家庭的で利用者本位のケアができる反面，密室化しやすい危険性も併せもつ．密室化を防止する方策の一つがサービスの評価システムである．
- 結果として，サービスの質の格差が大きかったが，グループホームの歴史が浅かったこともあってサービスの質に対する評価システムが確立していなかったことも一因である．

居宅サービスが規制緩和されたことによって，介護保険サービスが，「いつでも」「だれでも」使える方向になって来ており，規制緩和自体は間違っていなかったと思うが，「サービスの質の確保」の仕組みが組み込まれていなかったことが誤算の大きな原因だったと思う．結果として粗製乱造の面があったといわざるを得ない．

したがって，今後，よりましな高齢者ケア，認知症ケアを実現していくためには，グループホームで経験したことを教訓として生かしていく必要がある．

5 第3のケアの創造～宅老所そして小規模多機能ホームへ～

上記のように，施設介護や在宅介護では認知症介護に限界があることやグループホームが十分期待に応えられないことに鑑み近年注目されているのが，いわゆる「小規模多機能ホーム」である．

(1) 小規模多機能ホームは何故生まれてきたのか？

私たちは皆，高齢になり障がいになっても，認知症になっても，できるだけ住みなれた家・地域で家族や友人たちと切り離されず，自分らしく生きていきたいと思う．しかしながら，現実はそういう状況になっていない．地域のケアシステムは不十分であり，やむを得ず本人・家族も施設を希望せざるを得ない．

多くの場合，デイサービスは，昼の間の一定時間（たとえば午前10時から午後4時まで）のサービス時間帯になっており，本人・家族の希望する時間帯

(たとえば午前8時からとか午後7時までなど)をカバーできていることは少ない．また，在宅の認知症高齢者の場合は，夜間のサービスや突発的な事態に対応することも重要であるが，居宅サービスの多くは昼間だけだったりすることが多く，臨機応変な対応をすることはあまりない．ショートステイの多くは，自宅から離れたところにある施設に併設されていることから，高齢者にとってなじみのないことが多く，認知症高齢者はパニックになり，認知症が悪化することが多い（リロケーションダメージ）．

施設に入居する場合は，多くの場合，家から遠く離れたところに移らなければならず，家族・友人から遠くなり，それまでの生活はそこで終わってしまう．また，ようやく施設に入ったとしても，認知症や医療依存度が高い人などは，重度化するにしたがって流れ作業的な集団ケアでの対応が困難になり，違う施設に移されることが多い．特に，認知症高齢者の場合は，新しい環境になれることが苦手であり，その度に混乱し，認知症の状態が悪化していく（リロケーションダメージを受ける）．

認知症高齢者や介護者（家族）が満足できる，安心して暮らしていくことを支えるサービスを求めて，サービス事業者や施設をはしごせざるを得ない状況があるが，これは何なのだろう．

こういう状況の中から，現在の介護サービスに疑問や限界を感じ，全国各地で宅老所として認知症高齢者に寄り添う，柔軟なケアサービスに努めた結果，その発展型として先駆的なサービスいわゆる「小規模多機能ケア」が生まれており，その拠点が「小規模多機能ホーム」といわれている．わが国の高齢者ケアの特質の一つとなっている．

(2) 小規模多機能ホームの特徴〜高齢者福祉と地域福祉の交差点〜

それでは，小規模多機能ホームとはどのようなものであろうか．表7-2にイメージを示すが，小規模多機能ホームの大きな特徴としては次の3点がいえる．

| きなっせ | 通って（ディサービス） |
| 泊まって（ナイト、ショート） | 家にも出向いて（ホームヘルプ） |

提供：NPO法人コレクティブ

① 小規模であること．
- 認知症の高齢者の場合は，介護スタッフや他の利用者との「なじみの関係」が重要であるため，通所の定員は15人以下（できれば10人以下）であることが望ましい．「泊まり」や「住まい」をする人は原則として通所の利用者の中からサービス利用が拡大もしくは移行することが望ましいため，定員は少人数，また，固定的でない方が良い．

② 多機能であること．
- 「通所」をベースに「泊まり」，「訪問介護」などのサービス，さらには「住まい」などの機能を備え，本人のニーズに応じて，なじみの職員によって，なじみの場所で提供されること．

③ 地域と共生していること．
- 地域の住民や組織，福祉，保健・医療関係者と日常的なつながりがあり，

第 7 章　高齢者ケアと地域社会　193

表 7-1　小規模多機能サービスのイメージ

- 小規模多機能サービスは自宅・地域での暮らしを支えるための新たな仕組み
- 従来の，在宅か施設かの 2 者択一からの脱却
- 自宅・地域での 24 時間 365 日の暮らしを支えるもの
- 対象者は認知症高齢者が基本（筆者は，ALS 等の医療依存度が高い人も期待）．将来は「誰でも」になって欲しい．
- サービス利用は，軽度から
- 利用者に継続したケアを提供（通所，泊まり，訪問介護の担当が同じ）
- 利用者のこころに寄り添う，柔軟なケア（コミュニケーションを大事にした喜怒哀楽を共有できる関係）

出典：川原秀夫氏資料をもとに森枝作成

提供：NPO 法人コレクティブ

十分な連携が保たれていること．

- 通常「地域密着」という言葉が使われているが，ここではあえて「地域と共生」という言葉を使用する．何故ならば，「地域密着」はホームを設置する側の視点が強く，地域の中にあって，地域の人びとの生活とともにある必要があることを重視すれば「地域共生」の方がふさわしいと考えるからである．

以上のことからいえることは，小規模多機能ホームは「高齢者福祉と地域福祉の交差点」あるいは「地域福祉を基礎とした高齢者福祉」ということである．今後，市町村地域福祉計画＆高齢者保健福祉計画で位置づけられることが期待される．

(3) 小規模多機能ホームのめざすもの

　小規模多機能ホームは，認知症になっても住みなれた家や地域で，その人らしく暮らしていけることを支えていくことをめざしているが，具体的には次のようなことを実現しようとしているものである．

　①　その人らしく生きていけることを支える～人間の尊厳の尊重～

　施設に入居することは望まないけど，在宅・地域での生活が困難な人々の暮らしをサポートするサービスを提供するもの．

　特に，認知症高齢者の場合は施設に入っても，身体拘束の対象になるか，他の施設に移ることを求められがちである．在宅の場合は介護する家族の負担が大きい，徘徊などの行動障がいがあることもあり，サービス事業者や地域の人びとから敬遠されがち．

　②　365日，24時間サービスを提供する～利用者本位の徹底～

　介護保険がスタートするとき，利用者本位のサービスの重要性がいわれたけど，現実はそうならなかった．

　小規模多機能ホームは365日，24時間の「利用者本位のサービス」を実現するものである．

　③　認知症ケアモデルを確立する～ケアの質の向上～

　介護保険スタート後もはなはだ不十分な認知症ケアについて，良質な新しいケアモデルを確立する必要性が高い．

　今後，良質の認知症ケアモデルが確立できなければ，これからの高齢者およびその家族はすくわれない．

　④　家族の安心を確保する

　「リロケーションダメージにより利用する以前より状態が悪くなって帰ってくる」ということがなくなるとともに，何時でも行けるとか，泊まれるホームが身近にあれば安心できるし，仮に住まうことになっても日常の生活の中でちょっと顔を出したりすることができる．家族の安心の確保になる．

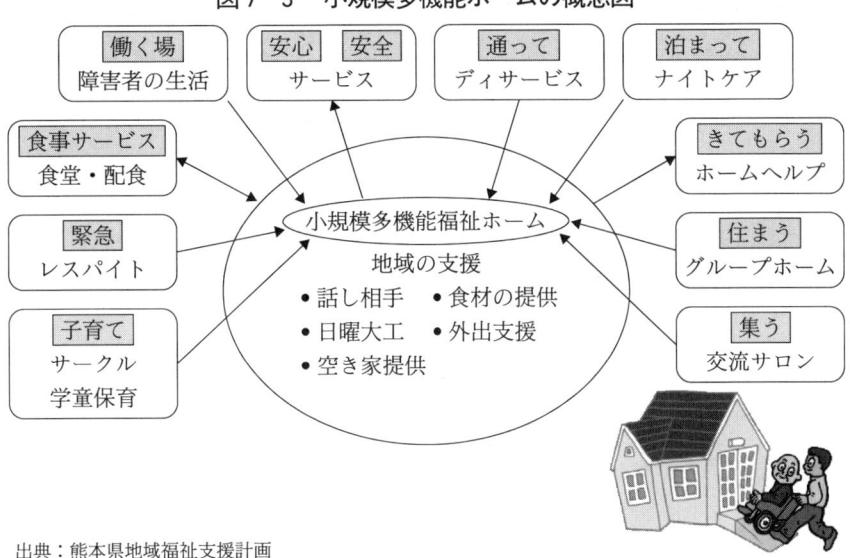

第7章　高齢者ケアと地域社会　195

図7-3　小規模多機能ホームの概念図

働く場	障害者の生活
安心　安全	サービス
通って	ディサービス
泊まって	ナイトケア
食事サービス	食堂・配食
きてもらう	ホームヘルプ
緊急	レスパイト
住まう	グループホーム
子育て	サークル　学童保育
集う	交流サロン

小規模多機能福祉ホーム
地域の支援
- 話し相手　・食材の提供
- 日曜大工　・外出支援
- 空き家提供

出典：熊本県地域福祉支援計画

⑤　地域の安心感を確保する

　地域に住む側からみると，日常生活圏の中に良質の小規模多機能ホームがあれば，子どものときから何時でも遊びやボランティアに行け，また，会合の場所に使ったりしてなじむことができ，高齢化に対する不安感，また，高齢になったとしても，遠くの施設に行かざるを得ない不安感が解消でき，安心感が生まれる．

(4)　小規模多機能ホームの類型

　小規模多機能ホームにはいくつかの類型があるが，その主なものについて述べる．

　①　認知症高齢者への柔軟な対応が段階的に小規模多機能ホームに変遷してきているもの．

　このタイプとしては栃木県壬生町にある「のぞみホーム」が有名である．1993年7月の開設以来，奥山久美子代表を中心に利用者の要望にそって，「柔

提供：NPO法人コレクティブ

軟にサービスを提供」してきた結果，24時間365日無休で対応できるし，終の棲処（すみか）としても利用できるようになった．

② 富山型デイサービスから変遷しているもの．

富山型デイサービスとは高齢者も障がい者も，子どもも一つ屋根の下で普通に暮らすことが当然という考え方で運営されているもの．

1993年民営デイケアハウス「このゆびとーまれ」として開所．現在はNPOとなっている．惣万佳代子代表や西村知美副代表の力に寄るところが大きい．

元祖的存在の富山型デイサービスが基本であるが，お泊り，さらには一部お住まいの人も出て来て，居住機能が付加されている．

③ 住まいとデイサービス，ホームヘルプなど小規模多機能サービスを初めから備えてきているもの．

このタイプとしては宅老所「よりあい」（福岡市）や「きなっせ」（熊本市）がある．このタイプの場合は，地域社会との「なじみ」の関係が総合的にかつ段階的に形成される．

資金的都合から民家を改修してスタートすることが多いと思われるが新築される場合もある．

④ グループホームに他の機能を付加していくもの．

グループホームが，立地している地域社会になじんでいくにしたがってデイサービスやホームヘルプ，お泊り，居宅介護支援，交流サロン，弁当宅配等の

表7-2 一人ひとりの利用者を大切に「のぞみホーム」〜NPO法人のぞみ会（栃木県）

　一人ひとりの利用者を大切にしたい，その人らしい生活が送れるように支援したいと熱く語るのぞみホーム施設長奥山さんは，サービスに利用者をあわせるのではなく，利用者の個々の生活スタイルにスタッフがあわせることを徹底しています．

　だから，当ホームに通っていた人の体調が崩れてショートスティが必要になったときは「泊まる」サービスをはじめ，デイサービス以外の時間帯の自宅介護をホームヘルプで助けてほしいとニーズがあったときは「家を訪ねる」サービスを開始しました．

　また，デイサービスに来られなくなった人の家を日中訪ねていって様子を見るような細やかな支援も行っています．

　デイサービスを利用しても，ショートスティを利用しても，いつもの慣れ親しんだ環境で，顔なじみのスタッフが寄り添ってくれる安心さは何事にも変えがたいもので，特に急激な環境の変化が大きな負担となる痴呆高齢者にとってのぞみホームは居心地の良い場所となっています．

【サービスの内容】
① デイサービス
② ショートスティ（泊まる）
③ ホームヘルプサービス
④ グループホーム（住まう）
⑤ ケアプラン作成

のぞみホームに欠かせないもの

猫（アン，サンボ，ニャジ） 犬（ロッキー，バース，ネーロ）		・話題の提供者 ・場を和ませてくれる
「のぞみホームを応援する会」 （ボランティア）	ペットボトルとアルミ缶の回収資金を提供	資金の提供
食事づくりボランティア		食事の提供
「のぞみホームを応援する会」 （1級建築士と大工さん）		ほっと安心する建物

出典：熊本県の地域福祉情報誌

表7-3　地域の中で"共同生活"「このゆびと〜まれ」〜NPO法人このゆびと〜まれ（富山県）〜

「このゆびとーまれ」は，富山市内の閑静な住宅街に位置し，NPO法人このゆびとーまれが運営し，痴呆性高齢者や知的障害者，遊び盛りの子供たちまで，あらゆる世代の人々が集まる民間ディケアハウスです．

小さい子どもが何人もおり，走り回ったり，本を読んでもらったり，昼寝したりして何とも楽しいこと．また，じいちゃん・ばあちゃんはパズルをしたり，テレビをみたり，お話しをしたり，それぞれ自分の好きなことをやってます．寝たきりのおばあちゃんが，子どもが走り回っている姿をやさしい目でみつめられている光景はなんとも印象的です．

また，障害者（児）が，有償ボランティアや無償ボランティアとして，子どもと遊んだり，おじいちゃん・おばあちゃんのお世話をしたりなど，自分の好きなときに自分の好きなことをやっています．元々は，通所介護やディケアに来ていた障害者（児）だそうです．

子ども，お年寄り，障害者，それぞれが役割を果たし，誰が利用者で誰がスタッフなのか分からない，まるで昔の大家族の雰囲気を漂わせる家庭のようです．

家族のニーズに応えるため年中無休で，泊まることも住むこともできます．

【代表者の声（始めたきっかけ）】

「畳の上で死にたいと言うとるがにどうして死なれんがけ？」

「昔はお年寄りも障害者もともに地域くらしていた．区別して1ヶ所に集めている方が不自然なのでは……．」

「このゆびと〜まれは，昔の地域社会で当たり前にあった光景を再現しただけ」

【ある1人の入所者】

「このゆびと〜まれ」開設当時から通っていたAさん．重い痴呆があったが，通うようになって明るく頼りになるおばあちゃんに変わった．本人は手伝いに来ていると思っていた．Aさんが亡くなる前の5日間，スタッフが交代で添い寝をし，安らかに息を引き取られた→「みとり」

われら，地域とともに，大家族

出典：熊本県の地域福祉情報誌

機能を付加していくもの．このタイプも全国的に多いと思われる．

⑤　共生型の小規模多機能ホームとしてスタートして徐々に地域化していくもの．

このタイプのモデル的な存在が「いつでん　どこでん」（熊本県山鹿市）である．初めから「地域共生ケアの拠点」として構想されている．

高齢者はもちろん，障がい者や子ども，さらには周辺地域に住む多世代，多様な住民を視野において設置されている．

したがってこのタイプの場合は，ハード的には新築されることが多いと思われる．

熊本県地域福祉支援計画「地域ささえ愛プラン」の第1の柱である「地域の縁がわづくり」のモデルでもある．熊本型小規模多機能ホームといえるかもしれない．

⑸　良質な小規模多機能ホームが設置されていくために

今後，全国各地に良質な小規模多機能ホームが設置されていくためには，グループホームの場合の誤算を教訓とすべきである．

具体的には，次のようなことを実現することが必要と思われる．

①　小規模であること．

地域差はあるかもしれないが，認知症高齢者がなじめる範囲の人員規模であること．通所の定員は15人（できれば10人）以下．

ただし，高齢者だけでなく，障がい者や子どももサービスの対象となる共生型（地域共生ホーム）の場合は，なるべく同じ空間を共有することが必要．

②　多機能サービスが臨機応変に提供されること．

通所をベースに，訪問看護，泊まり，居住の機能に加えて（時々自宅に帰る）ミニ逆デイサービス，配食サービス，相談対応などが臨機応変に提供されること．

③　高齢者がなじみやすい建物（ハード）であること．

民家の持つ落ち着いた雰囲気を活用するため空き家を改修するなどして活用することは，遊休している社会資源の有効活用にもなり望ましいが，一人当たりの居住面積は第8期住宅建設5か年計画で示されている最低居住水準である25㎡は確保したい．

なお，今後の高齢者，特に団塊の世代以降の場合の住まいのニーズはまた違ったものになる可能性が高い．マンションなどのように壁が厚い居室が好まれるのではないか．

④　経営する側・運営責任者の高い倫理観が確保されること．

現在の全国各地のモデル的な小規模多機能ホームは経営責任者・運営責任者の高い倫理観によって形成されてきた．

今後ともこのような「高い倫理観」が確保されることが必要．

そのためには，①介護サービス事業者として指定を段階的なものにする．②経営者・運営責任者資格試験を導入する．③それぞれについての更新制を導入する等が必要と考えられる．

⑤　良質な介護スタッフが確保されること．

日々，現場で高齢者に接するのは介護スタッフである．良質な介護スタッフが確保されてはじめて良質なサービスが提供できる．

小規模多機能ホームでは，デイサービスやショートステイなどのように専門サービスを別々の人が提供するのではなく，少人数のスタッフが一体的に，また臨機応変に様々なサービスを提供するのだから，集団ケアとは違った質の確保が必要．

単に研修を受けるだけではダメであり，資格等も必要と考えられる．そのためには，給与面での処遇も十分受けられるような介護報酬の設定が期待される．

⑥　情報公開と適切なサービス評価がなされること．

サービスの内容，量や質，監査結果等が公開されていること．また，それと同時に外部の適切なサービス評価がなされていること．今後早急にサービスの評価手法が確立される必要がある．

⑦ 地域に開放されていること（地域の目にさらされていること）．

　グループホームの教訓から導き出されることの重要な事柄が地域との関係である．まず，立地場所が大切である．小・中学校区などの日常生活圏に設置されることは当然だが，住宅地が良い．マチから離れた施設への併設は絶対になされないようにすべきである．

　地域との関係は，まつりなどのイベントのとき，あるいはボランティアでたまに行くなどの「非日常的な交流」だけではダメ．地域の人が「ふだん着」のまま「ふらり」と遊びに行けるような「日常的な交流」がなされていること．それは結果として地域の目にさらされることであるが，このことが重要．

　サービス評価システムの確立に当っても，スポット的な第3者評価だけでなく日常的に見ている住民の視点からの評価の仕組み（「住民評価システム」）を組み込むべきである．

6　これからの高齢者福祉〜地域共生ケアへの展望〜

(1)　住民と行政のパートナーシップ

　地域福祉あるいは地域共生ケアといったことを推進していくためには，福祉サービスの事業者はもとより，地域の住民，NPO・ボランティア団体，自治会（町内会等）などと社会福祉協議会，（市町村）行政のパートナーシップが重要である．

　図7-4に住民と行政等の協働（パートナーシップ）による地域福祉（地域共生ケア）推進の概念を示す．

　高齢者サービスだけでなくさまざまな福祉サービスが特定の人だけでなく普遍化していくにしたがって，また，地域特性に応じたきめ細やかなサービスが必要になっていくのに従って地域・地域住民が主役になる．

　高齢者・障がい者，子どもなど地域では多世代の人びとが，また，多様な人々が暮らしている．地域の人びとは，それぞれが地域社会を構成する一員であるとともに，加齢等により福祉サービスが必要な要支援者あるいはその家族

図7-4　住民と行政等の協働による地域福祉(地域共生ケア)推進の概念図

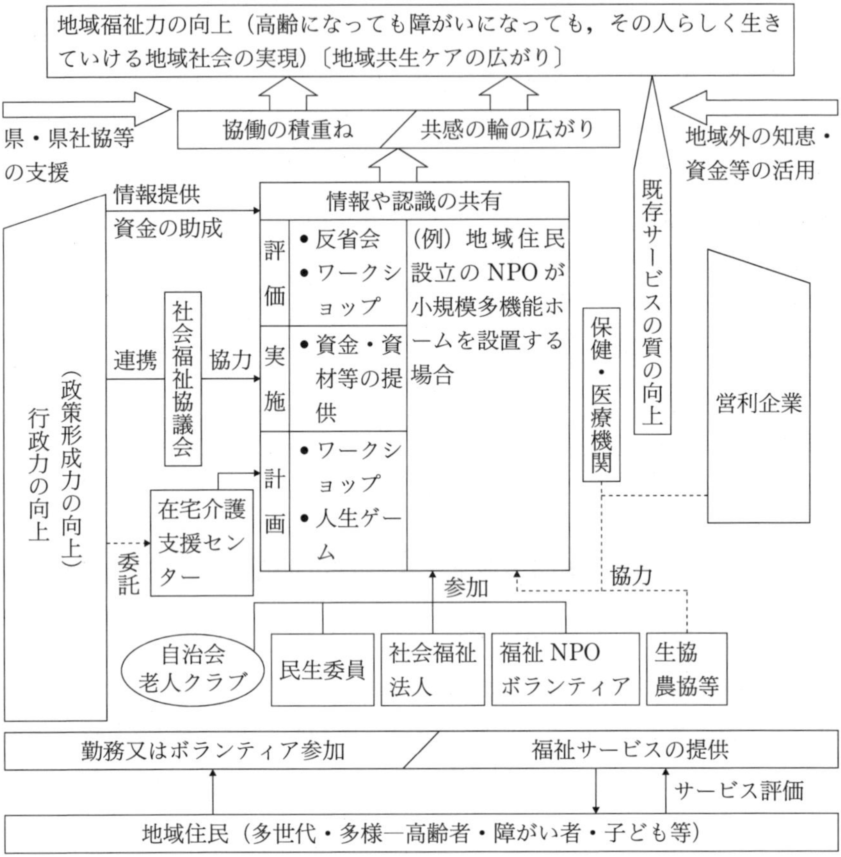

地域福祉力の向上(高齢になっても障がいになっても,その人らしく生きていける地域社会の実現)〔地域共生ケアの広がり〕

県・県社協等の支援　協働の積重ね　共感の輪の広がり　地域外の知恵・資金等の活用

情報提供　情報や認識の共有
資金の助成

評価　・反省会　(例)地域住民
　　　・ワークショップ　設立のNPOが小規模多機能ホームを設置する場合

連携　社会福祉協議会　協力

実施　・資金・資材等の提供

計画　・ワークショップ　・人生ゲーム

在宅介護支援センター
委託

(政策形成力の向上)
行政力の向上

既存サービスの質の向上
保健・医療機関
営利企業

参加　協力

自治会老人クラブ　民生委員　社会福祉法人　福祉NPOボランティア　生協農協等

勤務又はボランティア参加　福祉サービスの提供
サービス評価

地域住民(多世代・多様—高齢者・障がい者・子ども等)

出典:平成16年9月　森枝作成

になることもある.

　図には,地域住民が主役となった小規模多機能ホームの形成を例に地域福祉(地域共生ケア)推進の概念を示したが,まず,地域社会の中でさまざまなことを認め合うこと(「多様性の認容」)が必要である.そして,住民相互間で情報や体験等の共有をすることができるかどうかが大切であり,そのためには計画や実施・評価等の各段階でワークショップなどの「協働作業」ができる

図7-5　地域共生ケアの概念図A

【地域共生社会】

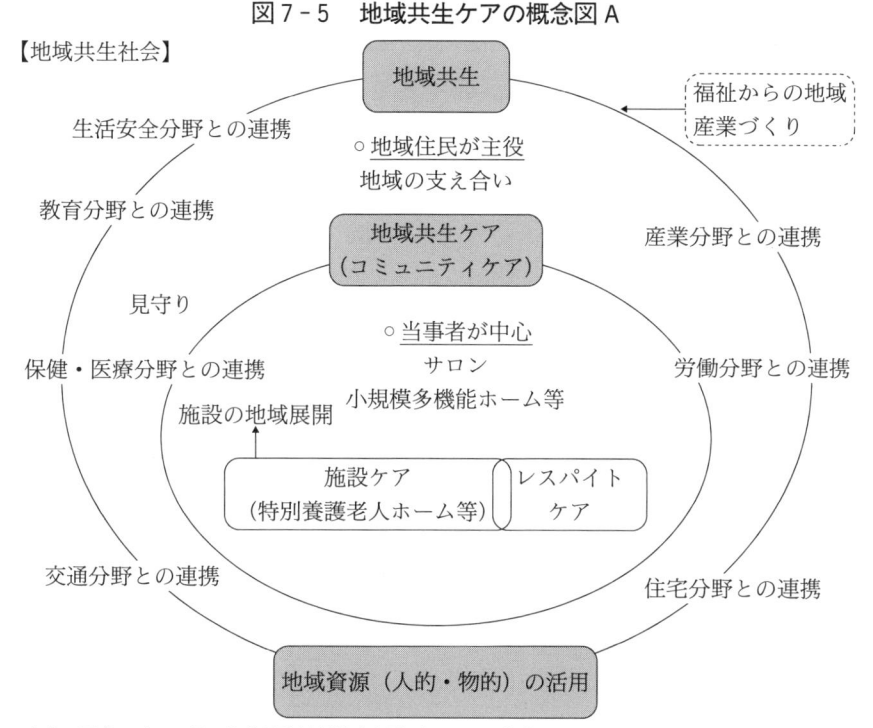

- 地域共生
  - 福祉からの地域産業づくり
  - ○ 地域住民が主役
  - 地域の支え合い
- 地域共生ケア（コミュニティケア）
  - ○ 当事者が中心
  - サロン
  - 小規模多機能ホーム等
  - 施設の地域展開
  - 施設ケア（特別養護老人ホーム等）
  - レスパイトケア
- 地域資源（人的・物的）の活用

連携分野：生活安全分野との連携、教育分野との連携、見守り、保健・医療分野との連携、交通分野との連携、住宅分野との連携、労働分野との連携、産業分野との連携

出典：平成15年12月に熊本県地域福祉支援計画のために作成した図を一部修正

「場」を多く設定することが求められる．

行政や社協などには情報提供等のほか，このような「場」を設定する役割が期待されている．協働の積重ねによって，「共感の輪」が広がり，高齢や障がいになってもその人らしく生きていける地域社会の実現ができる．

(2) 熊本県の試み～全国モデルをめざした地域福祉支援計画～

これからの高齢者福祉については，地域福祉を基礎とすべきということについては既述したが，ここでは熊本県地域福祉支援計画「地域ささえ愛プラン」（以下「地域プラン」という.）を事例に考える．地域プランはこれからの地域福祉の進むべき方向を念頭に，全国モデルをめざして検討，策定されたもので，識

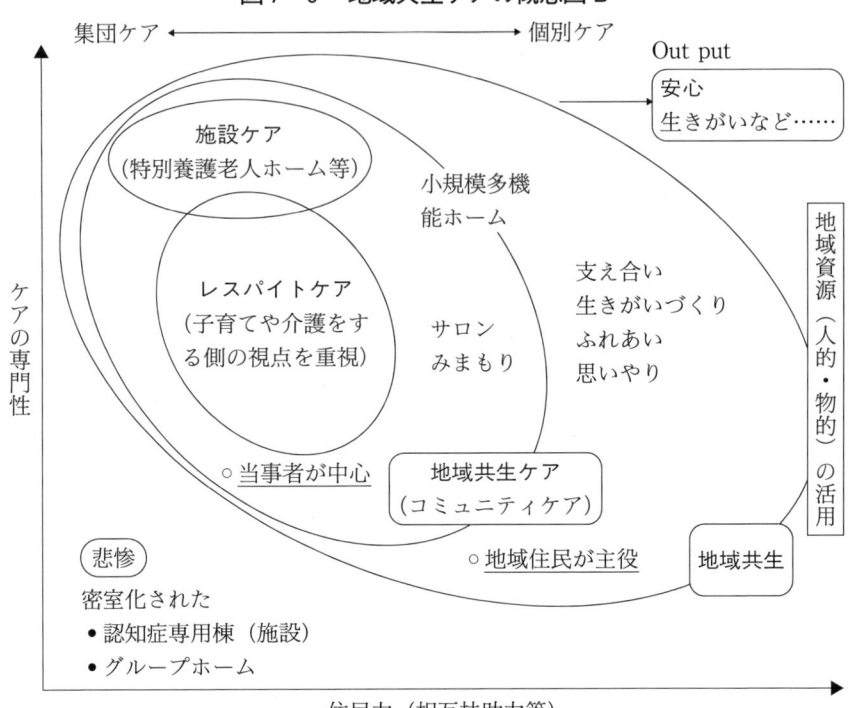

図7-6 地域共生ケアの概念図B

集団ケア ←→ 個別ケア

Out put
安心
生きがいなど……

施設ケア
（特別養護老人ホーム等）

小規模多機能ホーム

レスパイトケア
（子育てや介護をする側の視点を重視）

サロン
みまもり

支え合い
生きがいづくり
ふれあい
思いやり

ケアの専門性

○当事者が中心

地域共生ケア
（コミュニティケア）

地域資源（人的・物的）の活用

悲惨
密室化された
・認知症専用棟（施設）
・グループホーム

○地域住民が主役

地域共生

住民力（相互扶助力等）

出典：平成15年12月に森枝が作成した図を一部修正

者の評価も高い．

　地域プランのめざすものは，本，図7-6のように地域共生社会である．このためには，まず，地域の人的，物的資源を活用すること，そして，保健医療分野や交通分野はもとより，教育分野，労働分野など幅広い分野との連携が必要である．

　すなわち，「福祉」と「まちづくり・地域づくり」の融合を図ろうとしているものであり，特に地方の中小都市で期待される方向だと考えている．

　少子高齢社会に向かう時代の流れの中では，専門分野が分立するのではなく，連携なく存在している各分野の資源を統合，総合化することによって地域の機能を高めていくことが必要．そこでは，地域住民が主役であり，見守りなどの

地域の支え合いの仕組みが形成される．

　ひとり暮らし，ふたり暮らしの高齢者は，身近に設置された（あるいは時折開催される）交流サロンに出かけて行く．地域によっては，障がい者や子どもを交えた共生型の交流サロンがある．交流サロンは，在宅の人の生きがいづくりや介護予防になるほか，施設等の逆デイサービスの場となることもある．

　小規模多機能ホームは日常生活圏を単位とする地域共生ケアの拠点であり，逆デイサービスやサテライトなど施設の地域展開から転化するものもある．施設はもう少し広い単位での地域福祉の拠点である．

　地域共生ケアの概念図Ｂは，地域共生ケアのサービスの質をケアの専門性と住民力の2つの側面に集団ケアと個別ケアを示す軸を追加・補完したものである．以下，図Ｂの概要を説明する．

　相互扶助力や住民評価力など，住民力が高い地域社会の状態では，支え合いやふれあいが日常的にあり生きがいも感じられ安心して暮らせる．そういう「地域共生」社会の中にあっては，要介護などの状態になっても認知症等になっても，サロンや見守りなどによって，住みなれた自宅，あるいは「小規模多機能ホーム」を拠りどころとしてできるだけ長く自分らしく生きていける．

　特養等の施設は地域に開かれている場合は，ケアの専門性は高いと考えられるが，認知症の人に対しては集団ケアは限界がある．特に施設の認知症専用棟や密室化された（住民力が最低の）グループホームの場合は，ケアの専門性は著しく低下し入居者は悲惨な状態に置かれる．

　したがって，今後，小規模多機能ホームを制度化する場合は，「住民力」がどのようにあるかが大きなポイントだと考えている．

　なお，熊本県では，男女共同参画等の観点からレスパイトケア（介護者の休息）をこれからの福祉の重要な要素として推進してきているが，高齢者本人等の当事者の尊厳を大切にすることが前提であることはいうまでもない．

⑶ 小規模多機能サービス拠点形成の事例

　熊本市の東部，市電で健軍終点に降り立つと戦後賑った健軍商店街がある．その商店街を抜けたところに県営健軍団地があるが入居者のほとんどは高齢者である．

　周辺は閑静な住宅地であるが，現在，県のモデル事業として地域共生ケアづくりが進んでいるので以下紹介する．

　熊本県で実施する小規模・多機能福祉サービス拠点のモデル事業の実施

　県では県営健軍団地（引揚者住宅）の建替えにあたり，地域生活をサポートする福祉サービスや相談・支援の機能を持つ複合施設を公営住宅に併設（合築）し，先駆的な在宅福祉サービスの開発およびそのノウハウを市町村へ普及するとともに，「地域の縁がわづくり」や地域共生（コミュニティ）ケアのモデルとして整備していく．

1　施設設計の概要

　(1)　整備内容

整備内容	基本設備
①　複合デイサービスセンター 　先進的・先駆的な在宅福祉サービスを開発・普及するための複合施設（約 650 ㎡）	● 作業及び日常訓練室，談話室，静養室，相談室
	● 厨房，食堂，浴室，脱衣室，多目的トイレ
	● デイサービス事務所，ホームヘルパーステーション
②　多機能地域福祉スペース（「地域の縁側」） 　誰もが気軽にサービスを利用したり，サービス提供に参加できる地域交流の場（約 450 ㎡）	● プレイルーム
	● 喫茶スペース
	● 交流スペース（団地入居者集会所を兼ねる）

　(2)　事業運営方式

　県が上記施設を普通財産として整備し，社会福祉法人およびNPO法人等のノウハウおよび人材等を活用するため，事業者に施設を有償により使用許可す

る予定である．

　事業者への使用許可にあたっては，公募により事業計画の提案を受け，県および学識者等民間の人材を含む審査会で計画内容を審査し，事業実施の確実性，先駆性等を総合的に判断して決定する．

2　実施する事業の概要

(1)　「複合デイサービスセンター（仮称）」の運営

① 　高齢者デイサービス……介護保険指定通所介護事業所の運営
② 　ホームヘルプサービス……介護保険指定訪問介護事業の運営
③ 　配食サービス……高齢者等向け配食サービス事業

(2)　多機能地域福祉スペース「地域の縁側（仮称）」の運営

① 　プレイルーム……子育て支援サービスの実施
② 　喫茶スペース……子育て中の親や高齢者等が気軽に利用できる喫茶等
③ 　交流スペース……地域福祉を目的として自由に利用．ただし，団地管理組合の集会所としての用途を兼ねる．

- 上記の事業を実施することを基本として，サービスの内容および多機能地域福祉スペースを活用した地域福祉サービスの事業提案を公募し，企画内容を審査して入居事業者（使用許可事業者）を選考する．

3　事業スケジュール（予定）

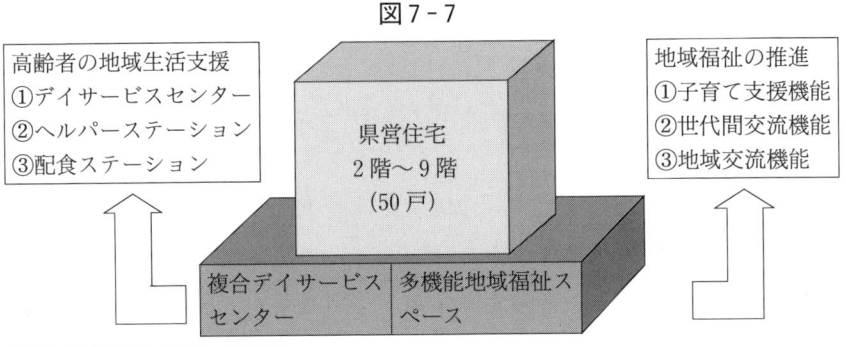

図7-7

高齢者の地域生活支援
①デイサービスセンター
②ヘルパーステーション
③配食ステーション

県営住宅
2階～9階
(50戸)

複合デイサービスセンター　｜　多機能地域福祉スペース

地域福祉の推進
①子育て支援機能
②世代間交流機能
③地域交流機能

資料）熊本県福祉のまちづくり課

施設：H16年3月着工　H17年竣工予定
事業：H16年秋期に事業提案公募を行って，審査・選考する予定．また，地元での意見交換等を実施する予定．

③ 施設サービスからの提言

　高齢者についての施設サービスの種類とその内容については第4章で述べられているが，そのケア実態は真に高齢者やその家族等関係者のニーズに合致した適切なものといえるかとなると，疑問を抱くような場面はけっして少なくはない．2000（平成12）年の介護保険施行により措置から対等な契約関係によるサービス利用になったとはいえ，施設待機者が多く選択肢が実質的にないに等しい現状では，高齢者やその家族は相変わらず契約弱者であり，「世話になっているのでこれ以上のことはいえない」という家族の本音はまだ変わったとはいえない．また，介護保険施設での身体拘束廃止，苦情処理のついての市町村や国民健康保険団体連合会・運営適正化委員会等の仕組み，社会福祉法人の苦情解決の仕組み，介護サービス事業の第三者評価などの一連の取り組みを，施設の団体ではなく行政がリーダーシップをとって進めているという事態そのものが，施設サービスの問題点を映し出しているのではないだろうか．介護保険施行以降のかなり多数の施設経営者の関心が，介護事故への損害賠償や裁判への発展とそれによる経営リスクであり，サービスが充実しないため利用者に選択されないことによる経営リスクではなかったことは，悲しむべき現実であろう．また，措置費・委託費という安定財源ではなくなることで先行き不安をもち，従業員のパート化や賃金の引き下げ等のサービス充実に逆行する対処を行った施設も数え切れない．

　しかしその一方では，1999年に福島県で開催された第1回ユニットケア全国セミナー以降の特別養護老人ホームを中心とした介護保険施設の現場の動きと，それを新型特養として制度化につなげた国の動きがある．本稿では施設内虐待の特徴や原因等を述べ，その対極にあるものとしてユニットケアの可能性

と限界について論じたい．

1 ユニットケアという方法

　50人の入居者を一つの単位として，日中10人のスタッフでケアしている場面を想像していただきたい．職員は食事・排泄・入浴等3大介護といわれる部分を業務ごとに分担して提供するため，自分が関わった業務の部分でしか対象者を見ることができない．そのため，一人ひとりの入居者についてその日1日をどのように過ごされたか，気持ちの変化はどうであったかを語れる職員はほとんどいない．10人で50人をケアしているといってもひとりの職員がずっと同じ5人をケアしているわけではなく，また職員ひとりで50人の日々の暮らしを把握することには所詮無理がある．病院がモデルになった特別養護老人ホームのそのような生活の中で，お年寄りは諦めの気持ちをもつことすらあったのではないだろうか．

　1999年福島県で開催された第1回ユニットケア全国セミナーには多くの施設現場のスタッフがいわば「この指止まれ」のように集まり，この現場の動きは次第に拡大していくことになった．先駆的にこれに取組んだ篠崎氏と武田氏は次のように述べている．

　「ユニットケアとは，施設をご利用されているお年寄りの気持ちを知り，願いに応えることを目指し，従来の『流れ作業的ケア』から『生活を共にするケア』を可能とするために，施設をいくつかの小集団にわけ『なじみの関係』を大切にする取り組み（方法）です．それは施設においても宅老所やグループホームのような家庭的個別的ケアを大切にするための，良い人間関係（ケア）と良い環境（場）を作る新しい動きなのです．今，ユニットケアは，みるケアからかかわるケアへ，そしてつながるケアへ．『その人らしさが入り口で出口が地域』という目標を実現するための展開が求められているのです．」[2)]

　この言葉には，さまざまな意味が込められている．

- ユニットケアは「方法」であり，目的は「お年寄りの願いに応える」こと

だということ．
- 方法の一つが「小集団化」であり，それを通して良い「関係」を作ろうとすること．
- ケア（ソフト）と場（ハード）の両者を作ろうとすること．
- 「出口は地域」ということ．「その人らしさ」から入るが，お年寄りが普通に主人公として暮らすことができる地域を作ることを目指している．

「ユニットケア」という言葉は武田氏による造語であるが，その言葉に共鳴した福祉関係者がその後の動きを各地で進め，全国的な動きとなっていく．そこで目指されたことは，「流れ作業のケアから寄り添うケアへ」，「自分自身が利用しても良いと思える施設になるために，できることから始めよう」，「小さく区切るユニットにとどまらないユニットケア」という言葉で表されている．ユニットケアは，「その方らしい生活」を支援する個別ケアの方法であり，小さく区切るという方法さえ整えれば目的が達成されると期待したり，目的と方法を混同することのないようにすることが肝要である．

また，「良いハードは悪いソフトをカバーできない．しかし，良いソフトは悪いハードをカバーできる」ともいわれ，建物や構造を小さく区切ることや個室化を進めることにとどまらず，たとえ古い4人部屋中心の施設であっても職員一人ひとりの自覚と工夫の連続で利用者の望むケアに近づくことができることが強調されている．さらに，施設ケアの改善にとどまらず障害を負っても住み慣れた地域で暮らし続けること，また高齢者のみでなく，障害者や障害児・子育て支援等地域での暮らしを支援するさまざまな分野と連携した動きも始まっている．

このようにみてくると，ユニットケアの目的とその実践は，カイザー・ジョーンズによる虐待の4分類（幼児化・非人格化・非人間化・虐待）のまさに対極として理解することができる．さらに，そのような不適切なケアを行う施設が存続し続けてきた地域や社会への問題提起も含まれていることを，見逃してはならない．

2 ユニットケアの新たな段階と新たな課題

　高齢者施設の現場では，この動きを政策面で支援する取り組みを願った．特に生活単位と介護単位の小規模化と個室化や準個室化等様々な環境上の試行が各地で進められ，また同時に小規模化による職員数の増員が経営面を圧迫することも懸念され，介護保険施行後の介護報酬改訂等による国の後押しに期待を寄せたのである．

　2002（平成14）年の介護報酬改訂で，特別養護老人ホームに適用される枠組みが「小規模生活単位型」といわゆる「従来型」に二分された．前者を国は「ユニットケア型」とも称し，全室個室と10人程度のグループでの生活を提供する場合，従来型よりも高い報酬を適用することとなった．しかしその一方，「小規模生活単位型」建設に対する公費補助は，その対象が「パブリックゾーン」「セミパブリックゾーン」に限定され，居室や10人程度の入居者で構成されるユニット（「プライベートゾーン」・「セミプライベートゾーン」）の建設にかかるコストは，4人部屋等の多床室中心の「従来型」に比してアメニティが向上するとの理由で，「ホテルコスト」として利用者に転嫁されることとなったのである．慢性不況による税収の落ち込み・高齢化の急速な進行による社会保障費の膨張という背景を受けた措置であったと考えられ，その是非については別の機会に議論を譲りたいが，ユニットケアへの制度的な支援は，介護サービス費の他に毎月5万円程度を支払うことができる資力をもった高齢者を対象とした施設サービスに限定される形でまず行われたのである．さらに，今後の特別養護老人ホームの整備については小規模生活単位型以外を原則として認めず，利用者の選択ができるよう，従来型と小規模生活単位型がほぼ半分づつの割合となることを目指し，小規模生活単位型の新築のみでなく従来型の改修による個室・ユニット化（一部小規模生活単位型）を進める方針も打ち出された．

　制度化された新型施設においては個室・ユニットというハード面が整備され，その条件を満たす場合に小規模生活単位型の報酬が適用されるわけであるが，

ハードが整っていても小規模の流れ作業的なケアに終始することが危惧されている．その場合は規模が小さくなるだけに密室性が高くなり，グループホームの場合と同じように，不適切なケア・間違ったケアが行われる危険性が高くなる．そのような意味で，ハード・ソフト共に適切なケアが行われるべく，国は小規模生活単位型施設の管理者とユニットリーダーを対象に「ユニットケア施設研修」を積極的に推進している．しかし，「なぜユニットケアの施設を始めるのか」という問いに「国がそれしか建設を認めないから」という受講施設も多く，ハードが整ってもソフトがなかなか伴わないという制度化された故の新たな課題も生まれている．

3 ユニットケアの先にあるもの

ユニットケアのこれまでの動きを非常に大雑把であるがみてきた．ユニットケアはケア現場からの「変革」「運動」として出発し，さらに国が一部を制度化したが，そこに新たな課題も生じている．

また紙数の関係で触れることはできなかったが，経営面の課題の他に，ケアにあたる職員一人ひとりの質が非常に重要になってくること，そのため職員の研修・育成のシステムが必要であること，現場に権限を委譲し組織を活性化する管理者のマネジメント能力なども大きな課題となってきている．

さらにユニットケアの目指すところは，障害を負っても一人ひとりが主人公として暮らし続けることができる地域を作ることであることを考えると，国の進めるユニットケア施設の整備だけでははなはだ不十分であり，「施設に入らなくてもすむ」地域づくりへと進んでいく．そのような動きが，社会保障制度全体との関連性も持ちながら，国・地方自治体・住民・サービス現場等さまざまなレベルでしばしば協同しながら進み始めた段階である．

注・引用・参考文献

1) 松田晋哉「介護予防を考える（下）」『介護保険情報』2004年8月号，p.67

第7章　高齢者ケアと地域社会　213

2)『高齢者ユニットケアハンドブック』財団法人厚生問題研究会，2002年，p.2

〈参考文献〉
① 泉田照雄編『季刊痴呆性老人研究vol.9　小規模多機能ホームのよさ，大解剖』全国コミュニティライフサポートセンター（CLC），2003年
② 『熊本県地域福祉支援計画～地域ささえ愛プラン』熊本県福祉のまちづくり課，2004年
③ 高口光子『ユニットケアという幻想』雲母書房，2004年

学びを深めるために

① 川原秀夫『寄り添うケアとは何か』全国コミュニティライフサポートセンター（CLC），2003年
　　小規模多機能ホームの全国モデルの一つである「きなっせ」（熊本市）を舞台に繰り広げられる認知症ケアの具体的事例（ケース）を通じて認知症ケアに必要な「こころ」や「寄り添うこと」の大切さ，地域とのかかわりの実際などが学べる．
② 小規模多機能ホーム研究会編『小規模多機能ホームとは何か』全国コミュニティライフサポートセンター（CLC），2004年
　　小規模多機能ホームの先進事例としてきなっせ，のぞみホーム，「よりあい」，「せんだんの杜なかやま」を紹介しているとともに，高齢者が地域に住み残るために何が必要かについての誌上シンポジウムもあり，小規模多機能ホームと地域について実践的に学べる．
③ 『地域福祉情報誌～わがまち自慢の福祉でまちづくり』熊本県福祉のまちづくり課，2004年
　　熊本県内外の「地域」をキーワードとした「福祉づくり」，「福祉」をキーワードとした「地域づくり」の161の取組みを紹介．年を重ねても，体が不自由であっても，いつまでも住み慣れた地域で，家族や友人に囲まれて生活をしたいという思いに役立つ情報誌（CLCを熊本県社協でも取扱っている．）．
☞ 小規模多機能ホームについて，サービス従事者とサービス利用者，さらには利用者家族，地域住民それぞれの視点（立場）からメリット，デメリットを考えてみよう．
☞ 高齢者向けの小規模多機能ホームと共生型の小規模多機能ホームを機能面，地域社会との関係面等から比較してみよう．
☞ あなたの身近でユニットケアに取り組んでいる施設があれば見学を申し込み，ケア（ソフト）とハード（建物やしつらえ）の現状と課題を考えてみましょう．

学びのオリエンテーション

NPOと地域福祉

〔NPOとは何か〕NPOとは,「Non Profit Organization」の頭文字を取った略語で,非営利組織のことをいう. Non Profit（非営利）とは,利益を構成員に分配しないことを意味する.したがって,NPOとは広義には営利を目的としない（利益を分配しない）民間の組織すべてをさすが,日本で一般に「NPO」という場合は,「公益を目的とする民間非営利組織」から民法上の公益法人（社団法人・財団法人）や医療法人・学校法人・社会福祉法人などを除外した,いわゆる「狭義のNPO」をさす場合が多い.さらに「特定非営利活動促進法」（以下,NPO法）によって法人格を認められた「最狭義のNPO」をさすこともある.

〔NPO法の成立とNPO法人〕NPO法は,1998年3月に成立した.この法律制定の直接のきっかけとなったのは,1995年1月の阪神・淡路大震災で多くのボランティア団体が活躍したことであった.このようなボランティア団体に法人格を与えることによって,活動をより主体的に継続的に行いやすくしようということがNPO法制定のおもなねらいであった.

NPO法によって法人格が認められるには,「特定非営利活動」を行うことを主たる目的とするものでなければなりません.「特定非営利活動」とは,①保健・医療または福祉の増進を図る活動,②社会教育の推進を図る活動,③まちづくりの推進を図る活動など,17の活動に該当する活動で,「不特定かつ多数のものの利益の増進に寄与することを目的とするもの」である.

この法律制定から2004年12月現在までに法人と認証されたNPOは19,963法人にのぼる.以下で「NPO」とは,この認証されたNPO,すなわち前述した「最狭義のNPO」のことをさすことにする.その中で一番多いのは「保健・医療または福祉の増進を図る活動」を主たる目的とし

たNPOで11,298法人，全体の56％を占めている．福祉関係のNPOがこのように多数に上っているのは，NPO法成立の3カ月前に「介護保険法」が成立し，2000年4月に施行されたことと密接に関係がある．

〔NPOと介護保険〕介護保険でサービス提供者に指定されるのは，法人に限られている．したがって，それまで地域のたすけあいで高齢者などに介護サービスを提供してきた市民団体が，介護保険のサービス提供者に指定されるためにNPO法人として認証される道を選んだことが，福祉系NPOが多く設立された理由の一つである．もちろん，介護保険法施行を契機に新に設立されたNPOも多い．

NPOによる介護サービスは，地域の人たちのニーズに応えたきめ細かなサービスという評判が高いものが多い．特に，それまでに地域の助け合いとして同様なサービスを提供してきたNPOは，各人の家庭事情なども知った上で，介護保険の対象外のニーズについては，従来の助け合い有償サービスを組み合わせるなどして利用者の希望に応えている．このような利用者の立場に立った発想が，地域の人たちの支持と信頼を得て，規模の拡大にもつながっている．愛知県のある地域では（5市5町で人口約58万人）20以上のNPOが活躍している．そのうち，サービス提供量の目安となる収入総額が1億円前後となるNPOが3団体（2002年度）もあるなど，活発な事業を展開している．この地域は早い時期からお互いの協力関係を重視し，その象徴ともいえる「NPOを支援するNPO」も設立されている．

〔NPOと行政の協働による地域福祉の向上〕これまで福祉サービスを提供するのは行政の仕事とされてきたが，これからはNPOと行政が協働して実施することが必要とされるであろう．またそれが望ましいと思われる．「協働」とは，ともに対等のパートナーとしてそれぞれの特徴と長所を活かしながら，活動することである．これからの地域福祉の向上は，NPOと行政がいかに協働していくかにかかっているといえるであろう．

加藤佳子（岡崎女子短期大学）

エピローグ——これからの高齢者福祉

　人は死について自分にはかなり先のこととして見過ごそうとするが，死ほどすべての人に平等に訪れ，しかも余りにも突然に，予告なしに訪れる可能性の高いものはない．

　平均寿命が延びるにしたがい，人は老いを共通の関心事とせざるをえなくなってきた．老いをどう生きるのか，一人ひとりの課題であると同時に，地球規模で多くの人びと手を携えていかに対処するか問うていかねばならない課題でもある．

　吉田兼好は『徒然草』第7段で，無常（人の命のはかなさ）を学ぶことが，物のあわれを理解する手がかりとなるのだと考え，生に執着して老醜をさらす高齢者を嘆いている．

　住みはてぬ世に見にくき姿を待ちえて何かはせむ（何かいいことがあるかと待っていてその結果老醜の姿を得て，それが何になるだろうか）．命長ければ恥多し．長くとも，四十に足らぬほどにて死なんこそ（四十代が肉体的，精神的に一人の人間の人生における節目であるという考え方を背景として述べているのだろうか），めやすかるべけれ（みっともなくないであろう）．

　そのほど過ぎぬれば，かたちを恥づる心もなく（老醜の容貌への羞恥心もなくなり），人に交はらんことを思ひ，夕の日に子孫を愛して（まもなく沈む夕日のように余命いくばくもない身でありながら子や孫に愛着して），さかゆく末を見むまでのいのちあらまし（いよいよ繁栄する将来を見届けるまでの寿命あるだろうとあてにし），ひたすら世をむさぼる心のみ深く，物のあはれも知らずなりゆくなむ，あさましき．

　死は必ずしも老いの延長上にあるわけではないが，老いの「かたちうるさき身（醜い姿）」は死を予見させるものだからであろうか，死は嫌われ，正面から向き合おうする人は少ないようである．

　人間には食欲・性欲といった欲求とならんで，生存欲求がある．生存欲求は

生物にとって生命そのものを保持しようという存在の根幹にかかわる欲求である．食欲や性欲の欲求充足には限界があり，際限なく充足し続けることはできない．それにひきかえ，生存欲求にはとどまるところがない．もし，なんらかの方法で死を避けることができるならば，「もう充分に生きたから」と生存欲求に自ら終止符を打とうとする人は少ないのではないだろうか．

　科学は今後もますます進歩していくであろう．臓器などの移植を重ね，生きながらえる時がくるかもしれない．介護ロボットが介護をすることになるかもしれない．介護保険料はロボットの使用料や電気代，苦情解決は機器技師にということになるかもしれない．人とロボットのコミュニケーションや関係が新しい問題となってくるであろうが，長寿化が進行するなかで死をどのように受容するか，わたしたちの重い課題となっていくにちがいない．

　救済される者と救済する者という二元論から実りある老人像を抽出しようとすること自体が無理である．そこに人間関係が介在することの意味や人間関係自体の考察に焦点をあてるべきであろう．個人の尊厳は二元論から脱却して，個人が生涯を通じて主体的に生きるということが原点とされる社会において実現される．わたしたちは，生き方として1人ひとりの幸せを考える「文化としての福祉」を求めている．身近な地域社会において福祉文化を芽吹かせ，住民の手で育てていかねばならない．

　介護サービスが量的に充足しているかどうかは物差しで計測することができるが，地域社会を構成するメンバーが福祉文化の創造とその豊かさをどう享受するかは個人だけでなく，地域社会をもケアできるケアマネジャーの専門性に依拠するところも大きい．他者や社会からの尊厳，これに向けての支援を待っているだけではすまされない．自立的な尊厳を確保する途に容易にアクセスできる福祉文化を創ってゆかねばならない．

　出生率が低下するならなおいっそう，次世代をどう育成するのか，次世代は現世代になにを求めているのか，次世代になにを伝えたいのか，個人のライフスタイルをとおして，日々の生活において地球全体のあり方を視野に入れなが

ら検討していかねばならない．人生120年は夢ではなく，医学的に実証されつつある．15～65歳までの生産年齢期にあたる50年をひくと，70年間は従属人口期に該当する．人口構成は縦方向に長い長方形型に接近し，さらに逆ピラミッド型にちかづくことを予想しておくべきであろう．連帯精神の基盤の脆弱性を了解したうえで，福祉文化をどう創造していくか，高齢者とその近親者，独居高齢者の生と死へのかかわり方をとおして，これからの高齢者福祉を考えることが必要である．

　認知症高齢者であれ，病気を抱えた独居老人であれ，人生の最後の瞬間まで成長し，自分らしく生きることができる可能性があることが理解できる．誕生・死はただ一度あたえられえる機会である．これらの瞬間およびそこから始まる人生と最期の瞬間に向かうプロセスをどう評価するか，これこそ生命の質を問うところであろう．日々どう生活するか意識するとしないとにかかわらず，生命の本質を求めての成長はすべての人に許される．それだけに責任ある行動が求められるのであり（自助），家族や友人，地域の人びとが相互に支援しあうことが（共助）必要になってこよう．

　自分らしく，豊かに，つつましく，環境にやさしく，しかも住み慣れた家を拠点として，地域社会に生きることの意味を問う事例である．これからの高齢者福祉に示唆するところが多いのではないだろうか．

　　　2005年3月

　　　　　　　　　　　　　　　　　　　　　　　　　　　　　　編　者

高齢者福祉年表

西暦	年号	国内外の出来事	社会福祉・社会保障関連	西暦	老人福祉関連	世界の老人福祉関連(注)
1868	明治元	王政復古の大号令		1868		
1871	4	廃藩置県	行旅病人取扱方規則	1871		
1872	5	富岡製糸場操業・学制公布		1872	東京養育院設立	
1873	6			1873	小野慈善院設立	
1874	7		恤救規則	1874		
1882	16			1882	大勧進養院設立	
1889	22	大日本帝国憲法発布		1889		
1891	24	足尾鉱毒事件		1891		【デンマーク】高齢者扶助法
1894	27	日清戦争(〜95)		1894	富山慈育院設立	
1895	20			1895	聖ヒルダ養老院設立	
1897	30		片山潜, キングスレー館設立	1897		
1899	32	北海道旧土人保護法	行旅病人及行旅死亡人取扱法	1899	神戸養老院設立	
1901	34	八幡製鉄開業		1901	名古屋養老院設立	
1902	35			1902	大阪養老院設立	
1903	36			1903	東京養老院設立	
1904	37	日露戦争(〜05)		1904		
1908	41		中央慈善協会設立	1908		【イギリス】老齢年金法
1910	43	大逆事件・韓国併合		1910		
1911	44	工場法制定(16 施行)	恩賜財団済生会設立	1911		
1914	大正3	第一次世界大戦(〜18)		1914		
1917	6	ロシア革命	軍事救護法	1917		
1918	7	米騒動	大阪方面委員制度	1918	貧困者救済事業調査会設置	
1919	8	ドイツ, ワイマール憲法制定		1919		
1920	9	国際連盟発足・第1回メーデー		1920		
1922	11	全国水平社創立・日本共産党結成	健康保険法(27年施行)	1922		
1923	12	関東大震災・朝鮮人虐殺		1923		
1925	14	治安維持法・普通選挙法・細井『女工哀史』		1925	全国養老事業大会	【イギリス】拠出年金法
1929	昭和4	世界大恐慌	救護法(32年施行)	1929		
1931	6	満州事変勃発		1931		
1933	8	ナチス政権成立・アメリカ, ニューディール政策		1933		【デンマーク】国民健康保険法
1934	9			1934		【アメリカ】経済保障委員会設置
1935	10	アメリカ, 社会保障法		1935		【アメリカ】社会保障法
1936	11	二・二六事件	方面委員令制定	1936		

年	№	社会の動き	法・制度	年	諸外国
1937	12	日中戦争(〜45), 南京大虐殺	軍事扶助法・母子保護法・保健所法制定	1937	
1938	13	国家総動員法	厚生省設立・旧国民健康保険法・社会事業法	1938	
1940	15	日独伊三国軍事同盟成立・隣組制度実施	国民優生法・国民体力法	1940	
1941	16	太平洋戦争(〜45)	戦時災害保護法	1941	
1942	17	イギリス, ベヴァリッジ報告		1942	【イギリス】ベヴァリッジ報告
1944	19		旧厚生年金保険法制定	1944	
1945	20	広島・長崎に原爆, ポツダム宣言, 国際連合発足		1945	
1946	21	世界保健機関(WHO)設立・日本国憲法発布	GHQ社会救済に関する覚書・旧生活保護法	1946	【イギリス】国民保健サービス法 【イギリス】国民扶助法
1947	22	労働基準法	失業保険法・労働災害保険・保健所法制定	1947	
1948	23	国連「世界人権宣言」採択	民生委員法制定	1948	
1949	24	シャウプ勧告, 国連「児童憲章」	GHQ「6項目提案」, 身体障害者福祉法制定	1949	
1950	25	朝鮮戦争(〜53), 総評結成	新生活保護法・精神衛生法・「社会保障制度に関する勧告」	1950	
1951	26	対日講和条約・日米安保条約調印	社会福祉事業法制定	1951	
1952	27			1952	【デンマーク】「養老院建築のガイドライン」作成 【スウェーデン】公的ホームヘルプサービス制度
1953	28			1953	
1954	29	ビキニ事件	厚生年金保険法制定	1954	
1955	30	全米ソーシャルワーカー協会・社会党統一・自由民主党結成(55年体制)		1955	
1956	31	売春防止法		1956	
1957	32	水俣病表面化		1957	【デンマーク】国民年金法
1958	33		新国民健康保険法制定	1958	
1959	34	最低賃金法・国連「児童権利宣言」	国民年金法制定	1959	
1960	35	安保闘争, 三井三池闘争・「所得倍増計画」発表	精神薄弱者福祉法制定	1960	
1961	36	農業基本法	国民皆保険・皆年金制度発足	1961	
1962	37	キューバ危機, サリドマイド事件	老人家庭奉仕員補助制度実施	1962	【スウェーデン】国民保険法
1963	38	アメリカ, ケネディ大統領暗殺	老人福祉法制定	1963	

年		世界・日本の動向	日本の高齢者福祉関連	年	日本の高齢者福祉関連	諸外国の高齢者福祉関連
1964	39	アメリカ, 公民権法・東京オリンピック・新幹線		1964		【デンマーク】障害年金・国民年金受給者ケア法 【デンマーク】社会改革委員会設置
1965	40	米, ベトナム北爆・国連「人種差別撤廃条約」		1965	老人休養ホーム運営開始 老人憩いの家運営開始	【アメリカ】社会保障法改正 【アメリカ】アメリカ高齢者法
1966	41	国連「国際人権規約」・中国, 文化大革命		1966		
1967	42	公害対策基本法		1967		【デンマーク】「ナーシングホームに関するガイドライン」作成
1968	43	国民総生産(GNP)資本主義国第2位		1968		
1970	45	大阪万国博覧会開催	心身障害者対策基本法制定・堀木訴訟開始・「社会福祉施設整備5ヶ年計画」策定	1970	都立第一号の特別養護老人ホーム「和風園」完成 老人性白内障手術費支給事業(65歳以上の低所得者対象)	
1971	46	国連「精神薄弱者の権利宣言」		1971	厚生省,「老齢者対策プロジェクトチーム」発足 「老人の船」台湾・香港へ向かう. 各自治体の老人クラブ会長が参加	【イギリス】シーボム改革
1972	47	沖縄返還・日中国交正常化・浅間山荘事件	老人福祉法改正(70歳以上医療費無料化)	1972	東京都養育院付属病院, 日本初の老人専門病院として開院 社会福祉審議会老人福祉専門分科会「老人ホームのあり方」の意見書を厚生省に提出. 老人居宅整備資金貸付制度開始	
1973	48	円変動相場制移行・第1次石油危機	「福祉元年」公害健康被害補償法制定	1973	総理府に老人対策室を設置(本部長田中角栄首相)	
1974	49		雇用保険法制定(失業保険法改正)	1974		【アメリカ】社会保障法改正
1975	50	国連「障害者の権利宣言」・国際婦人年		1975	国民年金法改正法公布	
1976	51			1976		【デンマーク】生活支援法
1977	52			1977	平均寿命, 女性77歳・男性72.9歳となり, 男性はスウェーデンを抜き世界第一に 老人福祉施設付設作業所創設	

年		世相	日本の福祉	年	高齢者関連	諸外国
1979	54	第2次石油危機・「女性差別撤廃条約」・国際児童年・「新経済7ヵ年計画」	政府「日本型福祉社会構想」発表・全社協「在宅福祉サービスの戦略」発表	1979	初の高齢者白書(総理府)発表.	【デンマーク】高齢者政策委員会設置
1980	55	富士見産婦人科病院事件		1980	「ぼけ老人を抱える家族の会」京都で発足 厚生省「有料老人ホーム問題懇談会」を設置	【スウェーデン】社会サービス法
1981	56	国際障害者年・「第2次臨時行政調査会」設置	厚生省,123通知	1981		
1982	57	イギリス,バークレー報告	老人保健法制定(83年施行)	1982	高齢者問題世界会議(国連主催)がウィーンで開かれる	【スウェーデン】グループホーム開始 【スウェーデン】保健・医療サービス法
1983	58	国連・障害者の10年開始(～92)		1983		
1984	59			1984	日本人の平均寿命,女性79.78歳・男性74.2歳で,そろって世界一の水準に	【イギリス】施設登録法
1985	60	プラザ合意・男女雇用機会均等法制定		1985		
1986	61	機関委任事務整理合理化法	基礎年金制度導入	1986	地域高齢者住宅計画(建設省)とホームヘルパー制度(厚生省)を組み合わせた「シルバーハウジング構想」合意 在宅老人デイサービス事業運営開始 老人保健法改正法公布. 老人保健施設を新設	
1987	62	国鉄分割・民営化,JRの発足	社会福祉士及び介護福祉士法制定(1988年施行)・精神保健法制定(精神衛生法改正)	1987	シルバーハウジング事業創設 老人居宅整備資金貸付制度が高齢住宅整備資金貸付制度へ改正	【デンマーク】高齢者住宅法制定
1988	63	リクルート事件・バブル景気	障害者雇用促進法制定	1988	第一回全国健康福祉祭兵庫大会「ねんりんぴっく'88」神戸市で開催 厚生省,「ケアハウス」建設方針を決定. ホームケア促進事業開始 「高齢者の生きがいと健康づくり推進事業」創設	【デンマーク】生活支援法改正 【スウェーデン】高齢者福祉行政の基本方針議決
1989	平成元	東西冷戦終結宣言・国連「児童の権利条約」採択・消費税実施	「今後の社会福祉のあり方について」「ゴールドプラン」	1989	ナイトケア事業開始	【ドイツ】医療保険構造改革法
1990	2	東西ドイツ統一・アメリカ,ADA法	福祉関連8法改正	1990	長寿社会雇用ビジョン発表 厚生省「レンタルサービスガイドライン」策定	【イギリス】国民保健サービス及びコミュニティケア法

高齢者福祉年表

年		一般事項	福祉関連法	年	高齢者関連事項	海外事項
				1991	ケアハウス, 法定化 高齢者世話付住宅生活援助員派遣事業開始	
1991	3	湾岸戦争・ソ連消滅・育児休業法制定				
1992	4	ウルグアイ・ラウンド・エーデル改革(ス)	福祉人材確保法制定	1992	老人訪問看護制度創設 厚生省「ミドルステイ事業」を計画 デイサービスセンターにD型, E型を創設	【スウェーデン】エーデル改革
1993	5	行政手続法制定	障害者基本法制定・福祉用具法	1993		住宅改造資金手当法
1994	6	国際家族年・地域保健法(保健所法改正)	ハートビル法・「新ゴールドプラン」	1994	高齢社会福祉ビジョン懇談会「21世紀福祉ビジョン〜少子高齢社会に向けて」を発表	【ドイツ】介護保険法
1995	7	阪神・淡路大震災, サリン事件, 地方分権推進法	精神保健福祉法・高齢社会対策基本法・「障害者プラン」	1995	介護休業法が成立	【イギリス】介護者法
1996	8	HIV訴訟和解, 岡光前厚生次官逮捕	らい予防法廃止・「高齢社会対策大綱」	1996	高齢者在宅支援事業開始	【デンマーク】高齢者住宅法改正 【デンマーク】生活支援法改正
1997	9	アイヌ文化振興法制定	介護保険法・精神保健福祉士法制定	1997	グループホーム運営開始	【スウェーデン】社会サービス法改正
1998	10	NPO法・被災者生活再建支援法	知的障害者福祉法・「社会福祉基礎構造改革」	1998	厚生省, 初の年金白書「21世紀の年金を「選択」する」を作成	【デンマーク】社会サービス法(これにともない生活支援法廃止) 【デンマーク】社会行政領域における権利保障及び行政管理法
1999	11	国際高齢者年・地方分権一括法・情報公開法制定	成年後見制度制定(民法など4法改正)	1999	介護支援専門員(ケアマネジャー)の初国家試験 政府, 介護保険の「円滑な実施のための特別対策」を決定 要介護申請受付開始	
2000	12	少年法改正(刑事罰適用年齢を14歳に引下げ)	社会福祉法・交通バリアフリー法・「ゴールドプラン21」	2000	介護保険制度開始	
2001	13	国際ボランティア年	ハンセン病補償法支給法制定・厚生労働省発足	2001	社会保障改革協議会(議長森喜朗首相),「社会保障改革大綱」を発表.	
2002	14		身体障害者補助犬法制定	2002	介護予防・生活支援事業開始	
2003	15	イラク戦争・性同一性障害特例法制定(04年施行)	新障害者プラン策定	2003	介護予防・生活支援事業が介護予防・地域支え合い事業へと改正 介護報酬, 改定	

| 2004 | 16 | | 発達障害者支援法 | 2004 | 老人保健法改正法公布.老人保健の対象が70歳から75歳,自己負担が1割から2割へ | |

(横山順一,亀田　尚)

注）世界の老人福祉関連として，アメリカ，イギリス，スウェーデン，デンマーク，ドイツに限定している

参考文献

『平成16年版　厚生労働白書』ぎょうせい
川池智子・田畑洋一・中里操編『現代社会福祉概論』学文社，2001年
地域福祉学会編『地域福祉事典』中央法規，1997年
一番ヶ瀬康子・高嶋進編『講座社会福祉第2巻　社会福祉の歴史』有斐閣，1981年
『情報・知識 imidas 1999』集英社，1999年
河畠修『高齢者の現代史』明石書店，2001年
榎本和子『高齢者福祉要論』玄文社，1992年
仲村優一・一番ヶ瀬康子『世界の社会福祉1　スウェーデン・フィンランド』旬報社，1998年
仲村優一・一番ヶ瀬康子『世界の社会福祉4　イギリス』旬報社，1999年
仲村優一・一番ヶ瀬康子『世界の社会福祉6　デンマーク・ノルウェー』旬報社，1999年
仲村優一・一番ヶ瀬康子『世界の社会福祉8　ドイツ・オランダ』旬報社，2000年
仲村優一・一番ヶ瀬康子『世界の社会福祉9　アメリカ・カナダ』旬報社，2000年

●●● 索　引 ●●●

あ行

アクティブ・エイジング　27
アセスメント　125，128
アドボカシー　129
アルツハイマー　46，47
隠居制度　5
インフォーマルサービス　180，181
ウルマン，S.　38
上乗せサービス　93
運営適正化委員会　163
エイジズム　7，27
NPO　214，215
エンパワメント　129，139

か行

カイザー・ジョンズ　153，210
介護休業　67，74
介護支援専門員（ケアマネジャー）　169
介護相談員派遣事業　163
介護福祉士　168
介護保険　20，28，69，70，94
介護保険事業計画　95，101
介護保険施設　69
介護保険制度　180
介護保険法　6，89
介護予防　96，129
介護予防サービス　69
介護予防10か年戦略　20
介護療養型施設　183
介護療養型医療施設　69，70，71，72，73，74，183
介護老人福祉施設　69，71，72，73，74，75，184
介護老人保健施設　69，70，71，72，73，74，184
外出支援サービス　64
疥癬　44
感染症　42-44
機関委任事務　17
逆デイサービス　185
QOL（生活の質）　186

救護法　6，85
グループホーム（認知症対応型生活介護）　188，189
ケアハウス　70
ケアプラン　126，130
ケアマネジメント　125，128，129
ケアマネジャー　125，127，130，131，169
軽費老人ホーム　16，70
敬老の日　16
言語聴覚士　170
高額療養費　107
後期高齢者　8，9
厚生年金　60，110
交通バリアフリー法　115
高齢化率　9
高齢社会対策大綱　23
高齢社会福祉ビジョン懇談会　18
高齢者虐待　66，72，140，142，143，145
高齢者保健福祉推進10か年戦略（ゴールドプラン）　17，88
高齢者問題　7
ゴールドプラン21　19，20
国民年金　61，110
骨粗鬆症　39

さ行

サービス給付　91
在宅ケア　96
作業療法士　169
サテライト型サービス　183
三位一体改革　21
自己決定権　48
市町村社会福祉協議会　178
恤救規則　6，84
指定管理者制度　21
死亡率　40，41
社会福祉基礎構造改革　19
社会福祉施設緊急整備5ヵ年計画　17
社会福祉士　167
住宅改修　114
生涯未婚率　15

小規模多機能ホーム　181, 190, 191, 194, 195, 202, 205
少子化　14
少子化社会対策基本法　14
少子高齢社会　14
ショートステイ事業　18
『女子必読』　8
シルバー人材センター　113
新型特養　179
新ゴールドプラン　18, 88
生活援助員（ライフサポートアドバイザー）　114
生活支援員　163
生活保護法　16, 85
精神疾患　45
精神保健福祉士　168
成年後見制度　159, 160, 163

た　行

ターミナル　48
橘覚勝　4
タナトロジー　52
団体委任事務　17
地域共生ケア　205
地域福祉　24, 25
地域福祉権利擁護事業　163
知能　45
痴呆　71
痴呆対応型共同生活介護　63
長寿化　10
長寿社会福祉基金　18
調整交付金　95
通所サービス　64
デイサービス事業　18
定年制　112
特別養護老人ホーム　17, 18

な　行

21世紀福祉ビジョン　88
日本型福祉社会論　17
任意後見制度　157
認知症　60, 128, 176, 190
認知症対応型生活介護　188
脳血管疾患　60

は　行

ハートビル法　114
配食サービス　64
パルモア　29
晩婚化　15
ひとり暮らし　67
福祉元年　17
福祉用具専門相談員　116
福祉用具の研究開発及び普及の促進に関する法律　115, 116
仏教説話集　33
プロダクティブ・エイジング　27
プロダクティブ・エイジング社会　28, 29
平均寿命　33
訪問介護　62, 63
訪問介護員　169
訪問看護ステーション　107
ホームヘルパー　68
ホームヘルパー派遣事業　18
ホテルコスト　211

ま　行

マイケアプラン　28, 134
明治民法　5
免疫力　42

や　行

有料老人ホーム　70, 101, 102
ユニットケア　208, 209-212
要介護　75
要介護度　64
要介護認定　91
養護老人ホーム　17, 70
要支援　75
横だしサービス　92

ら　行

ライフサイクル　28
理学療法士　169
リビング・ウィル　53
レスパイト　195
レスパイトケア　205
老化　38, 39
老人医療費無料化制度　17, 87
老人クラブ　16, 85

老人福祉計画　101, 104
老人福祉法　6, 86, 87, 88, 97, 100, 101
老人保健計画　108
老人保健施設　104
老人保健福祉計画　100, 101
老人保健法　17, 102, 103, 104

老齢基礎年金　60, 61
老齢厚生年金　60
老老介護　66

わ行

ワグナー委員会報告　154

社会福祉の新潮流④	
高齢者福祉論	2005年4月15日　第一版第一刷発行

編者　高　谷　よ　ね　子
発行所　㈱　学　　文　　社
発行者　田　中　千　津　子

東京都目黒区下目黒3-6-1　〒153-0064
電話 03(3715) 1501　振替 00130-9-98842
http://www.gakubunsha.com

ⓒ2005 TAKAYA Yoneko
Printed in Japan

落丁・乱丁本は，本社にてお取替えいたします．
定価は売上カード，カバーに表示してあります．
印刷／亨有堂印刷所
ISBN4-7620-1420-6　　　検印省略

補足資料

法改正に伴い，本文に補足すべき内容を付した．
なお，本文中「痴呆症」と表記されている用語は，現在「認知症」と称されている．
資料のページは，本文のページを指す．

介護保険制度の見直し（96ページの「3. これからの介護保険制度の流れ」を訂正）

介護保険制度の見直しについては，介護保険法の附則「法律の施行後5年を目途としてその全般に関して検討が加えられ，その結果に基づき必要な見直し等の措置を講ずること」とされており，これに基づき，社会保障審議会介護保険部会が制度見直しの検討を重ねてきた．2005（平成17）年2月8日に，介護保険法等の一部を改正する法案が閣議決定され，国会審議を経て，6月22日に可決・成立し，29日に公布された．

介護保険制度改革は，大きく6つの柱から成る．① 予防重視型システムへの転換，② 施設給付の見直し，③ 新たなサービス体系の確立，④ サービスの質の確保と向上，⑤ 負担のあり方及び制度運営の見直し，⑥ 被保険者・受給者の範囲である．

要支援や要介護1といった軽度者の増加が著しいことから，基本理念の「自立支援」を重視し，新たな予防給付へと再構築を行った．サービス内容を生活機能の維持向上の観点から見直し，運動機能の向上や栄養改善プログラムを取り込むことや，一貫性・連続性のある介護予防マネジメント体制づくりとして，地域包括支援センターが設置される．

施設給付については，利用者負担における在宅サービスとの整合性，介護保険と年金給付の調整として，介護保険施設の居住費と食費を保険給付の対象外とし，利用者が実費負担を負うものとした．低所得者への負担が増大することから，負担限度額と居住費・食費の平均的な費用との差額が，補足的に給付される．

住み慣れた地域での生活支援を行うため，主に小規模型のサービスが地域密着型サービスとして位置づけられた．この地域密着型サービスは，原則として居住する市町村の被保険者のみが利用可能で，実情に応じた基準や報酬設定も可能とされている．また，地域における介護予防マネジメントや権利擁護を担う機関として，概ね15000人〜30000人ごとに地域包括支援センターが創設された．保健師，社会福祉士，主任介護支援専門員が配置され，要支援・要介護になる前からの地域包括ケアシステム体制の充実が図られた．

利用者が適切に介護サービスを選択できるよう，すべての事業者にサービスの内容・運営状況に関する情報の公表を義務付け，事業者の指定については6年ごとの更新制とし，適切な競争と良質なサービスの提供を促した．さらに介護支援専門員については，5年ごとの資格更新制，主任介護支援専門員の創設を行った．

被保険者の負担能力に応じて既存の2段階を細分化し，年金収入80万円以下が対象となる新第2段階の保険料負担を軽減した．利便性向上や事務負担の軽減から，特別徴収の対象を老齢退職年金の他に遺族年金・障害年金まで拡大し，コンビニエンスストア等に委託できるものとした．

介護保険制度対象者の範囲については，今回の制度見直しにおいて活発な議論がなされたが，改正法の附則で「社会保障に関する制度全般についての一体的な見直しと併せて検討を行い，その結果に基づいて，平成21年度を目途として所要の措置を講

ずる」にとどまり,範囲の見直しについては具体策は先送りされた.その理由として,制度の普遍化を目指すために年齢や理由を問わないとする積極的意見と慎重に対処すべきという意見の結論を得ることができなかったためである.

表4—1 介護保険制度における在宅の要介護者等へのサービス

サービスの種類	サービスの内容
訪問介護 (ホームヘルプサービス)	ホームヘルパーが要介護者等の居宅を訪問して，入浴，排せつ，食事等の介護，調理・洗濯・掃除等の家事，生活等に関する相談，助言その他の必要な日常生活上の世話を行う
訪問入浴介護	入浴車等により居宅を訪問して浴槽を提供して入浴の介護を行う
訪問看護	病状が安定期にあり，訪問看護を要すると主治医等が認めた要介護者等について，病院，診療所または訪問看護ステーションの看護師等が居宅を訪問して療養上の世話または必要な診療の補助を行う
訪問リハビリテーション	病状が安定期にあり，計画的な医学的管理の下におけるリハビリテーションを要すると主治医等が認めた要介護者等について，病院，診療所または介護老人保健施設の理学療法士または作業療法士が居宅を訪問して，心身の機能の維持回復を図り，日常生活の自立を助けるために必要なリハビリテーションを行う
居宅療養管理指導	病院，診療所または薬局の医師，歯科医師，薬剤師等が，通院が困難な要介護者等について，居宅を訪問して，心身の状況や環境等を把握し，それらを踏まえて療養上の管理および指導を行う
通所介護 (デイサービス)	老人デイサービスセンター等において，入浴，食事の提供とそれに伴う介護，生活等に関する相談，助言，健康状態の確認その他の必要な日常生活の世話および機能訓練を行う
通所リハビリテーション (デイ・ケア)	病状が安定期にあり，計画的な医学的管理の下におけるリハビリテーションを要すると主治医等が認めた要介護者等について，介護老人保健施設，病院または診療所において，心身の機能の維持回復を図り，日常生活の自立を助けるために必要なリハビリテーションを行う
短期入所生活介護 (ショートステイ)	老人短期入所施設，特別養護老人ホーム等に短期間入所し，その施設で，入浴，排せつ，食事等の介護その他の日常生活上の世話および機能訓練を行う
短期入所療養介護 (ショートステイ)	病状が安定期にあり，ショートステイを必要としている要介護者等について，介護老人保健施設，介護療養型医療施設等に短期間入所し，その施設で，看護，医学的管理下における介護，機能訓練その他必要な医療や日常生活上の世話を行う
認知症対応型共同生活介護 (認知症性老人グループホーム)	認知症の要介護者について，その共同生活を営むべき住居（グループホーム）において，入浴，排せつ，食事等の介護その他の日常生活上の世話および機能訓練を行う
特定施設入所者生活介護 (有料老人ホーム)	有料老人ホーム，軽費老人ホーム等に入所している要介護者について，その施設で，特定施設サービス計画に基づき，入浴，排せつ，食事等の介護，生活等に関する相談，助言等の日常生活上の世話，機能訓練および療養上の世話を行う
福祉用具貸与	在宅の要介護者等について福祉用具の貸与を行う
居宅介護福祉用具購入費等 (特定福祉用具の購入)	福祉用具のうち，貸与になじまない入浴や排せつのための福祉用具その他の厚生労働大臣が定める福祉用具の購入費の支給
居宅介護住宅改修費 (住宅改修)	手すりの取り付けその他の厚生労働大臣が定める種類の住宅改修費の支給
居宅介護支援	在宅の要介護者等が在宅介護サービスを適切に利用できるよう，その者の依頼を受けて，その心身の状況，環境，本人および家族の希望等を勘案し，利用するサービス等の種類，内容，担当者，本人の健康上・生活上の問題点，解決すべき課題，在宅サービスの目標およびその達成時期等を定めた計画（居宅サービス計画）を作成し，その計画に基づくサービス提供が確保されるよう，事業者等との連絡調整等の便宜の提供を行う。介護保険施設に入所が必要な場合は，施設への紹介等を行う

表4―2　各施設のサービス費

(単位／日)

介護老人福祉施設 (特別養護老人ホーム)			介護老人保健施設 (老人保健施設)			介護療養型医療施設 (病院・診療所)		
介護福祉施設 サービス費(I) 〈従来型個室〉	要介護1 要介護2 要介護3 要介護4 要介護5	577 648 718 789 859	介護保健施設 サービス費(I) 〈従来型個室〉	要介護1 要介護2 要介護3 要介護4 要介護5	702 751 804 858 911	療養型介護療 養施設 サービス費(I-i) 〈従来型個室〉	要介護1 要介護2 要介護3 要介護4 要介護5	671 781 1019 1120 1211
介護福祉施設 サービス費(Ⅱ) 〈多床室〉	要介護1 要介護2 要介護3 要介護4 要介護5	659 730 800 871 941	介護保健施設 サービス費(Ⅱ) 〈多床室〉	要介護1 要介護2 要介護3 要介護4 要介護5	801 850 903 957 1010	療養型介護療 養施設 サービス費(I-ii) 〈多床室〉	要介護1 要介護2 要介護3 要介護4 要介護5	802 912 1150 1251 1342
ユニット型介 護福祉施設 サービス費(I) 〈ユニット型個室〉	要介護1 要介護2 要介護3 要介護4 要介護5	641 688 736 784 831	ユニット型介 護保健施設 サービス費(I) 〈ユニット型個室〉	要介護1 要介護2 要介護3 要介護4 要介護5	689 738 791 845 898	ユニット型 療養型介護療 養施設 サービス費(I) 〈ユニット型個室〉	要介護1 要介護2 要介護3 要介護4 要介護5	690 800 1038 1139 1230
ユニット型介 護福祉施設 サービス費(Ⅱ) 〈ユニット型準個室〉	要介護1 要介護2 要介護3 要介護4 要介護5	641 688 736 784 831	ユニット型介 護保健施設 サービス費(Ⅱ) 〈ユニット型準個室〉	要介護1 要介護2 要介護3 要介護4 要介護5	689 738 791 845 898	ユニット型 療養型介護療 養施設 サービス費(Ⅱ) 〈ユニット型準個室〉	要介護1 要介護2 要介護3 要介護4 要介護5	690 800 1038 1139 1230

参考文献

厚生統計協会『国民衛生の動向　2006年版』厚生統計協会，pp.222-223

介護サービス情報の公表 (97ページ)

　平成17年の介護保険法改正にともない，平成18年4月より全国一斉にスタートしたのが「介護サービス情報の公表」である．この制度は「利用者による適切かつ円滑な事業所の選択（自己決定）」に寄与するための仕組みとして，介護保険法の中に新たに盛り込まれた（介護保険法第115条の29〜37）．

　「介護サービス情報の公表」は，介護サービスを提供する全事業所の情報を，都道府県等がインターネットなどで公表していくことで，事業所の情報開示を進め，介護サービス利用者が，事業所の必要な情報が得られるようにすることを狙いとしている．また，事業所がこの制度による情報開示を通して，サービスの質の向上に取り組んでいくことも期待されている．

　公表される情報は，事業所自身が作成する「基本情報」と，都道府県，評価機関等が事業所に赴き調査する「調査情報」の2種がある．この2種の情報は全国共通の様式であり，かつ，随時新しいものに更新される（事業所は「基本情報」に変更があったときには報告をすることが求められており，「調査情報」は年1回程度の調査を経て更新される）．そのため，引越し等で他の都道府県に移ることになったり，遠方でサービスを受ける家族がいたりしても，サービス利用者や家族は，自分の現在居住する場所と同じ基準で，必要な場所の事業所の現況を知ることができる．そして，それを基に適切に介護サービスを選択することが可能になるのである．

　このように「介護サービス情報の公表」は利用者の自己決定に基づく事業所選択への寄与，事業所が提供するサービスの質の向上等に一定の効果をもたらすことが期待できる．

　ただし，もともと表現しづらい「介護サービスの質」をこの制度（評価項目）のみで表すことは，当然不可能なことである．そのため，介護サービス利用者がより良いサービスの選択をするためには，この制度によって公表された情報だけでなく，第三者評価を始めとした他の情報公開の仕組みも活用していくことが必要となる．また，事業所もこの制度だけでなく，積極的に自身の情報公開を行っていくことが，利用者から選ばれる事業所となるためにも，サービスの質の向上のためにも望ましいといえるだろう．

参考文献

『「介護サービス情報の公表」制度調査員　養成研修テキスト〜制度解説編』シルバーサービス振興会介護サービス情報公表支援センター

図補―1　介護サービス情報の公表の仕組み―(改正)介護保険法ベース―

介護保険制度の事業者及び施設

《介護サービス情報》

(介護サービスの内容及び運営状況に関する情報であって、要介護者等が適切かつ円滑に介護サービスを利用することができる機会を確保するために公表されることが必要なもの)

《基本情報》

○ 基本的な事実情報であり、公表するだけで足りるもの

たとえば,
- 事業所の職員の体制
- 床面積,機能訓練室等の設備
- 利用料金,特別な料金
- サービス提供時間　等

《調査情報》

○ 事実かどうかを客観的に調査することが必要な情報

たとえば,
- 介護サービスに関するマニュアルの有無
- サービス提供内容の記録管理の有無
- 職員研修のガイドラインや実績の有無
- 身体拘束を廃止する取組の有無　等

都道府県知事または指定調査機関
(都道府県が指定)
○中立性・公平性の確保
○調査の均質性の確保

そのまま報告
(年に1回程度)

報告内容について事実かどうか調査

報告
(年に1回程度)

都道府県知事または指定情報公表センター
(都道府県が指定)
《介護サービス情報を公表》

参照

利用者(高齢者)
介護サービス情報にもとづく比較検討を通じて,介護保険事業者を選択

出所)『「介護サービス情報の公表」制度調査員　養成研修テキスト～制度解説編』シルバーサービス振興会介護サービス情報公表支援センター

老人保健法の改正（102ページ）

　2006（平成18）年6月に成立した「健康保険法等の一部を改正する法律」において，老人保健法も大幅な改正が行われた．その概要は，以下のとおりである．
(1) 保健事業

　保健事業は，① 健康手帳の交付，② 健康教育，③ 健康相談，④ 健康診査，⑤ 医療，⑥ 入院時食事療養費の支給，⑦ 入院時生活療養費の支給，⑧ 保険外併用療養費の支給，⑨ 老人訪問看護療養費の支給，⑩ 移送費の支給，⑪ 高額医療費の支給，⑫ 機能訓練，⑬ 訪問指導，⑭ その他政令で定める事業となった（12条）．
(2) 医療

　医療に要する費用のうち，老人医療受給対象者は，所得に応じて1割を原則とするが，現役並みの所得がある者（課税所得145万円以上）については3割負担となった（28条）．
(3) 療養費等

　入院時生活療養費とは，長期入院老人医療受給対象者が，自己の選定する保険医療機関等から受けた生活療養に要した費用である．ただし，入院者の食費（食材料費・調理費用相当）及び居住費（光熱水費相当）は，介護保険施設と同様，自己負担となった（31条の2の2）．保険外併用療養費とは，老人医療受給対象者が，自己の選定する保険医療機関等から，評価療養または選定療養を受けたときに要した費用である（31条の3）．その他，高額医療費における自己負担限度額の引き上げ等の改正が行われた．

　なお，老人保健法は，2008（平成20）年4月1日から高齢者の医療の確保に関する法律と名称変更し，後期高齢者医療給付等が実施されることとなっている．

高齢者虐待防止法の制定（135ページ）

　高齢者虐待に関する法制定は，関係機関や従事者・研究者が永く望み，そのためのさまざまな活動を展開してきた．その活動を受け議員立法として，平成17年11月，高齢者虐待防止法（正式には，「高齢者虐待の防止，高齢者の養護者に対する支援等に関する法律」）が成立し，平成18年4月より施行された．

　この法律は，家庭内虐待と施設内虐待を同時に規定した点で世界でも画期的な法であり，後述するようにさまざまな課題を残してはいるが，高齢者虐待に関する基本法として，今後，法ならびに施策を充実させる契機を作り出している．

　この法律の概要を，以下に述べたい．

【本法の目的】

　本法の目的は第1条に記されている．それは，高齢者に対する虐待が深刻な状況という事実認識のもとに，高齢者の尊厳の保持と虐待の防止という理念と必要性のために，国や地方公共団体の責務・虐待を受けた高齢者の保護のための措置・虐待防止のための養護者に対する支援を定め，高齢者の権利利益を擁護しようというものである．

【虐待の定義と特徴】

　本法では，65歳以上の者を高齢者とし，虐待者を家族等の「養護者」と老人福祉法や介護保険法に定められた施設や事業の従事者（「養介護施設従事者」）とに区分した上で，それぞれについて①身体的虐待，②放任，③心理的虐待，④性的虐待，⑤経済的虐待の5種類の行為を定義している．

　養護者による高齢者虐待では，①身体的虐待とは，「高齢者の身体に外傷が生じ，又は生じるおそれのある暴行を加えること」，②放任とは，「高齢者を衰弱させるような著しい減食又は長時間の放置，養護者以外の同居人による身体的虐待・心理的虐待・性的虐待を放置する等，養護を著しく怠ること」，③心理的虐待とは，「高齢者に対する著しい暴言又は著しく拒絶的な対応その他高齢者に著しい心理的外傷を与える言動」，④性的虐待とは，「高齢者にわいせつな行為をすること又は高齢者をしてわいせつな行為をさせること」，⑤経済的虐待とは，「養護者又は高齢者の親族が，高齢者の財産を不当に処分することその他高齢者から不当に財産上の利益を得ること」とされている．

　さらに，養介護施設従事者等による虐待については，「高齢者を養護する職務上の義務を著しく怠ること」を放任としているが，他の種類の虐待については養護者による虐待と同様の内容となっている．

　これらの定義で特徴的なことは，虐待する意思があったかどうかは問われず，結果として標記されるような行為があったかどうかで虐待とされる点である．さらに，放任や心理的虐待にあるように，「著しい」とはどの程度かという点が課題ともなる．

養介護施設従事者等による虐待については，老人福祉法と介護保険法に定める施設や事業の従事者が対象であり，介護保険の対象とならない病院などの医療機関の従事者は対象とはなっていない．

【市町村の役割】
　国や地方公共団体の責務としては，虐待防止行政の主たる担い手として市町村が位置付けられたことが特徴である．市町村には，相談・指導・助言の他，高齢者の安全確認と事実確認のための措置や市町村と連携協力する者（高齢者虐待対応協力者）との対応策の協議，高齢者の生命・身体に重大な危険が生じているおそれがある際の地域包括支援センター職員等による立ち入り調査や警察への援助要請，また高齢者を一時的に保護するための特別養護老人ホーム等への入所措置など，虐待対応の第一線機関としての幅広い重要な役割が規定されている．
　中でも立ち入り調査については，同居者が拒否していても事実確認ができる法的根拠を与えたもので，調査の拒否や虚偽の回答などの妨害行為には罰金刑が科せられることになっている．これらの高齢者への権利擁護を，介護保険法改正によって新たに設置された地域包括支援センターの総合相談支援業務の一環として充実させていくことが求められているが，これまでの高齢者虐待への対応について市町村間での格差が大きく，現場での事例検討の積み上げや担当職員の研修，立ち入り調査の対応手順等，課題山積みといった状態である．

【虐待発見時の通報】
　法制定までは，高齢者虐待発見時の通報先はなく，関係機関のスタッフは機関の機能の限界ともあいまって対応に苦慮することが多く，不幸な場合は死亡等深刻な事態となってから発見されることがあった．このような実態に対して，高齢者虐待の早期発見・早期対応のための通報の仕組みを規定したことが重要な特徴である．
　まず，養護者による家庭における虐待については，高齢者の生命や身体に重大な危険がある場合は，虐待を発見した者は市町村に通報しなければならない（通報義務）とされ，重大な危険がない場合であっても市町村に通報するよう努力しなければならない（努力義務）とされている．
　また，養介護施設従事者等による施設等における虐待については，業務に従事している施設等で発見した場合は生命身体への危険が重大であるかどうかに関わらず通報しなければならない（通報義務）とされ，業務に従事している施設以外の場合は，高齢者の生命又は身体に重大な危険が生じている場合は通報義務，そうでない場合は通報努力義務が規定されている．
　業務に従事している施設での通報の場合，いわゆる内部告発の要素を帯びることになり，通報することは自らの職場での立場や雇用を脅かすおそれが議論されてきた．この点について，通報を受理した市町村等の担当者の守秘義務を刑罰付で重く規定し

たことに加えて,「刑法による秘密漏示罪,守秘義務に関する法規定は,上記の通報（虚偽及び過失によるものを除く）を妨げるものではない」,また「養介護施設従事者等は,上記の通報をしたことを理由に解雇その他不利益な取扱いを受けない」としている.しかし,虚偽の通報は保護されないということは当然としても,「過失」による通報は過失の重大性の如何を問わず保護されないという規定は,職員による通報にとって大きな抵抗となる可能性が高い.

【今後の課題】

　この法律の主要な内容を述べたが,多くの課題を有した状態で制定されている.法の運用に関する課題としては,通報の受理と立ち入り調査等相談窓口・対応体制をどう整備するか,家族の問題にどこまで立ち入ることができるか,保護された高齢者のQOLをどう確保するか,立ち入り調査時の職員の安全の確保,等々課題山積みである.

　さらに,この法律では実際に虐待が発生した際の大まかな道筋を規定したに過ぎず,虐待を発生させない,潜在的な虐待を顕在化させる等の予防についての取り組みは,現場レベルで事例を積み重ねている段階である.

　この法律の附則には,高齢者以外への虐待の防止のための制度を検討することとともに,法施行後3年を目途として施行状況を検討し必要な措置を講ずるとされており,法制度と現場での取り組みがさらに充実したものとなることを期待したい.